论特级教师

金连平 著

江蘇教育出版社
JIANGSU EDUCATION PUBLISHING HOUSE

图书在版编目（C I P）数据

论特级教师 / 金连平著. --南京:江苏教育出版社，2011.10（2012.11 重印）
ISBN 978-7-5499-1348-0

Ⅰ.①论… Ⅱ.①金… Ⅲ.①优秀教师—师资培养—研究 Ⅳ.①G451.2

中国版本图书馆 CIP 数据核字(2011)第 262243 号

书　　名　论特级教师
作　　者　金连平
责任编辑　严明瑗
出版发行　凤凰出版传媒股份有限公司
　　　　　江苏教育出版社（南京市湖南路 1 号 A 楼　邮编 210009）
苏教网址　http://www.1088.com.cn
照　　排　南京前锦排版服务有限公司
印　　刷　江苏凤凰通达印刷有限公司（电话 025-57572508）
厂　　址　南京市六合区冶山镇（邮编 211523）
开　　本　787 毫米×1092 毫米　1/16
印　　张　16.75
字　　数　270 000
版　　次　2011 年 10 月第 1 版　2012 年 11 月第 2 次印刷
书　　号　ISBN 978-7-5499-1348-0
定　　价　33.00 元
网店地址　http://jsfhjy.taobao.com
邮购电话　025-85406265，85400774 短信 02585420909
E-mail　jsep@vip.163.com
盗版举报　025-83658579

目　录

序

1

连平的《论特级教师》一书就要出版，能成为书稿的读者，的确是件幸事。我从一个小学代课教师开始的40多年教师生涯，自己的人生就融在教师这个职业里了，同事过不少中小学教师，见过不少写教师的书，但还没读过一本系统地论特级教师的书，是为幸事。

只是连平让我为这本新书写几句话，还说要印在书的前头作为序，又觉得这件幸事不轻松。毕竟“论”特级教师已经是件很不容易的事了，为《论特级教师》写序这哪是我能担当得起的？一是我此前只为学生们写的几本书写过序，这是推不掉的责任，而且为此我都细细地读过他们写书的全过程，同仁们的著书立说，我只有敬着读的份儿，不敢妄加评说。二是我总以为教师的学术人品有着太多的不确定性，说不清评选出来的“名师”或者“特级”到底是“可名”抑或“非常名”，对这类命题底下的研究，也不便妄加评说。

但是读连平的《论特级教师》，感到它似乎没被“特级”这个词约束，它更像是在论一个优秀教师群体，一如在论理想的教师或者向往的教师，这让我多少有些释然。或者可以就此与读者一起讨论讨论特级教师们究竟是怎样修炼的？他们获得了些什么样的成就？这或者也可以启示教师们以修炼的路径，以期待千千万万的教师修炼并有所成就？这应该就是件有意义的事情了，鉴于此，也就不妨写几句读这本书的感想心得。

2

教育是育人的事业，育人者的学术人品因此至关重要，这是“学高为师，身正为范”的道理之所在。中国人信奉的师范教育与时下说的教师教育，为什么要多一个“范”字？可能就在于中国人悟透了教师的人际关系道德、职业关系道德、学术道德的高度一致吧？而且还在于它把这种一致与对学生的影响也一致起来，所以才有中国人尊师重教的传统、师道尊严的坚守，所以才有全面实施素质教育、面向全体学生、促进学生全面发展对教师的倚重。也正是因为有这种坚守和倚重，才让造就“一支师德高尚、业务精湛、结构合理、充满活力的高素质专业化的教师队伍”，成为我们教育改革与发展生死攸关的课题。

而要造就一支这样的教师队伍，只凭继承传统和借鉴外域理论显然是不够的，我们更需要研究中国教师成长的本土化实践，无论是职前的或职后的教师成长，都离不开本土化实践的土壤。时下教师专业发展理论中描述的教师，并不就是实践者的教师，实践者的教师有着百倍的丰厚，所以中国教师培养需要走进教师成长实践，向优秀的实践者教师学习，从他们的成长实践中获得经验。而从中小学、幼儿园教师中遴选特级教师，是我国教育特有的一项制度，半个多世纪以来，改革开放以后，我国涌现了数以万计的特级教师，他们是我国实践者教师的优秀代表。他们实践着各不相同的教师成长，就像守林人在黑暗中也熟悉林中的路，他们在路上修炼着各不相同的优秀，也述说着各不相同的教师成长论。

这些各不相同的教师成长论，记录着特级教师们的教育教学经历、经验，浸润着他们的教育教学思想、方法，这既是一笔宝贵的财富，也是引领、示范千千万万的教师修炼成长的宝贵资源。连平的《论特级教师》系统地研究了这些财富，汇聚了这些资源。

3

连平的《论特级教师》是缘于“特级教师是一座‘富矿’，值得研究”而研究的，也是缘于已有的“特级教师研究有待深化”而深化的。本书从研究内容到研究策略乃至研究的结论，是以如何的研究而至如何的深化？通读本书不乏耳熟能详的特级教师们的人和事，但也不乏独辟蹊径的议和论，所以有“基于实践而又高于实践”的“熟悉的陌生感”。这是本书给我的一个总体印象，它让我能既读得轻松，又能收获不一样的精彩。

本书把富有中国特色的“特级教师”既当作“一种制度”来研究，还当作“一个群体”来研究，同时他们又是一个一个特色鲜明、风格迥异的“具体的人”。如此的研究取向与定位显然不同于以往的“特级教师”研究，无论从特定时空背景的铺陈、特定教师群体道德学养的探问，还是特定教师个人人格魅力的描绘来说，读起来都那么举重若轻，如此研究需要怎样的驾驭力也就可想而知，这应该是论特级教师之“论”的一个特色。

本书把学术界尚有争议的教师专业成长与发展的规律、经验等诸多观点，以“特级教师专业成长与发展的规律性假设”来讨论，这是其研究观点和结论的特色。它概括出的“外部因素＋内部（个人）因素＝外部因素＋热爱[追求（实践＋学习＋研究）]”的特级教师专业成长与发展的公式，称得上是个别出心裁的假设，它把热爱与追求置于相“乘”的位置而不是简单相“加”，或是要以其不确定性和可持续发展的意蕴发人深省？

本书把卷帙浩繁的特级教师教学艺术风格的资源统整起来，又把他们的纷纭复杂的教学理念、作风和技巧融会贯通，以此来探寻特级教师教学艺术风格的特征、形成与发展以及从教学个性到教学风格再到教学流派的渐进而持续的过程，以此来概括出他们不同的教学艺术风格类型，这是其研究观点和结论的又一个特色。如此研究，让走在特级教师们足迹上的教师们，既能辨得清适合自己的路，也能领略到走在这路上的特级教师们的不一样的风采；能领略他们的共性，也能领略他们张扬着生动个性的“自我”。

还值得称道的是本书自“特级教师制度缘起与沿革”起始，至“特级教师评管及发展的反思研究”作结，体现出论特级教师之“论”的责任担当，这是本书的厚重之笔。它对我国特级教师遴选、管理及其发展进行了系统反思，这和反思与本书呈现的特级教师们的教育教学艺术风格相比较，更多了些理性和凝重，它在总体考察和总体论证之后，提出的“一评定终身”、“教而优则仕”、“流动无序”以及“攀高履新精神缺失”等实践中的问题，无疑是在以另一种不确定性和可持续发展的意蕴发人深省。

4

连平的《论特级教师》，或者正是一本还留有不确定性和可持续发展研究的书？如果一线教师们想读到更丰富的特级教师们的成长和发展的足迹，想读到他们更丰富的教学艺术案例的话，不久就会得到回应。《江苏教育研究》杂志自2008年起始，每期刊出的“封面人物”就都是这样的个案，现在正准备结集出版。这是江苏省教育科学规划“十一五”重点课题“特级教师研究”的另一个成果，也是这本《论特级教师》的姊妹书。

如果还要我说几句未来期待的话，我想说的是，论教师的成长与发展，或许还可以在规范、管理、评估、监督之上，追寻到些不一样的境界？优秀教师的优秀是一样的，但他们对待事业、对待学生、对待自身的责任和良心，他们的信仰和幸福体验各有各的不同，如果继续超越“名师”、“特级”这些约束，接着研究下去，或许就能寻到这些不一样的境界。

前几天与博士生们讨论如何评价一堂好课的问题，我曾说“好课不该以句号结束，最好是以问号、省略号结束”，我说的是好课应该留有不确定性和可持续发展的余地。不知道这话是否也能用来说说如何评价一本好书？更不知道这话是否能用来评价连平的这本书。

就写下这几句感想心得。是为序。

杨启亮

2011年10月于南京师范大学随园

绪　论

一、研究缘起及研究目标

“特级教师研究”是江苏省教育科学“十一五”规划重点资助课题，2006 年批准立项(批准文号 B－a/2006/01/041)。从立项到现在，这项研究已持续了五年之久。之所以要确立这项课题进行研究，主要基于以下几个原因。

第一，特级教师是一座“富矿”，值得研究。随着我国素质教育的推进和基础教育课程改革的深入，人们越来越认识到，在所有教育资源中，教师是最重要的甚至可以说是第一资源。没有“一支师德高尚、业务精湛、结构合理、充满活力的高素质专业化教师队伍”①，我国教育的整体水平就不可能得到提高。培养和造就一支适应素质教育要求和基础教育课程改革需要的高素质师资队伍，已经成为教育改革和发展的最重要的课题。特级教师是教师职业的崇高荣誉，是我国教师的优秀代表，是我国教育的宝贵财富。他们的教育教学经历，他们的教育教学经验，他们的教育教学思想，都是一笔宝贵的精神财富，对我国广大教师具有巨大的教育、引领和示范作用，是我国教师培养、培训的生动教材和重要资源。

第二，特级教师研究有待深化。关于特级教师的研究是伴随着特级教师制度产生而产生的。30 多年来，我国特级教师研究在宣传特级教师的先进性和专业性、传承特级教师的教育思想与教学艺术、探讨特级教师的成长轨迹与发展途径、促进教师队伍建设与教师素质提高等方面，取得了不容忽视的成效，但也存在不少问题。主要问题有：1. 研究内容单一。大量的研究文献

① 国家中长期教育改革和发展规划纲要(2010—2020)第四部分“保障措施”第十七章“加强教师队伍建设”.

以单一化的个案研究形式出现，缺乏对特级教师群体及其成长途径、成长规律和成长机制的探讨。2. 研究方法简单。对特级教师成长轨迹的研究大多采用传记式的体裁，既缺乏对内外因关系的把握，又缺少理论性的概括。3. 研究水平不高。多数个案研究文献还仅仅停留在榜样式宣传和经验性认识的层面上，缺乏对特级教师教学艺术和教育思想的深入审视，以致一方面真正具有学术价值的文章不多，另一方面"一人一书、一人一章"式的丛书泛滥。4. 研究视野狭窄。为研究而研究或就事论事的现象普遍存在，缺乏将特级教师研究与教师专业化发展、基础教育课程改革、师范教育制度完善相联系的宽广视野。5. 研究人数稀少。尽管以"特级教师"为题的文章的绝对数量逐年递增，但是与以"教师"为题的文章相比，仅占据2%左右。①

基于以上两点，本人申报"特级教师研究"作为江苏省教育科学"十一五"规划重点课题，并经专家评审立项。本课题研究旨在前人研究的基础上，全面、系统、深入研究"特级教师"这一群体。研究目标设定为：厘清我国特级教师评选制度的来龙去脉，分析我国特级教师遴选制度的成败得失，探索特级教师的成长规律及培养机制，为特级教师的评选、培养和特级教师作为教育资源的开发利用提供决策参考，为广大教师学习特级教师提供科学、合理的建议，为中国当代教育史的研究提供专题研究资料。

与此前有关特级教师的研究相比，本课题研究努力在以下三个方面体现出自己的特色：

第一是全面。所谓全面，首先是指把"特级教师"作为"一个群体"来研究。"特级教师"是由一个一个具体的特级教师个人组成的，但在本课题的研究中，"特级教师"更多的是作为"一个群体"而出现的。这就突破了以往那种个案式的、"一人一章""一人一书"式的"特级教师研究"；其次是指不仅把"特级教师"作为"一个群体"的人来研究，也把"特级教师"作为一种教育现象和教育制度来研究。因此，研究不仅涉及人，也涉及特级教师制度及其历史等，研究的视野更为开阔。

第二是系统。所谓系统，就是努力超越以往那种零散的、单项的、学科范围内的研究，追求统整的、综合的、超越学科的研究；同时，研究内容更加体系化、结构化。

---

① 乔建中等.我国特级教师研究概览.江苏教育研究，2009，1C.

第三是深入。所谓深入，就是要努力在特级教师评选制度来龙去脉、特级教师遴选制度成败得失、特级教师成长规律及培养机制、特级教师影响与作用等多个方面作深度探索，从而在有关史实、机制、规律等方面有所发现，有所创新。

二、研究内容及研究策略

根据上述研究目标，本课题着重研究如下内容：

（一）我国特级教师评选制度缘起、沿革的研究——厘清我国特级教师评选制度的来龙去脉，为人们更充分、深入地理解、认识、研究“特级教师”这一中国特色的教育制度和教育现象提供重要线索，也为中国当代教育史的研究提供专题研究资料。

（二）我国特级教师遴选、培养和发挥作用机制的研究——分析我国特级教师遴选机制的成败得失，研究我国特级教师培养和发挥作用的机制，为有关部门遴选、培养特级教师和把特级教师作为重要教育资源加以利用提供参考。

（三）特级教师成长个案、成长规律的研究——通过一定数量和有代表性的特级教师个案的研究，分析特级教师成长的内外部因素，总结特级教师成长的一般规律。

（四）特级教师的比较研究——选择一定数量的不同区域、不同学科、不同性别、不同年龄阶段的特级教师作比较研究，进一步揭示特级教师的成长规律。

（五）特级教师教学艺术风格的研究——研究特级教师教学艺术风格的特点、形成过程、影响因子和一般规律，为广大教师学习特级教师、获得专业发展提供借鉴。

针对上述特定的研究目标和内容，本课题研究采取了以下研究策略，或者说在研究方法上表现出以下特点：

第一，大量占有文献和资料。本课题的研究虽始于2006年课题申报立项之后，实际上文献和资料的收集、积累在2006年课题申报立项之前、期间就已经开始了。为本课题研究而收集的文献资料包括以下几类：一是特级教师本人的著述、课例、案例、图片、音像；二是专门研究特级教师的图书、论文、史料；三是关于特级教师的新闻、消息、通讯报道、文学作品等。在整个研究过程中，课题组采集、征集、搜集了大量的研究文献和资料。大量的文献资料特别是第一手的资料和首次文献，为本课题的研究提供了坚实的基础，也为后续的研究提供了丰富的资源。

第二，高度重视个案研究。特级教师在教学艺术、专业发展和教育科研等方面各有各的“撒手锏”和“秘密武器”，每个特级教师都是一座蕴藏丰富的宝库和值得研究的个案。从某种意义上说，这项研究只要将这一个个重要的个案研究清楚，就能事半功倍；也只有将这一个个重要的个案研究清楚，才能取得成功。因此，本课题研究从一开始就高度重视对特级教师个案的研究。由于课题主持人和核心成员都是《江苏教育研究》杂志社的工作人员，近几年来，结合着《江苏教育研究》杂志和《教育家》杂志的策划、编辑工作，我们对全国 90 多名特级教师进行了个案研究。同时，我们对江苏省第 10 批特级教师和首批进入“江苏人民教育家培养工程”的 50 名特级教师进行了“集体个案”的研究，为本课题研究奠定了重要基础，在广大一线学校、校长和教师中产生了广泛影响和辐射，对广大校长和教师的专业成长和发展起到了重要的引领和启迪作用，受到广大校长和教师的普遍好评。应广大校长和教师的要求，这方面的相关研究成果将在不久的将来结集正式出版发行。

第三，适度运用统计分析。统计分析方法的运用，是现代自然科学研究的重要特征，也是人文社会科学研究真正走向科学的努力方向。本课题的部分子课题如“特级教师专业成长的比较研究”尝试运用了统计分析的方法。当然，由于课题主持人学科背景、专业领域等方面的限制，加之样本选择、数据采集方面的困难，这样的尝试还只是初步的。但是，统计分析方法的运用仍然为增强本课题研究的科学性起到了关键的作用，研究的结果也在某种程度上起到了窥斑见豹的效应。

三、研究成果及主要结论

本课题的研究成果主要体现在以下几个方面。第一，对我国特级教师评选制度的来龙去脉进行了梳理。[①] 1. 确定了特级教师评选的起始年份。通过翔实的资料和细致的考证，将特级教师评选制度的历史前推至1956年，改变了人们通常认为的特级教师制度开始于1978的传统看法。2. 厘清了特级教师制度的发展过程。通过研究，进一步确证特级教师制度一开始只“是教育行政部门为解决中小学教师待遇问题而偶然设立的，事先没有经过充分的酝酿和论证，带有比较浓厚的行政色彩”[②]，后来才慢慢发展成为一项集荣誉、待遇和学术为一体，兼具先进性与专业性的遴选和认定制度；详细分析、比较了从“前制度评选”阶段（1978前）到“制度化评选”阶段（1978年后），从《关于评选特级教师的暂行规定》（1978年）到《特级教师评选规定》（1993年）再到“跨世纪园丁工程·特级教师计划”（1999年）的全部发展进程和其间人们对“特级教师”认识的不断深化及特级教师制度的不断完善。3. 对特级教师评选的重要政策性文献进行了分析、解读和比较。4. 考察了地方特级教师制度。特级教师制度是一项国家制度，但它是一项原则而有弹性的国家制度，它允许并且需要地方各级政府和教育行政部门根据本区域的实际和需要作出调整和创造性地实施。这部分的研究对此做了初步的梳理与分析。

第二，对特级教师的专业成长与发展提出了规律性假设。总结特级教师的成长规律是本课题研究的重点。为此，我们对特级教师成长的外部因素、内部因素（本课题称“个人因素”）进行了较为深入和富有个性的分析。[③] 对教师（含特级教师）专业成长与发展的外部因素和内部因素，以往的研究形成了不少分析框架。[④] 这些框架，有的侧重于心理角度，有的侧重于职业角度，有的侧重于专业角度，有的则强调多种角度的综合、杂糅，都给本课题的研究提供了很好的借鉴。但是，实际研究时我们并没有简单沿用已有的分析框架。在分析特级教师专业成长与发展的外部因素时，我们主要抓住影响特级教师专业成长与发展的时间、空间、人物、事件、机制五大要素展开；分析特级教师专业成长与发展的内部因素（个人因素）时，则紧紧围绕热爱、追求、实践、学

---

① 详见本书第一章.

② 王芳，蔡永红.我国特级教师制度与特级教师研究的回顾与反思.教师教育研究，2005，6.

③ 详见本书第二章、第三章.

④ 参见王思震.教师论.江苏教育出版社，2002(1).陈永明.现代教师论.上海教育出版社，1999(1).罗树华，李洪珍.教师能力学.山东教育出版社，1997(1).鞠献利.教师素质.山东教育出版社，1999(1).傅道春.教师的成长与发展.教育科学出版社，2001(1).

习、研究五个方面进行。我们认为这样的分析框架比较符合研究对象——特级教师的实际情况，在同类研究中也比较有特色和新意。在细致分析特级教师专业成长与发展的内外部因素的基础上，我们尝试对特级教师专业成长与发展提出规律性的假设，这就是：特级教师的专业成长与发展＝外部因素＋内部（个人）因素＝外部因素＋热爱[追求（实践＋学习＋研究）]。在特级教师的专业成长与发展中，外部因素是条件，内部（个人）因素是根据，两者缺一不可；在内部（个人）因素中，“热爱”——对教师职业、教育对象的热爱和建立在热爱基础上的“追求”——崇高的价值与信念、坚定的目标与理想、不懈的坚持与超越——居于基础和关键的位置，是特级教师专业成长与发展的“双引擎”，为特级教师的专业成长与发展提供了强大而持久的内在动力。当然，人的成长与发展是复杂的。“人的发展规律则最为复杂，最难以把握和描述”。① 特级教师的专业成长与发展是一个极其复杂的过程，我们只是提出了规律性的假设，这样的假设还需要进一步验证和修正，才会逐步逼近规律。

第三，对特级教师的教学艺术风格进行了多角度的分析和总结。② 特级教师是教学专家。研究特级教师教学艺术风格是本课题研究的又一重点。1. 特级教师应该具有教学风格。特级教师的教学风格是在对教学艺术矢志追求的过程中逐步形成的富有成效的教学理念、教学作风和教学技巧的独特结合。独特的教学风格既是特级教师教学理想的实现，也是他们教学思想的集中体现，是特级教师成熟的标志。2. 特级教师的教学风格具有整体性、独特性、稳定性和发展性等特征。3. 特级教师的教学风格形成与特级教师的个性气质、所处地域、阅读学养、所教学科等紧密相关。4. 特级教师教学风格的形成、发展大都要经历从教学个性到教学风格再到教学流派的渐进而持续的过程。5. 特级教师教学艺术风格的类型主要有：诗意诗化型、清新简约型、情绪情感型、机智幽默型。

这方面的研究成果将为广大教师学习特级教师、获得专业发展提供有益的借鉴。

第四，对相当数量且有一定代表性的特级教师进行了个案研究。“特级教师研究”既是一项关于制度——特级教师评选、管理制度的研究，更是一项

① 孙孔懿. 论教育家. 人民教育出版社，2006(1)：343.

② 详见本书第四章.

关于人——一个个具体的特级教师个人的研究。因此，将一个个特级教师作为个案进行研究与剖析即个案研究，是本课题研究的重要内容和重要方法。个案研究的主要内容和方式有：1. 特级教师自述。特级教师讲述自己的故事、经历、思想等。2. 特级教师访谈。研究者采用访谈的方式与特级教师对话、探讨。3. 特级教师评述。与特级教师相关的人士或教育教学研究的专家评述特级教师的教学、个性、思想等。

在对特级教师进行个案研究过程中，课题组征集、采集、收集、积累了大量重要的关于特级教师的第一手资料①。这些第一手资料，是特级教师专业成长与发展、教学艺术与风格、教育科学研究等方面的重要见证，也是本课题研究的重要研究成果，课题组将在适当时候整理结集出版，为广大教师专业进修与学习提供便利。

第五，对我国特级教师遴选、管理、使用和专业发展等进行了系统反思。②通过对我国特级教师遴选、管理、使用和专业发展等方面的制度、机制、标准等进行系统反思，总结特级教师遴选、管理、使用、专业发展等方面的经验教训、成败得失，为教育行政部门决策和教师专业发展提供参考是本课题研究的重要目的。为此，课题组提出：1. 我国特级教师制度总体上是一个有中国特色的、具有重要引领和导向作用的、比较科学的制度，但它仍存在诸多问题，需要根据我国教育改革与发展以及教师专业成长与发展的实际情况，与时俱进地不断加以完善；2. 特级教师遴选和管理方面的主要问题是“一评定终身”、“教而优则仕”和“流动无序”，导致部分特级教师专业发展乏力，攀高履新精神缺失，应有作用没有充分发挥；3. 要不断创新特级教师评管机制，有效促进特级教师可持续的专业成长与发展，充分发挥特级教师的示范、引领和孵化等作用。

四、本书写作及问题讨论

本书是“特级教师研究”课题的主要研究成果。本书的写作主要遵循以

① 这些资料有的已经公开发表，详见《江苏教育研究》杂志和《教育家》杂志 2008—2011 年各期“封面人物”.

② 详见本书第一章、第五章、第六章、第七章.

下原则：

第一，尽可能呈现出本课题研究的主要成果。为此，全书共分七章，分别对应着研究目标、研究内容及主要成果，每章的标题亦尽可能与研究内容及主要成果对应；之外设“绪论”和“附录”。“绪论”部分从总体上对课题的研究缘起及研究目标、研究内容及研究策略、研究成果及主要结论进行总括和概述。“附录”部分包括两方面的内容：一是重要的研究资料和经验性文献，如《江苏省特级教师名录》(1978 年—2010 年)①和《关于组建 M 市中小学名师工作室的通知》②等；二是课题组提出的政策性建议，如《关于特级教师评选、管理、研究的若干建议》③等。我们认为，这些“附录”既是重要的研究成果，也是进一步研究的重要线索，是全书重要的组成部分，不可或缺。

第二，尽可能做到理论与实践的紧密结合。理论与实践紧密结合是“特级教师研究”的基本追求，也是《论特级教师》一书写作的重要原则。因此，本书的写作首先十分注重对特级教师实践经历的追索与描述以及实践经验的呈现与展示。同时，高度重视对特级教师富有个性的做法和经验进行理论化的总结、概括和提升，力求基于实践而又高于实践。文字表达上，努力体现专业性与可读性的结合，努力给读者一种“熟悉的陌生感”。

“特级教师研究”已经历时五年，五年的研究取得了一些成果，《论特级教师》一书即是本课题研究的重要成果。当然，从某种意义上说，这一重要成果只是初步成果。在研究过程中，我们深切地体会到，像“特级教师研究”这样的课题，研究越深入问题就会越多。有些问题需要在后续的研究中继续探索。从比较宏观的方面说，我们认为以下三大问题需要在后续的研究中高度重视：

第一，特级教师大样本甚至全样本的获取及研究。“一般来说，确定性可以用规则函数描述，而不确定性则包含大量样本，单个样本变化可能全无规则，但就总体则可能是有规则的，符合统计规律。”④无论是探寻特级教师专业成长与发展的规律，还是研究特级教师的教学艺术风格，都必须基于大样本最好是全样本的分析。在五年的研究中，课题组征集、采集、收集了大量特级

① 详见附录二. 本书第 242—251 页.

② 详见本书第 237 页.

③ 详见附录一. 本书第 240 页.

④ 赵凯荣. 复杂性哲学. 中国社会科学出版社，2001：216.

教师的资料，涉及的特级教师样本数量可观，但离研究初期确定的收集特级教师大样本甚至全样本的理想目标尚有距离，后续的研究应该在这方面更下苦功。如果能够获取中国特级教师的大样本或全样本，那么我们完全有可能在特级教师专业成长与发展规律和特级教师流动规律，以及特级教师教学艺术风格等方面取得更加丰硕的成果。

第二，特级教师研究工具和方法的创新。五年的“特级教师研究”中，我们大量使用了文献研究法和个案研究法，尝试使用了统计分析法。但这样的文献研究法、个案研究法和统计分析法都还只是初步的。如果我们能够借助于现代计算机技术，对特级教师的大样本甚至全样本资料和大量特级教师作品、著述、传记等进行大规模精确输入、统计与分析，那么真正意义上也真正有价值的文献研究和个案研究就会出现，我们在“特级教师研究”方面或许会有更多有意义、有价值的发现。比如，如果我们能够将某一或某些或全部特级教师的作品和著述输入电脑，然后用“关键词”检索的方法对特级教师的关注点和教学艺术风格进行研究，那么我们极有可能刷新很多已有的成果和结论。

第三，特级教师研究资料的搜集与整理。对“特级教师研究”这样的课题来说，研究资料的采集、征集和收集是十分重要和基础的工作。五年的研究过程中，我们采集、征集、收集了大量关于特级教师的研究资料。在预期的研究成果中，我们曾经试图将这些资料编辑成“资料长编”。但是这一设想因为种种原因（主要是人手和经费方面的原因）未能实现。这些资料目前只有一个大致的编目，总体上还处于未公开、未研发的原始状态。后续研究中如何将这些资料体系化、结构化，并进行深度的开发、利用，发挥它们应有的更大作用，需要认真加以探索。

第一章
特级教师制度的缘起与沿革研究

一、特级教师制度的历史背景

特级教师制度的确立不是孤立的、偶然的事件，它既与中国尊师重教的文化传统有关，也是世界教师专业化发展的历史必然。梳理、检视教师社会地位与教师专业发展这一历史和现实背景，有助于进一步理解中国特级教师制度。

（一）中国尊师重教的历史传统

在中国古代氏族社会中，教育机构极为简单，无特定的教师，教师由氏族中的首领或长者兼任。此后，这一政教不分、官师合一的做法逐渐定型化。据《礼记》记载，在西周时期，大乐正、乐正、大胥、大师、保氏、执礼氏、典书者等称呼既是官名，又是师称。春秋战国时期，社会动荡，政权式微，社会上出现了以传授文化知识为职业的“士”，即私学教师。到了秦代，随着中央集权制度的形成和强化，私学被禁，吏师制度建立，接续了官师合一的历史传统。与前代官师合一制度不同的是，秦代设立了专事教育的博士官职，教师职业渐成独立的官职。此后，虽然教师的职级和分类逐渐细化，但官师合一的制度在中国漫长的封建社会中一直绵延不绝，在居于办学主体的官学中，教师一直享受官员的品级和待遇。可资佐证的一个重要证据是，历代史书的“职官志”部分里都有关于教师官阶的详细记载。

先哲荀子有言："国将兴，必贵师而重傅；贵师而重傅，则法度存。国将衰，必贱师而轻傅；贱师而轻傅，则人有快，人有快则法度坏。"(《荀子·大略》)实行官师合一的制度是为了实行思想控制，加强中央集权，维护国家统治。但与此同时，在官本位思想得到广泛认同的中国传统社会，将教师纳入国家官员阶层，客观上提高了教师的职业地位，增强了教师的职业权威，让教师成为受到普遍尊重的职业。

在上古时代，官师合一制度之外，还存在着与教师选拔密切相关的养老制度。到了商代，"教育机关逐渐复杂化，单靠少数官吏作教师来进行教育是不够的，必须在国中或乡里中选出具有功勋与道德的前辈耆老，迎养于教育机关中，在一定的时期，举行一种很隆重的养老典礼，对贵族子弟施行'习射'、'学乐'、'习礼'的教育"①。"中国古代养老含有尊师重道的意义"②，这一方面表明了对师资选择的重视(有功勋与道德的耆老方可为师)，另一方面也体现了对教师的尊重(以隆重的养老典礼彰显教师的地位)。可以说，这种特殊的制度安排在职业层面为教师进行了加冕，让教师选拔兼具了能力认可和人格褒奖的性质，使所有被选拔进入教育机关养老的人都享受到了一种崇高的职业荣耀。

如果说官师合一制度和养老制度是以国家赋权的形式保障了教师职业地位和职业尊严的话，那么在教师选拔和评价中奉行道德优先的原则，则是彰显了教师的道德品行，让教师内生出道德和人格的力量，从而受到世人的景仰。

有学者从词源学的考察中得出结论："中国古代赋予'师'以一种充满着道德精神的圣徒性格，而这种规定又与统治者的德治政策和将'师'视为万民之楷模，是完成官方意识形态社会化的中介桥梁有着密切的关系。"③《礼记·文王世子》对教师的定位是："师也者，教之以事而喻诸德者也。"这将道德教化视作教师的主要工作职责。韩愈的《师说》在阐述教师的作用时，也是将"传道"置诸"受(授)业"、"解惑"之前，进一步强化了道德教育在教师工作中的重要性。正因为教师承担着"喻德"、"传道"的功能，所以在选择和评价教师时，道德品质成为需要考虑的首要因素，教师由此成为世人

---

①② 顾树森.中国历代教育制度.江苏教育出版社，1981：16.

③ 胡金平.从教师称谓的变迁看教师角色与知识结构的转变.南京师范大学学报：社会科学版，2007，3.

景仰的道德楷模，师德由此成为社会瞩目的道德高标。在社会伦理和家庭伦理受到格外推重的中国传统社会，道德高企的教师群体获得了社会的普遍尊重。

《国语·晋语》认为："民生于三，事之如一。父生之，师教之，君食之。"后来，荀子进一步阐述为："礼有三本：天地者，生之本也；先祖者，类之本也；君师者，治之本也。"（《荀子·论理篇》）教师被置于"天地君亲师"的礼仪格局中，成为心理秩序和社会秩序的重要维护者。有学者研究表明，到了明朝后期，"'天地君亲师'的说法在社会上已经是非常普遍，而且牌位也被供奉起来，成了人们祭祀的对象"。清雍正初年，朝廷下谕，第一次以帝王和国家的名义，确定"天地君亲师"的次序，并对其意义进行诠释，特别突出了"师"的地位和作用。民国时期，"天地君亲师"又衍变出"天地国亲师"和"天地圣亲师"两种形式。① 直至新中国成立后，还有很多重伦理秩序的家庭将"天地君亲师"的条幅作为中堂，年节时以香烛供拜。

总之，在中国传统社会，无论是国家、社会还是民间，都很重视教师职业，教师享有很高的职业地位和社会声誉。特级教师虽然是20世纪50年代诞生的一种荣誉称号，但不可否认，尊师重教的历史文化传统为这一荣誉称号的诞生提供了肥沃的土壤。

（二）前制度化特级教师选拔

一般认为，中国的特级教师制度建立于1978年，但其实早在1956年，我国就在部分地区开始了特级教师选拔的尝试。

新中国成立以后，尽管党和国家十分重视教育事业发展和师资队伍建设，但是由于种种原因，教师的社会地位、经济地位和专业地位还比较低，教师普遍待遇低、地位低、质量低，社会上歧视中小学教师的现象时有发生。1956年初，共青团中央将这一情况向党中央进行了汇报，毛泽东主席、周恩来总理先后做出批示，4—5月间，教育部研究起草了《关于提高中小学教师待遇和社会地位的报告》，提出"对有特殊贡献的优秀教师，给以特级待遇"②。7月，结合全国教育系统工资改革，北京市提升了以王企贤、霍懋征等为代表的

① 徐梓."天地君亲师"源流考.北京师范大学学报，2006，2.

② 中国教育事典编辑委员会.中国教育事典（初等教育卷）.河北教育出版社，1994：268.

第一批特级教师。此后的1959年、1960年、1963年，北京市又陆续提升了一批特级教师。"到1966年，北京市共提升特级教师42名。其中中学有刘景琨、张子锷、李观恃、张玉寿等9名，小学有霍懋征、关琦、王企贤、章旭昭等32名。幼儿园王淑芳被提为特级教养员。"①

受"文化大革命"的冲击，刚刚起步的特级教师选拔工作被迫中止。"文革"结束后，教育工作重新受到重视。1978年3月，邓小平同志在同国务院政治研究室负责同志谈话时指出："现在小学教员的工资太低，一个好的小学教员，其付出的劳动是相当繁重的，要提高他们的工资。将来，有些教得很好的小学教员，工资可以评为特级。"1978年4月22日，教育部召开了全国教育工作会议，会议一直持续到5月16日才结束。在4月22日会议开幕当天，邓小平在讲话中指示："要研究教师首先是中小学教师的工资制度。要采取适当的措施，鼓励人们终身从事教育事业。特别优秀的教师，可以定为特级教师。"②6天之后的"4月28日，教育部批准北京市景山学校马淑珍、郑俊选、方碧辉三名小学低年级教师为特级教师"③。5月4日，新华社播发了题为《教育部批准提升马淑珍、郑俊选、方碧辉为特级教师》的新闻。

特级教师称号"是教育行政部门为解决中小学教师待遇问题而偶然设立的，事先没有经过充分的酝酿和论证，带有比较浓厚的行政色彩"④。1978前的五次特级教师评选都是在特级教师制度正式建立之前进行的，因此具有明显的非制度化特征，具体表现在以下几方面：

首先，目的的功利性。1956年的特级教师选拔的直接动因就是当时的教师待遇低、地位低、质量低。除了在当时共青团中央的汇报中谈到这一问题外，1956年10月5日的《人民日报》还发表了题为《不许歧视小学教师》的社论。社论指出：一些读者来信说，许多地方"对待小学教师的态度十分无理"。"有些干部，尤其是农村的区、乡干部，轻视小学教师的劳动，对待小学教师粗暴无理，有时挖苦嘲笑，甚至随便乱扣大帽子，侮辱小学教师的人格，侵犯小学教师的人身自由。"⑤《人民日报》发表社论特别提出"不许歧视小学教师"，

---

① 刘英杰.中国教育大事典(上册).浙江教育出版社，1993：694.
② 《中国教育年鉴》编辑部.中国教育年鉴(1949—1981).中国大百科全书出版社，1984：62.
③ 刘英杰.中国教育大事典(上册).浙江教育出版社，1993：694.
④ 王芳，蔡永红.我国特级教师制度与特级教师研究的回顾与反思.教师教育研究，2005，6.
⑤ 刘英杰.中国教育大事典(上册).浙江教育出版社，1993：697-698.

由此可见当时社会上歧视教师的现象是比较普遍和严重的。1977 年 8 月 8 日，在中共十届三中全会的科学和教育工作座谈会上，邓小平发表了《关于科学和教育工作的几点意见》，指出："就今天的现状来说，要特别注意调动教育工作者的积极性，要强调尊重教师。……一个小学教师，把全部精力放到教育事业上，就是很可贵的。要当好一个小学教师，付出的劳动并不比一个大学教师少，因此小学教师同大学教师一样光荣。对于终身为教育事业服务的人，应当鼓励。"提高教师地位、鼓励教师终身从教是当时的紧迫任务，选拔特级教师就是服从于这一任务需要的应时之举，带有比较明显的功利色彩。1956 年的特级教师选拔就是结合全国教育系统工资改革来进行的，规定"中学特级教师的工资定为'相当于高等学校六级(教授)'，小学特级教师的工资定为'相当于中学教师三级'"①。1978 年 3 月，邓小平的"有些教得很好的小学教员，工资可以评为特级"的提法延续了将特级教师与工资挂钩的思路；在随后的全国教育工作会议上，邓小平关于特别优秀的教师可以定为特级教师的指示，也是在讲话的"要研究教师首先是中小学教师的工资制度"②这一部分里作出的。

其次，标准的模糊性。在 1978 年以前，特级教师的选拔和确定并没有形成明确而细致的选拔标准，而主要是根据教师的社会影响力进行。"在制度正式确立之前，特级教师的评选侧重对教师先进性的考察，这与称号偶然设立缺乏专业评价指标有关，更重要的，那是一个推崇先进的时代，特级教师的先进性自然是评选的重点。"③与先进性相比，教师的专业性在特级教师选拔中并没有得到足够的重视。另外，我们注意到，关于 1978 年以前五批特级教师产生途径的表述，并不是用"评选"，而是用"提升"。"评选"是设定明确的标准，以此为标尺对参评者进行甄选，而"提升"则是自上而下的选拔与任用。因为有相对明确的标准，"评选"比"提升"更加科学，更加规范，更加严谨。

第三，区域的局限性。1978 年以前的五批特级教师选拔都是在北京市范围内举行的，区域局限性特征非常明显。北京是政治、文化中心，特级教师选拔首先在北京开展，会产生较强的示范性和影响力。但是，由于特级教师的

---

① 中国教育事典编辑委员会. 中国教育事典(初等教育卷). 河北教育出版社，1994:268.
② 《中国教育年鉴》编辑部. 中国教育年鉴(1949—1981). 中国大百科全书出版社，1984:62.
③ 王芳，蔡永红. 我国特级教师制度与特级教师研究的回顾与反思. 教师教育研究，2005,6.

选拔范围一直没有得到拓展，这种示范性和影响力并没有落到实处，并没有转化为推进全国教师队伍建设的推动力。

二、特级教师制度的建立

根据邓小平在全国教育工作会议上讲话的精神，1978 年 12 月 17 日，教育部、国家计委联合下发了《关于评选特级教师的暂行规定》(以下简称《暂行规定》)，对特级教师的评选目的、评选对象、评选条件、评选面、奖励办法以及评选办法和审批手续、评选安排等都作了比较明确的规定。这一规定的下发，标志着我国特级教师制度正式建立。在 1993 年国家教委、人事部、财政部《特级教师评选规定》出台之前，《暂行规定》一直是我国特级教师评选的纲领性文件，分析《暂行规定》的内容，可以看出我国特级教师制度初创阶段的一些特点。

(一) 关于评选目的

《暂行规定》指出，特级教师评选的目的有两个：一是“提高教师的政治地位和社会地位，增强教师的光荣感、责任感，使他们能长期坚持教育工作岗位，为社会主义教育事业贡献力量”；二是“奖励教师对教育工作做出的贡献，表彰先进，树立榜样，以调动广大教师的积极性，鼓励他们学习先进，不断提高政治、文化、业务水平，努力提高教育质量”。这两个目的都具有比较明显的时代色彩，具有较强的现实针对性。

首先，建立特级教师制度是提高教师地位的需要。“文革”期间，我国的教育秩序受到严重冲击，教师的政治地位、社会地位急速下降，甚至被诬为“臭老九”。“文革”结束后，虽然党和国家高度重视教育事业，努力营造尊师重教的社会风尚，但是，教师地位的提高并不是一蹴而就的事情，教师的政治地位和社会地位还比较低，歧视甚至伤害教师的事件时有发生。邓小平 1978 年 4 月 22 日在全国教育工作会议上的讲话强调：“我们要提高人民教师的政治地位和社会地位。不但学生应该尊重教师，整个社会都应该尊重教师。”为了切实提高教师的政治地位和社会地位，党和国家采取了多种措施，如建立教师节、提高教师物质待遇等。建立特级教师制度也是“提高教师政治地位和社会地位，增强教师的光荣感、责任感”的一项举措。

其次，建立特级教师制度是稳定教师队伍的需要。“文革”之后，由于教师政治地位、社会地位比较低，很多人不愿意当教师；同时，当时社会人才缺乏，教师流向其他部门和行业的现象比较严重。1978 年 1 月 17 日下发的《国务院批转教育部关于加强中小学教师队伍管理工作的意见》指出了当时教师队伍不够稳定的问题：“教师被随意借用、调出，教师编制被随意占用”，“数量本来就很少的师范院校毕业生，不能如数分到教育战线”，“自然减员得不到如数补充”。① 建立特级教师制度，提高教师的政治地位和社会地位，增强教师的职业荣誉感和自豪感，有利于促使他们“长期坚持教育工作岗位”，从而实现稳定教师队伍的目的。

第三，建立特级教师制度是提高教师水平的需要。“文革”对教育事业形成了巨大的冲击，师范教育和教师培训体系被严重破坏，教师不仅数量不足，而且学历水平、教学水平也大幅下滑。统计数据显示：从 1963 年到 1981 年，高中教师本科学历比例由 59.3%下降到 36%，初中教师专科或专科以上学历比例由 74.7%下降到 17.6%，小学教师中师、高中及以上学历比例虽然由 34.5%提高到了 51.8%，但“大多数是‘文化大革命’中的中师、高中毕业生，他们在学期间没有学到多少文化、专业知识”。总体来看，中小学教师队伍中文化业务水平合格、胜任教育教学工作的教师由约三分之二降低到了约三分之一。② 教师队伍水平较低还体现在民办教师在教师中占的比重过大，1981 年，未经过专业训练的民办教师占中学教师的 25.1%，占小学教师的 58.3%。③ 提高教师队伍的整体水平既需要对教师进行系统的培养和培训，也需要激发教师的内在动力，自觉提升学历水平和专业能力。特级教师是教师群体中的优秀分子，评选和表彰特级教师，可以树立学习榜样，激发学习动力，“调动广大教师的积极性，鼓励他们学习先进，不断提高政治、文化、业务水平，努力提高教育质量”。

（二）关于评选条件

《暂行规定》为特级教师评选设置了两项条件：政治思想和业务能力。分析这两项条件，可以看出如下特征：

---

① 《中国教育年鉴》编辑部. 中国教育年鉴（1949—1981）. 中国大百科全书出版社，1984：740.

②③ 《中国教育年鉴》编辑部. 中国教育年鉴（1949—1981）. 中国大百科全书出版社，1984：198.

首先，与前制度化阶段的特级教师评选相比，《暂行规定》在评选条件设置上更加具体明确，更具操作性。如前所述，前制度化阶段的特级教师评选并没有设定明确的标准，无论是“有特殊贡献的优秀教师”（1956 年）还是“特别优秀的教师”（1978 年），都是简单、模糊、笼统的表述，在实际评选中解读空间太大，操作尺度太宽，无法指导全国范围内的大规模特级教师评选工作。《暂行规定》对特级教师的政治觉悟、思想作风、道德品质、教学水平、创新精神、研究能力、文化程度等都作了比较明确的规定，标准比较具体细致，操作性、指导性较强，有利于特级教师评选工作的全面开展。评选条件的明确化、细致化对于推进特级教师评选走向规范化、科学化具有重要的意义，标志着特级教师评选进入制度化阶段。

其次，与前制度化阶段的特级教师评选相比，《暂行规定》更加重视教师的业务水平和能力，在专业性和先进性的平衡上有所进步。在“政治挂帅”的年代，前制度化阶段的特级教师选拔必然将政治思想要素放在第一位，更加注重“先进性”因素，而专业性要求则是第二位的。《暂行规定》也很重视特级教师的政治思想素质，将其置于评选条件的第一条，提出了明确的要求，但与此同时，它对特级教师业务水平和能力的要求更加具体细致：既要求对所教学科具有扎实的理论知识，又要求具有丰富的教学经验；既要求“使学生正确地系统地牢固地掌握基础知识和基本技能”，又要求“积极培养学生的自学能力和分析问题、解决问题的能力”；既要求“教学效果好，教学质量高”，又要求“在工作中有创新精神”；既要求在“教学上确有专长”、有“较高水平的成果或者著述”，又要求“在思想业务上关心和帮助新教师”；既对教学水平提出了较高的要求，也在文化程度上作出了明确的规定。教师是专业工作者，政治思想和品德修养固然重要，但专业水平和能力是其区别于其他职业的核心要素，因此，《暂行规定》对业务水平和能力的重视，是对教师本质的回归性诠释，是对特级教师之所以为“特”的矫正性解读。

第三，《暂行规定》关于特级教师评选条件的规定还带有比较浓厚的时代色彩。《暂行规定》制定于“文革”结束不久、改革开放尚未开展的 1978 年，不可避免地带有社会转型时代的特殊印记。比如，在政治思想上，规定必须“政治历史清楚，无重大政治历史问题”，这与当时对人的政治立场、思想境界、历史表现等高度关注的现实是紧密相联的。再比如，由于当时教师的总体学历水平比较低，所以《暂行规定》没有对特级教师的学历水平作硬性规定，而是采取了变通的方法，要求特级教师的文化程度不低于相应的学历水平，具体为：“高中教师在其所教学科方面的实际文化程度，应具有大学本科毕业以上水平；初中教师在其所教学科方面的实际文化程度，应具有大学专科毕业以上水平；小学教师的实际文化程度，应具有中师毕业以上水平；幼儿园教师的实际文化程度，应具有幼师毕业以上水平。”

（三）关于奖励办法

《暂行规定》对于特级教师的奖励不仅仅局限于物质奖励，而是综合体现在三个方面：提高政治地位及社会地位、提高工资待遇和发挥专长。

在提高政治地位和社会地位上，《暂行规定》要求：“由省、市、自治区革委会颁发特级教师证书。有些特级教师可推荐为各级人民代表或政协委员，或吸收其参加一定的社会活动。退休后，可由学校聘请作名誉校长、教育顾问，或由有关学术团体安排相当的名誉职务。”除颁发证书之外，还明文要求为特级教师参政议政、参加社会活动提供条件，要求为特级教师在学校办学和学术研究上发挥影响创造机会，这些规定似乎已经超越了“特级教师评选”的范畴。结合当时的时代背景来分析这条规定，可以看出，在教师政治地位和社会地位还不高的特殊情况下，党和国家提高教师地位的愿望是十分迫切的，希望通过赋予特级教师政治荣誉、社会荣誉、学术名誉等方式，营造尊师重教的社会氛围。

在提高工资待遇方面，《暂行规定》的思路与前制度化阶段的特级教师待遇规定的思路是一致的，即让特级教师享受高于同职称教师的工资待遇，因此，规定“在全国工资改革没有实行以前，暂时采取补贴办法：小学特级教师每月补贴二十元，中学特级教师每月补贴三十元”。值得一提的是，特级教师待遇与工资挂钩的制度设计一直没有能够付诸实施，而专项补贴这一“暂时”的办法后来被正式化了。在全国实行中小学教师职务聘任制以后，关于特级教师的补贴问题，当时的国务院工资改革小组和劳动人事部在联合下发的劳人薪[1988]8号文件附件《中小学教师职务工资标准方案》第九条中规定：“获得特级教师荣誉称号的中小学教师，在职务工资基础上，另发特级教师津贴，中学的为30元，小学的为20元。”①正式将特级教师专项补贴制度化了。是与工资挂钩还是给予

① 从民办教师中评选特级教师的有关问题.人民教育，1992，3.

专项补贴，看似是不同的待遇给予方式，其实背后隐藏着对特级教师身份认定（职称还是荣誉称号）的问题，关于此，后文将专门论述。

在发挥专长方面，《暂行规定》要求：特级教师“由高等师范学校、教师进修学校、教学研究机构和教育出版机关聘请作特约讲师、特约研究员和特约编审等。此外，还应给他们以适当的时间，从事教学研究和培养新教师”。这一规定既是一种奖励措施，同时也有发挥特级教师作用的考虑。作为教师中的优秀分子，特级教师教育教学水平高、学术研究能力强、道德品质修养好，对普通教师的成长具有示范、引领和激励作用，其成长经历、教育思想、教学经验、教研成果等都是宝贵的资源，应当发挥其最大的作用。《暂行规定》要求聘请特级教师作特级讲师、特约研究员和特约编审，要求为特级教师从事教学研究和培养新教师创造条件，其目的就是发挥特级教师的示范、引领和激励作用，提升当时整体水平还很低的教师队伍的素质。

（四）关于其他评选规定

除了评选目的、评选条件和奖励办法外，《暂行规定》还有以下几点值得关注：

一是规定民办教师也可以评特级教师。《暂行规定》在评选对象中特别注明包括“民办和厂矿企业办的中小学”中的教师，在规定特级教师补贴时又特别说明“民办中小学教师评选为特级教师的，也享受同样补贴，由教育经费开支”。不在正式编制之内的民办教师被纳入特级教师评选对象，享受特级教师补贴，一方面反映了党和国家对民办教师贡献的认可，另一方面与中小学民办教师数量庞大、比例过高也有关系。据统计，20 世纪 70 年代中期，我国民办教师总数达 491.4 万人，占中小学教职工总数的 52%。① 将约占中小学教师半数的民办教师纳入特级教师评选范围之内，既有利于客观评价民办教师的贡献，也有利于提高民办教师的工作积极性，为逐步解决民办教师问题奠定基础。

二是评选比较慎重，评选面比较小。《暂行规定》提出：“评选特级教师应坚持从严掌握和实事求是的原则，严格按照评选条件认真、慎重地进行评选。各地和学校有符合评选条件的教师就评选，否则，就不评选。第一次评选，北

① 《中国教育年鉴》编辑部. 中国教育年鉴（1992）. 人民教育出版社，1993：207.

京、上海、天津等大城市评选面暂定控制在万分之五以内，其他地方应低于这个比例。”客观上看，不超过万分之五的比例是十分严格和保守的，但是，虑及当时的实际情况，这种严格和保守是必要的。首先，全国性的特级教师评选没有先例，第一次评选带有探索的性质，因此必须小心谨慎，评选面不宜过大。其次，当时教师队伍整体水平偏低，且优质师资分布不均，如果按比例将名额平均分配到各地，评选出来的特级教师的水平难免会参差不齐。因此，严格按照条件，“有符合评选条件的教师就评选，否则，就不评选”，是十分必要的。最后，给予北京、上海、天津比较高的评选比例看似不公平，其实是考虑到了教师队伍水平的城乡差距和地域差距。北京、上海、天津作为当时的三大直辖市，教师队伍水平相对较高，特级教师评选比例稍高是可以理解的。

三是对评选程序进行了比较明确的规定。《暂行规定》规定的特级教师评选程序是：“根据评选条件，先由各校党支部组织教职员工，在省、地、县范围内，充分发扬民主，走群众路线，广泛进行酝酿提名，经地（市）、县（区）教育行政领导机关商同有关学校党支部，集中群众意见，提出名单。然后，在适当范围内，特别是在被提名者的学校和一个地区内教相同学科的教师中，广泛征求群众意见，充分酝酿，并由地（市）、县（区）教育行政领导审定后，上报省、市、自治区教育局汇总、审查、平衡，提出初步名单，报请省、市、自治区革委会批准，并报教育部备案。”从酝酿提名、提出名单、征求意见，到领导审定、初定名单、批准备案，《暂行规定》对特级教师评选程序的设定比较详细周密，操作性较强。与前制度化阶段特级教师产生途径为“选拔”、“提升”不同，《暂行规定》设定的特级教师评选路径是“提名”、“推荐”，是民主基础上的集中，更具群众性、民主性、科学性。当然，《暂行规定》中的特级教师评选程序也不可避免地存在一些不足，主要体现在特级教师最终产生路径是政府和教育行政部门的“审定”、“批准”，而不是专业人员的“评审”，还是带有比较浓厚的行政色彩。

“文革”结束之后，教育事业一片凋敝，亟待振兴，教师队伍建设显得尤为迫切。正是基于这一现实，在《暂行规定》出台（1978 年 12 月）之前，特级教师评选工作已经启动，譬如江苏省 1978 年 10 月就评定斯霞、李吉林等 18 人为首批特级教师。[①]《暂行规定》发布以后，各省、市、自治区迅速行动，特级教师

---

① 眭平，金剑．特级教师：中小学教育的品牌和骄傲．江苏教育研究，2009，1A.

评选工作相继开展。据统计，截至 1993 年，全国共评选出特级教师 7000 余名。①

三、特级教师制度的发展

特级教师制度建立以后，各级教育行政部门和学校在加强特级教师管理、关心特级教师生活、发挥特级教师作用等方面做了许多工作。但是，特级教师评选和管理制度也存在一些不尽如人意的地方。比如，一些地方对特级教师工作重视不够，特级教师在社会上的知名度和地位远未达到应有的高度；评选工作没有制度化，评选数量太少，各地评选情况不平衡；特级教师负担普遍太重，除完成教学任务和教育教学方面的研究项目外，还有许多社会工作让他们应接不暇；许多特级教师在住房、医疗方面存在很大困难，没有得到应有的重视。②为了进一步做好特级教师工作，1993 年 6 月，国家教委、人事部、财政部在广泛征求意见的基础上，将 1978 年颁发的《关于评选特级教师的暂行规定》修订为《特级教师评选规定》。

《特级教师评选规定》(以下简称《规定》)"进一步明确了特级教师的性质，硬化了评选条件，增加了评选数量，提高了津贴标准"③，对此后的特级教师评选和管理工作起到了引导、规范的作用。与《暂行规定》相比，《规定》具有如下一些特征。

(一) 进一步明晰了特级教师的性质

关于特级教师的性质，此前的领导讲话和《暂行规定》中有所涉及，但表述比较简单，主要有两种："有特殊贡献的优秀教师"和"特别优秀的教师"。这两种定位都显得过于原则和笼统，既不利于人们准确定位、深入理解特级教师制度，也不利于特级教师的培养、评选、管理。《规定》第一次对"特级教师"这一称号进行了比较明确的定义："'特级教师'是国家为了表彰特别优秀的中小学教师而特设的一种既具先进性又有专业性的称号。特级教师应是

①② 国家教委、人事部、财政部就颁发《特级教师评选规定》召开座谈会. 人民教育，1993，7－8.
③《特级教师评选规定》编者按. 人民教育，1993，7－8.

师德的表率、育人的模范、教学的专家。”分析这一定义，可以看出：

首先，《规定》明确了特级教师是一种荣誉称号，而不是一种专业技术职务（俗称“职称”）。1986年发布的《关于实行专业技术职务聘任制度的规定》指出：“专业技术职务是根据实际工作需要设置的有明确职责、任职条件和任期，并需要具备专门的业务知识和技术水平才能担负的工作岗位，不同于一次获得后而终身拥有的学位、学衔等各种学术、技术称号。”而荣誉称号则是由外部机构（通常是比较权威的组织，尤其是政府机关）所授予的具有褒奖性、表彰性的名誉称谓或头衔，一般不与特定的专业岗位、工作职责挂钩。我国的专业技术职务制度是1986年才正式建立的，在此之前，对中小学教师的分类分级管理主要是通过工资级别的形式来实现的，因此，工资级别制度实际上承担了专业技术职务制度的管理职能。1963年评选特级教师时规定：“中学特级教师的工资定为‘相当于高等学校六级（教授）’，小学特级教师的工资定为‘相当于中学教师三级’。”①实际上是把特级教师定位为一种专业技术职务。1978年颁行的《暂行规定》中“在全国工资改革没有实行以前，暂时采取补贴办法”的规定，还是意在将特级教师与工资级别挂钩，表明了当时的特级教师还是被看作一种专业技术职务。但是，1985年在执行《中小学教职工工资制度改革实施方案》以后，国务院工资制度改革小组和劳动人事部在劳人薪〔1985〕40号文件中指出：“特级教师津贴，按原规定继续发给。”1988年，在实行《中小学教师职务工资标准方案》以后，国务院工资制度改革小组和劳动人事部在劳人薪〔1988〕8号文件中进一步明确规定：“获得特级教师荣誉称号的中小学教师，在职务工资基础上，另发特级教师津贴，中学的为30元，小学的为20元。”②由此可见，工资改革之后，并没有按照《暂行规定》的设计，把特级教师与工资级别挂钩，反而是将临时性的特级教师津贴制度化了。在根据《关于实行专业技术职务聘任制度的规定》文件制定的专业技术职务类别中，并没有“特级教师”这一名称，可见特级教师并没有纳入专业技术职务管理范围之内。《规定》明确定义特级教师是“特设”的“表彰”性质的“称号”，这进一步说明了特级教师是一种荣誉称号，而不是专业技术职务。

---

① 中国教育事典编辑委员会.中国教育事典(初等教育卷).河北教育出版社，1994:268.

② 关于特级教师的奖励办法.人民教育，1990，11.

其次,《规定》明确了特级教师必须“先进性”与“专业性”并重。《暂行规定》对特级教师的先进性和专业性进行了平衡,而《规定》则明确指出特级教师是“既具先进性又有专业性的称号”。有研究者指出:“‘特殊贡献的优秀教师’是对特级教师的最初表述,‘贡献’、‘优秀’后来体现为《规定》中所指的‘先进性’,‘先进性’表明无论是职业精神还是工作业绩,特级教师都堪称教师群体中的楷模与榜样。”[①]“专业性”则标示了特级教师在教育专业上的水平和高度。20世纪中叶以来,教师专业化逐渐成为世界教师教育的发展潮流和趋势。60年代,联合国教科文组织和国际劳工组织就倡导“教师应当成为一门专业”。1996年世界教育大会第80号建议《加强教师在多变世界中的作用之教育》再次提出教师专业化的要求,并把它作为“改善教师地位和工作条件之策略”。在我国,1993年颁布的《教师法》第三条明确规定:“教师是履行教育教学职责的专业人员。”以法律的形式确认了教师的专业地位。根据这一规定,我国于1995年颁行了《教师资格条例》,启动了教师资格认定工作。“专业性”是教师区别于其他职业的核心特质,是教师专业地位和专业尊严的基石。特级教师是“优秀的中小学教师”,其专业性的要求当然要更高。

第三,《规定》明确了特级教师应该是“教育家”,而不是“教学家”。特级教师首先是学科教学的专家,在本学科的教学理论研究和课堂教学实践上都应该达到较高的水平,有自己独特的教学理解,有自己丰厚的教学经验,在学科教学上能够起示范、引领的作用。但如果仅止于此,特级教师不过是一个囿于学科教学的“教学家”,甚至是“教学匠”。《规定》要求“特级教师应是师德的表率、育人的模范、教学的专家”,在教学水平之外,还对特级教师的师德修养、育人能力提出了很高的要求。这一要求准确地把握了教师职业的特殊性:教师的工作不仅是言教,而且还是身教,因此,教师必须具有良好的师德修养,在道德品质上为学生做出榜样;教育与教学是密切联系、相互依存的,因此,教师必须把教育与教学融合起来,促进学生全面成长。特级教师是优秀教师,理应在师德上成为表率,在育人上成为模范,在教学上成为专家,成为全面发展的“教育家”。

---

① 王芳,蔡永红.我国特级教师制度与特级教师研究的回顾与反思.教师教育研究,2005,11.

(二) 进一步改进了评选条件

《规定》从政治思想、业务能力和作用发挥等方面规定了特级教师的评选条件。与《暂行规定》相比,《规定》在评选条件上有了如下改进:

一是简化了政治思想要求。《规定》在政治思想上要求特级教师应该"坚持党的基本路线,热爱社会主义祖国,忠诚人民的教育事业;认真贯彻执行教育方针;一贯模范履行教师职责,教书育人,为人师表"。相对于《暂行规定》对于特级教师政治思想的要求,这一表述更加简洁、概要和原则。简化要求并不是说政治思想对于教师来说不重要,而是因为《暂行规定》对特级教师政治思想的一些要求带有比较浓厚的"政治挂帅"的时代色彩,已经不适应时代的要求,对其进行适当的删削、简化是很有必要的。

二是明确了专业资质要求。因为1978年尚未实行专业技术职务制度,再加上当时教师队伍整体水平不高,所以《暂行规定》对特级教师专业资质的规定只是比较原则的文化程度要求。《规定》对特级教师的专业资质有了更明确的规定,要求必须"具有中小学校高级教师职务"。关于这一要求,1993年,国家教委人事司普教师资处通过答教师咨询的方式再一次加以重申和强调:"中小学教师必须具有高级教师职务才有资格参加特级教师评选。工作成绩特别突出,在其他方面已具备特级教师条件但尚未具有中小学高级教师职务的中小学教师,必须先评聘为中学或小学高级教师职务后,才能再参加特级教师的评选。"[①]虽然有人批评这一规定过于僵化,不利于特别优秀的年轻教师参加特级教师的评选,但是总体看来,专业技术职务代表了教师的教育教学水平和能力,因此从中小学高级教师中选拔特级教师,可以保证特级教师的质量。

三是细化了业务能力要求。《暂行规定》对特级教师的业务能力要求主要是在学科教学和研究方面,而《规定》在学科教学要求之外,还有一项可选择的育人能力要求:"精通业务,严谨治学,教育教学效果特别显著。或者在学生思想政治教育和班主任工作方面有突出的专长和丰富的经验,并取得显著成绩。"这一细化的选择性条件更加切合实际,更具人文性:教师不仅要教书,而且要育人。有些教师在教学上成绩突出、优势明显,而另一些教师在育

① 中小学教师是否必须具有高级教师职务才能评选为特级教师.人民教育,1993,10.

人上经验丰富、成效卓著，这两类优秀教师都应该被纳入特级教师评选的范围。上述选择性条件规定，就是对不同教师的不同专长的人性化观照，使特级教师的评选更加全面、公正。在学科特级教师之外，江苏、浙江、上海等省、市都设置了德育特级教师，就是对这一规定的积极回应。

（三）进一步明确了评选比例和重点

首先，《规定》第一次规定了特级教师占教师总数的比例："各省、自治区、直辖市在职特级教师总数一般控制在中小学教师总数的千分之一点五以内。"值得注意的是，这一规定经常被人误读为是提高了特级教师评选的比例，其比照标准就是《暂行规定》"第一次评选，北京、上海、天津等大城市评选面暂定控制在万分之五以内，其他地方应低于这个比例"的规定。其实，这只是统计口径不同，《暂行规定》的万分之五比例控制是指首次评比，而《规定》的千分之一点五则是指在职特级教师在教师总数中的占比。两相比较，《规定》的特级教师评选比例其实并不高。关于这一比例，有研究者认为："自1978年以来，全国评选的近三万名特级教师相比我国百万中小学教师，实在是凤毛麟角，评选机会渺茫，难免出现曲高和寡的情况。在调查研究的基础上，是否能够扩大评选比例，或者取消数量限制，使特级教师评选从注重选拔性功能转型为偏向促进性功能，这是符合现代教师评价原则的。"① 从激励教师专业成长的角度来看，这一观点是有一定道理的，但是，如果考虑到特级教师评选制度的现状，这一规定又是很有必要的：目前的特级教师评选是以省（市、自治区）为单位来组织的，《规定》对评选条件只是作了简单的、原则性的规定，具体实施细则由各省（市、自治区）制定。在这一情况下，如果不对评选比例进行控制，可能会导致有些地方特级教师评选尺度过宽，特级教师总量过多的现象。另外，作为一种很高的荣誉称号，只有"特别优秀的教师"才能享有，"曲高和寡"一些未尝不可，评选比例不宜扩大。

其次，《规定》明确规定了"评选的重点是在普通中小学教育教学第一线工作的教师"。教师是一项实践性很强的职业，特别是中小学教师，面对的是处于快速成长中的学生，学生的个体性、发展性和复杂性使得教育教学不可能像工业生产一样具有标准化的流程，而是需要教师根据实践情境的变化不

① 王芳，蔡永红. 我国特级教师制度与特级教师研究的回顾与反思. 教师教育研究，2005，11.

断地调整自己的教育教学策略。因此，离开了教育教学实践，教师的职业生命就会黯然失色。《规定》要求特级教师评选向“教育教学第一线工作的教师”倾斜，正是准确把握了教师职业的实践性特质，是很有道理的。

(四) 进一步优化了评选程序

与《暂行规定》相比，《规定》在评选程序上的一大突破是将“审核制”改为“评审制”。《规定》要求，在各地(市)、县酝酿提名，确定人选的基础上，“省、自治区、直辖市教育行政部门对地(市)、县的推荐人选审核后，送交由教育行政部门领导、特级教师、对中小学教育有研究的专家、校长组成的评审组织评审”，最后再“根据特级教师评审组织的意见确定正式人选报省、自治区、直辖市人民政府批准，并报国务院教育行政部门备案”。

由“审核制”改为“评审制”，进一步淡化了特级教师评选的行政色彩，突出了特级教师评选的专业性。教师是专业性工作，特级教师的专业化程度更高，因此，评选特级教师必须由专业人士依据专业标准，通过专业途径来开展。《规定》把特级教师评选交由专业评审组织来评审，且规定评审组织的组成人员(教育行政部门领导、特级教师、对中小学教育有研究的专家、校长)与特级教师都有着比较密切的工作或专业联系，比较好地尊重了特级教师评选的专业自主权。

由“审核制”改为“评审制”，进一步彰显了特级教师评选的公正性。“审核制”一般实行等额制，只要进入推荐名单，通常都能审核通过；而“评审制”一般实行差额制，要依据评选标准层层筛选。可见，“评审制”的程序和标准比“审核制”更加科学、规范、严格，能较好地保证评选结果的公平、公正。

(五) 进一步规范了奖励办法

与《暂行规定》相比，《规定》对于特级教师的奖励更加规范。《规定》要求对特级教师“授予特级教师称号，颁发特级教师证书，在各省、自治区、直辖市庆祝教师节大会上进行。要采用多种形式宣传特级教师的优秀事迹，推广特级教师的先进经验”，而删除了《暂行规定》中“有的特级教师可推荐为各级人民代表或政协委员，或吸收其参加一定的社会活动”、“退休后，可由学校聘请作名誉校长、教育顾问，或由有关学术团体安排相当的名誉职务”、“由高等师范学校、教师进修学校、教学研究机构和教育出版机关聘请作特约讲师、特约研究员和特约编审等”等规定。不仅如此，《规定》还进一步提出：“特级教师一般不宜兼任过多的社会职务，以保证他们有充足的时间和精力做好本职工作。”从鼓励社会兼职到建议少兼任社会职务，从中可以看出不同时代对特级教师地位及作用的不同认识：如前所述，《暂行规定》之所以要让特级教师广泛参政议政、参加社会活动，主要是因为当时教师地位过低，通过给特级教师“赋权”的方式可以实现社会对教师的“价值重估”，营造尊师重教的良好社会氛围。而《规定》出台时，教师地位已经得到了大幅改善，尊师重教的社会氛围已基本形成，为提高教师地位“鼓与呼”已经不再是特级教师所要承担的主要角色任务，做好教育教学工作、发挥示范引领作用成为特级教师的主要职责，因此，《规定》“特级教师一般不宜兼任过多的社会职务，以保证他们有充足的时间和精力做好本职工作”的建议也就容易理解了。

《暂行规定》规定的特级教师津贴是“小学特级教师每月补贴二十元，中学特级教师每月补贴三十元”，这一补贴标准与当时的工资水平、物价水平相比是比较高的。随着社会经济的发展，工资水平和物价水平不断提高，这一补贴标准逐渐显得微不足道。为此，《规定》将中小学公办、民办特级教师津贴统一提高到“每人每月 80 元”，且“退休后继续享受，数额不减”。这一标准执行了十几年，虽然有些地方自行提高了特级教师津贴标准，但总体看来，全国范围内的特级教师津贴标准还是显得过低。直至 2007 年底，经国务院批准，从 2008 年 1 月 1 日起，中小学特级教师津贴标准由每人每月 80 元调整为每人每月 300 元。① 虽然特级教师的价值不能仅仅用金钱来衡量，但是，提高特级教师津贴还是能在一定程度上起到彰显特级教师地位、尊重特级教师价值的作用。

（六）进一步强化了评后管理

评选只是特级教师制度的一个环节，评选之后如何加强特级教师管理，如何平衡特级教师的权利与义务，如何发挥特级教师的作用，如何对特级教师进行奖惩……也应是特级教师制度的重要内容。《暂行规定》没有涉及特级教师的评后管理，《规定》则弥补了这一不足，对特级教师的评后管理作了比较系统的规定，主要体现在以下三个方面：

首先，对特级教师提出了要求。《规定》对特级教师的要求有两点：一是

① 魏武. 国务院批准提高中小学特级教师津贴标准. 人民日报，2008－1－1.

“特级教师要模范地做好本职工作。要不断钻研教育教学理论，坚持教育教学改革实验；研究教育教学中普遍存在的问题，积极主动提出改进办法；通过各种方式培养提高年轻教师”。这一规定是特级教师要担负的基本职责。二是“特级教师应不断地总结教育教学、教育科学研究等方面的经验，并向学校和教育行政部门汇报”。这一规定对特级教师提出了更高的要求，要求特级教师发挥专业优势，在更大范围内发挥示范、引领作用。

其次，对学校和教育行政部门提出了要求。《规定》对学校和教育行政部门的要求有三条：一是“学校和教育行政部门要为特级教师发挥作用创造条件。要支持特级教师的教育教学改革实验和教育科学研究。要积极为特级教师的学习提高和开展研究工作提供方便”。这是学校和教育行政部门应该为特级教师提供的基本服务。二是“可为年龄较大、教育教学经验特别丰富的特级教师，选派有事业心、肯钻研的年轻教师做助手，协助他们进行教学改革实验，帮助他们总结、整理教育教学改革经验”。为这些特级教师选配助手可以实现双赢：一方面可以减轻特级教师的劳动，让他们从繁琐的事务性工作中解脱出来，有更多的时间和精力投入到教育教学研究和实践中去；另一方面，助手也得到了与特级教师朝夕相处、相互切磋的学习和锻炼机会，有利于助手的成长。三是“特级教师一般不宜兼任过多的社会职务，以保证他们有充足的时间和精力做好本职工作”。这条要求主要是针对特级教师专业工作之外的事务太多太杂，影响特级教师进一步发展的弊病，为特级教师“减负”，让特级教师能够集中时间和精力投身教育教学工作，更好地发挥特级教师的应有作用。

第三，建立了特级教师退出机制。《规定》设置了撤销特级教师称号的条款：“特级教师有下列情形之一的，由所在省、自治区、直辖市人民政府批准撤销特级教师称号：(一)在评选特级教师工作中弄虚作假，不符合特级教师条件的；(二)受到剥夺政治权利或者有期徒刑以上刑事处罚的；(三)其他应予撤销称号的。”在撤销特级教师称号之外，《规定》还规定：“特级教师调离中小学教育系统，其称号自行取消。”调离了中小学教育系统，教师的身份就发生了改变，取消特级教师称号也就是自然而然的事情了。关于特级教师称号的取消，国家教委人事司教师工作处在答复教师的咨询时有更为详细的解释：“由于全国各省、自治区、直辖市都是根据国家颁发的《特级教师评选规定》评选特级教师的，在评选条件、程序方面都是一样的，因此，特级教师凡是经组织批准调往外省、自治区、直辖市且继续从事中小学教育教学工作，可继续保留特级教师称号和享受特级教师的有关待遇，不需重新认定或评选。但特级教师调往外省、自治区、直辖市工作未经组织批准或脱离中小学教育系统，按照《特级教师评选规定》中第十三条规定，其特级教师称号自行取消，与称号有关的待遇也即行终止。”①值得注意的是，这个答复对于到外省、自治区、直辖市继续从事中小学教育教学工作的特级教师，分“经组织批准”和“未经组织批准”两种情况予以截然不同的对待：前者保留特级教师称号和待遇，后者则自动取消。这一规定与我国严格的组织人事制度是有关系的，虽然不够公平合理，但是在目前的情况下并没有很好的改进办法。

四、特级教师制度的完善

完善的特级教师制度应该包括特级教师的培养、评选和管理等环节，《暂行规定》对特级教师的评选进行了规定，《规定》进一步规范了特级教师评选，同时建立了特级教师管理制度，但二者都没有涉及特级教师的培养。1999 年开始实施的“跨世纪园丁工程·特级教师计划”开了全国性、制度化特级教师培养的先河，使我国的特级教师制度趋于完善。

（一）“特级教师计划”的出台背景

世纪之交，全球范围内的知识经济渐现端倪，人们日益清晰地认识到，21 世纪国家的综合国力和国际竞争能力将越来越取决于教育发展、科学技术和知识创新水平。虽然经过改革开放二十年的快速发展，我国教育改革和发展取得了长足进步，但是，在全球化背景下，特别是与世界发达国家相比，我国教育发展水平仍然较低，教育结构和体制、教育观念和方法还不能适应现代化建设的需要。为了贯彻落实党中央关于 21 世纪社会主义现代化建设特别是实施科教兴国战略的重大部署，1999 年 1 月，国务院转发了教育部《面向 21 世纪教育振兴行动计划》。这一计划提出要实施“跨世纪园丁工程”，大力提

---

① 特级教师调往外省、自治区、直辖市工作，是否继续保留特级教师称号和享受特级教师的有关待遇.人民教育，1994，1.

高教师队伍素质。

20世纪末，我国教师队伍建设存在着“供求局部失衡”、“结构不合理”、“骨干教师老化现象严重”、“知识相对陈旧”、“地位和待遇仍然偏低”、“补充渠道单一，质量不高”、“教师管理改革尚未到位”[①]等问题。其中最为突出的是，中小学骨干教师新老交替面临严峻形势。据统计，1998年，中学和小学高级教师中45岁以下者只有38472人和1613人，分别占总数的20.97%和28.58%。到2000年，约有31%的中学高级教师和80%的特级教师即将退休，新老交替形势严峻。[②]另一项统计显示，当时全国具有中学高级教师职务的中小学教师中，年龄45岁以下的只占高级教师的9%；特级教师中45岁以下的比例仅为2.6%。[③] 造成中小学特级教师队伍老化的原因很多，其中非常重要的原因是特级教师评选条件比较严格。有些省(市、区)在制订本地区特级教师评选规定时，对参评人员的资格，如教龄、职称、科研等进行了严格的限制，很多时候要论资排辈，中青年教师参加特级教师评选非常困难，绝大部分特级教师年龄偏大，很多都是在接近退休的时候才评上特级教师。

为了解决中小学骨干教师，特别是特级教师老化的问题，“跨世纪园丁工程”计划用5年左右的时间，培养一批相对年轻的中小学教育教学专家和中青年学科带头人；培养一大批在中小学教育教学工作中起示范带头作用的优秀中青年骨干教师，使特级教师达到中小学教师总数的0.2%，顺利完成骨干教师的新老交替，形成中青年骨干教师群体。到2000年，高级职务教师中45岁以下的应不低于40%，中小学特级教师中45岁以下的不低于20%。[④]

为了贯彻落实《面向21世纪教育振兴行动计划》，深入推进“跨世纪园丁工程”，培养一批优秀的特级教师，教育部于1999年组织实施了“跨世纪园丁工程・特级教师计划”。

(二)“特级教师计划”的实施目标

教育部人事司在就“特级教师计划”实施情况答《人民教育》记者问时指

①② 曾天山.中小学教师队伍建设的新举措——实施“跨世纪园丁工程”.北京教育，1999,7.

③④《面向21世纪教育振兴行动计划》的宏观背景、制定过程和主要目标.见陈至立.《面向21世纪教育振兴行动计划》学习参考资料.北京师范大学出版社，1999.

出,"特级教师计划"是"培养名师的计划,是发挥特级教师传帮带作用的计划,是提高教师队伍整体素质的计划","努力培养造就一批在教书育人和教育教学研究方面造诣高深的中小学特级教师,配合各方面的措施,经过若干年的努力,造就若干在教育界有重要影响的名师和教育家,并通过他们的带动和辐射作用,促进中小学教师队伍整体素质的提高"①。可见,"特级教师计划"的实施目标有两个:一是培养一批造诣高深的特级教师、教育名师和教育家,二是提升中小学教师队伍的整体素质。

培养一批教育名师和教育家,是"特级教师计划"的直接目标。在特级教师制度建立后的很长一段时间内,特级教师管理都是"重评选、轻培养",宏观层面的特级教师培养制度一直暂付阙如。"特级教师计划"意在改变这一现状,加强对特级教师的培养。这里的"培养"有双重含义:第一层含义是将优秀的特级教师培养成教育名家,甚至是教育家。在很多中小学教师看来,特级教师是至高的荣誉,评上特级教师就是"船到码头车到站"了,进一步发展的目标不够清晰,方向不够明确,因而发展的意愿和动力不足。"特级教师计划"提出了培养名师和教育家的目标,开拓了特级教师发展的空间,使特级教师有目标可求,有途径可循,对于特级教师突破"高原期",追求进一步的发展具有极大的推动作用。"培养"的第二层含义是将优秀的青年教师培养成特级教师。在建立系统的教师梯队培养机制之前,特级教师候选人才的成长多是自发的、独立的。这种"单打独斗"式的成长虽然能够充分发挥教师的自主性,但是也存在着成长方式粗放、成长效率较低等弊病。由于缺乏系统的、有效的指导,教师在成长过程中难免会走弯路,甚至会湮灭一些优秀教师的潜质,使之"泯然众人"。"特级教师计划"为优秀教师向特级教师跃迁提供了组织保障和资源支持,有利于壮大特级教师队伍,提高特级教师队伍的整体水平。

整体提升中小学教师队伍素质,是"特级教师计划"的间接目标。特级教师只占教师队伍的很小一部分,提高教师队伍的整体水平还要着眼全局,让广大的普通教师也成长起来。"特级教师计划"通过组织特级教师讲学团、举办特级教师教学方法高级研讨班、资助特级教师出版教育教学专著等方式,

① 教育部人事司负责同志就"跨世纪园丁工程""特级教师计划"实施情况答本刊记者问. 人民教育,2000,9.

发挥特级教师的传、帮、带作用，为普通教师树立成长榜样，提供示范路径。

（三）“特级教师计划”的实施方式

“特级教师计划”主要通过设立专项课题、组织巡回讲学、举办研讨班和资助出版专著等4种方式展开：

其一，设立“全国教育规划‘特级教师计划’专项课题”，为中小学骨干教师的高水平教学研究和教改实验课题提供经费支持，每个课题资助经费1.5万元。“需要指出的是，以往教师在教育科研课题的申请方面与专业科研人员相比不具备竞争力，工作在第一线的中小学教师要获得国家对其进行教育教学研究的资助是十分困难的，而这个项目是专门为中小学教师设立的。”① 关于“专项课题”，有两点值得关注：一是规定“专项课题”资助对象原则上不超过45岁，特殊情况可放宽到50周岁，但需省级教育行政部门提出特别推荐意见。对资助对象的年龄进行如此严格（甚至有失公允）的规定，与急切想要改变特级教师队伍年龄偏大的现状有关。二是“专项课题”的资助对象不仅包括普通中小学特级教师，同时还包括中小学高级教师。这一规定为优秀中小学高级教师提供了发展的动力，同时也培养了特级教师的后备人才。

其二，组织特级教师讲学团巡回讲学，充分发挥特级教师在推进素质教育和中小学教师队伍建设中的示范、指导、带动作用。我国许多地区尤其是边远、贫困地区教师的素质不高，直接影响着素质教育的实施和“普九”的进展，影响着对学生创新精神和实践能力的培养。一方面这些教师急需学习先进的教育观念，掌握科学的教学思想和简单实用的教学方法。另一方面，由于这些地区师资紧缺，教师的教学任务繁重，经费紧张，难以安排外出培训，需要送教上门，得到智力支援。组织特级教师巡回讲学，是支教和实施西部开发战略的重要渠道，有利于提高这些地区中小学教师的教育教学水平。

其三，举办特级教师教学方法高级研讨班，研究、提炼和推广著名特级教师的教育思想、方法和经验，充分发挥特级教师在中小学教师队伍建设中的辐射和带动作用，提高中青年骨干教师的教育教学水平。

其四，资助特级教师研究总结教研教改成果，出版教育教学专著。组织编

① 教育部人事司负责同志就“跨世纪园丁工程”“特级教师计划”实施情况答本刊记者问. 人民教育，2000，9.

写《中国特级教师文库》，具体工作由教育部人事司、教育部课程教材研究所和人民教育出版社负责。根据《〈中国特级教师文库〉资助出版办法》规定，申请出版的著作范围包括“教育教学理论，教育教学经验，教育行政管理，教育教学指导以及其他有关的教育教学研究著作”。《办法》规定的资助出版程序是：申请人提出申请；申请人所在单位和所在省（自治区、直辖市）教育人事（师资）部门进行全面审核，并填写推荐意见；省（自治区、直辖市）教育人事（师资）部门会同教研部门组织3名同行专家对著作编写提纲或者已成型文稿进行评议，并签署审核意见；教育部人事司会同人民教育出版社组织专家对上报材料进行评审，确定《文库》拟资助出版著作人选；著作稿完成后，直接送人民教育出版社，经审查合格者，予以资助出版。从资助出版程序看，因为“文库”是在教育行政部门的规划和资助下出版的，所以既注重学术性，又带有一定的行政色彩。

（四）“特级教师计划”的实施情况

“特级教师计划”实施以来，各级政府、教育行政部门高度重视、密切配合、精心组织，取得了良好成效。综合各种资料，我们可以看出，“特级教师计划”主要取得以下成效：

资助专项课题164项。具体情况为：1999年，全国教育科学规划领导小组办公室与教育部人事司开始合作实施第一期“全国教育科学规划特级教师计划专项课题”，经过申报、资格审定和专家会议评审，评审出专项课题29项，课题类别为教育部规划课题。2000年，合作实施第二期“全国教育科学规划特级教师计划专项课题”，立项专项课题95项。2001年，合作实施第三期“全国教育科学规划特级教师计划专项课题”，立项专项课题40项。① 专项课题的设立，不仅有助于提高以特级教师为主体的骨干教师的科研水平，也调动了广大教师参与教育科研的积极性，对提高教育教学水平、提高教师队伍整体素质起到了积极的促进作用。

截至2003年，教育部委托江苏、上海、北京等地共组织24个特级教师讲学团赴西部地区巡回讲学，为西部地区培训中小学教师约17万人次。组织特级教师讲学团巡回讲学，使广大贫困地区的教师可以就近集中时间、精力听

---

① 全国教育科学规划特级教师计划专项立项课题. http://onsgep.moe.edu.cn/edoas2/website7/level3.jsp?id=1234850270687234.

课，有针对性地接受培训，提高了培训工作的效益，实现了优质教育资源共享，受到了当地广大教师和教育行政部门的欢迎。

截至 2008 年，人民教育出版社共出版《中国特级教师文库》五辑 42 本(每辑 10 本，其中第五辑目前只出版了 2 本)。“文库”作者中，既有于漪、李吉林、顾泠沅、钱梦龙等教育名家，也有张云鹰、韩梦风、陈萍等教坛新星；“文库”内容涉及学科教学、学校管理、学生教育、个人成长经历等方面，其中学科教学占绝大多数。教育部原副部长、国家总督学王湛在为“文库”所作的总序中说：“特级教师是‘师德的表率、育人的模范、教学的专家’。他们既有丰富的实践经验，又有较高的理论素养；不仅在教育教学实践方面成就突出，在教育教学科研方面也多有建树。有不少特级教师在教育教学的思考和研究方面有自己独到的精辟的见解。而这些见解不会是概念的推演，而是在长期的丰富的实践基础上总结升华出来的思想。这些思想是鲜活的，也是富有营养的。倡导、支持特级教师撰写专著，并且将特级教师的专著荟而萃之，出版《文库》，是一项对中小学教师队伍建设很有意义的工作。”因为作者多为长期工作在中小学教育教学工作一线的特级教师，所以“文库”既有理论又有实践，既有案例又有思考。这一方面提升了特级教师的研究水平，凝练了特级教师的教育思想，促进了我国教育教学实践理论的丰富和提升，另一方面也使得“文库”具有很强的可读性和指导价值，对于引领中小学教师成为研究型、反思型、专家型教师具有积极的意义。

五、地方特级教师制度述要

《特级教师评选规定》第十四条规定：“各省、自治区、直辖市教育行政部门可依据本规定，结合本地区的实际情况，制定特级教师评选和管理的具体办法。”这一规定赋予了省级教育行政部门进一步细化特级教师制度的权力。根据这一规定，各省(市、区)和一些市、县制定了区域特级教师制度，对特级教师的培养、评选和管理等进行了富有地方特色的规定。

(一) 关于特级教师的培养

从一名优秀教师成长为特级教师，既要有主观动力，也要有客观条件。

建立特级教师后备人才培养制度，及时遴选、培养富有潜质的优秀教师，为他们的成长提供行政支持和专业引领，能够有效加速优秀教师向特级教师跃升的进程。很多省、市、县都结合地方实际，建立了特级教师培养制度，这一制度主要包括特级教师后备人才遴选和培养两个方面。

特级教师后备人才遴选的目的是选拔具有发展潜质的优秀教师，形成特级教师后备人才梯队。遴选一般采用个人申报、学校推荐、教育行政部门评审的方式来进行。譬如，2008 年福建省福州市建立了中小学特级教师后备人选推荐评审制度，对评审间隔年限、评选范围和对象、评选基本条件、推荐和评选办法等都作了详细的规定。

特级教师后备人才培养主要是锁定特级教师评选目标，按照特级教师评选条件，对入选的后备人才进行系统的培训，使之达到特级教师评选的基本要求。譬如，2006 年 8 月至 2008 年 9 月，江苏省举办了第一期特级教师后备人选高级研修班，分别依托南京师范大学、上海师范大学和北京大学举办了三次活动。活动的效果比较明显，在 2008 年的江苏省第十批特级教师评选中，这一期高研班的 76 名学员中有 8 位入选。

（二）关于特级教师的评选

《特级教师评选规定》的相关规定原则性较强，需要结合各地实际情况进一步细化。各地在制定特级教师评选规定时，主要在评选条件上进行了细化。细化内容主要包括：

其一，强化师德要求。特级教师是“师德的表率、育人的模范、教学的专家”，良好的师德是评选特级教师的首要标准。各地在制定特级教师评选细则时，都对教师的思想政治、道德修养进行了严格的规定。天津、江苏等地都明确提出，在特级教师评选中，对师德不良者实行师德“一票否决”制。海南省自 2005 年起就明确规定，从事社会上以中小学生为对象的文化教学班等有偿家教活动的教师不得参评特级教师。

其二，放宽任职年限要求。为了改变特级教师评选论资排辈的不合理现象，把符合条件的优秀青年教师纳入到特级教师队伍中来，改善特级教师队伍的年龄结构，很多地方都放宽了特级教师人选的任职年限要求。2000 年，浙江省在第七批特级教师评选中，规定 45 岁以下的年轻教师可不受“评上高级职称 3 年以上才能参加特级教师评选”这一要求的限制。这一举措使得当年浙江省特级教师评选入选者的平均年龄只有 43.1 岁，其中 45 岁以下的占 67.9%，最年轻的只有 30 岁。[1] 2008 年，在江苏省第十批特级教师评选中，为鼓励年轻教师脱颖而出，规定教育教学和科研业绩特别突出的教师，申报条件中的教育教学工作年限由过去的 15 年放宽到 12 年。[2]

其三，评选向一线教师、农村教师倾斜。在特级教师评选中，在评选对象上出现过一些偏差：一方面，特级教师评选一度"青睐"学校领导和教研人员，评选出了一大批不在一线工作的特级教师；另一方面，在城乡教育差距不断拉大的背景下，特级教师评选越来越向城市集中，对推进教育均衡发展、实现教育公平产生了不利影响。为了解决这两个问题，不少地方在特级教师评选中都设置了向一线教师和农村教师倾斜的政策。比如在 2005 年湖南省特级教师评选中，强调今后中小学特级教师评选要向农村教师倾斜，向教学一线教师倾斜，向小学、幼儿园教师倾斜，明确规定"教研人员类应不超过推荐评选总数的 10%，中学校长类应不超过中学层次推荐评选总数的 10%，小学、幼儿园校长（园长）类应不超过小学、幼儿园层次推荐评选总数的 30%"[3]。2007 年的江西省特级教师评选中，首次对一线教师以外的教学人员参评设限，规定教学研究机构、校外教育机构的教师和普通中小学校长的评选总数不超过 10%。[4] 在 2007 年启动的天津市第七批特级教师评选中，规定评选向一线德才兼备的教师倾斜，向长期工作在农村地区的一线优秀骨干教师倾斜；还特别规定了向有农村地区的区县下达专项推荐名额，用于推荐长期工作在本市边远农村地区的教师参加特级教师评选。在 2008 年启动的特级教师评选中，北京、江苏、上海、浙江、黑龙江、青海、海南等地的特级教师评选标准也出现了相似的变化：强调从事一线教学、发挥示范和引领作用，评选标准向支教教师、农村教师、年轻教师倾斜。[5] 当然，向一线教师倾斜的特级教师评选政策也会产生对教育管理人员"逆向歧视"的问题，上海市通过设置与特级教师并列的"特级校长"荣誉称号很好地解决了这一问题，值得各地借鉴。

此外，在省级特级教师评选之外，部分地级市也开展了特级教师评选的

---

① 叶辉，金一斌．浙江省特级教师越评越年轻．光明日报，2000－9－27.

② 南北．我省特级教师评选工作年限要求放宽．成才导报：教育周刊，2008－1－23.

③ 李让恒．湖南特级教师评选向农村倾斜．中国教育报，2005－5－20.

④ 徐光明．江西新评特级教师九成来自教学一线．中国教育报，2007－9－19.

⑤ 刘华蓉．特级教师评选向教学一线教师倾斜．中国教育报，2008－7－29.

尝试。2008年，江苏省扬州市印发了《扬州市中小学特级教师评选暂行办法》，启动了每3年一次的市级中小学特级教师评选，并规定江苏省特级教师评选推荐对象原则上在扬州市中小学特级教师中遴选产生。[①] 同一年，河北省邯郸市也开始了市级特级教师的评选工作，首批评选出了100名。[②]

（三）关于特级教师的管理

特级教师居于教师队伍“金字塔”中的塔尖位置，是教师中的优秀分子。但是，在现实中，有些特级教师并不优秀，离“师德的表率、育人的模范、教学的专家”的标准还有距离，有的甚至还比不上普通教师。究其原因，有的是因为认为评上特级教师就是“船到码头车到站”了，缺乏进一步进取的动力；有的是因为顶着特级教师的光环到处上课、讲学，没有时间进一步提升自己；有的是因为“教而优则仕”，走上行政管理岗位，疏远甚至抛弃了课堂，教育教学水平不断下降……因此，必须加强对特级教师的管理，保证特级教师队伍的先进性。各地着重在以下四个方面强化了特级教师管理：

一是对特级教师称号的管理。很长一段时间以来，特级教师都是“终身荣誉”，一旦评上特级教师，不管教育教学水平能否保持特级教师的水准，都能享受特级教师称号和待遇。进入新世纪以来，各地都加强了特级教师称号的管理，撤销特级教师称号的规定日渐明确。如《安徽省特级教师管理暂行办法》对特级教师提出了思想道德、教学科研、作用发挥等方面的要求，在规定时间内达不到要求者或不履行岗位职责，从事与教师职业道德规范不符的活动，“将停发其特级教师津贴，情节严重的，还将取消其特级教师称号”[③]。《北京市特级教师管理办法》在《特级教师评选规定》明确的撤销特级教师称号的规定之外，还设置了诸如“不具备特级教师政治思想条件或不履行本职工作岗位职责，连续两个年度考核不合格的；违反规定进行有偿家教的；违法乱纪，受到党纪、政纪处分或触犯刑律的；出国后未经批准逾期不归的；自动离职的”[④]等撤销特级教师称号的条款。《江苏省中小学特级教师管理暂行办法》也在《规定》的条款外设置了撤销特级教师称号的规定：“聘期内擅自离职

---

① 李洁，瑞琳．我市首评市级特级教师．扬州日报，2008－7－25．

② 仝静海．邯郸在全省首评百名市级特级教师．河北日报，2008－8－31．

③ 俞路石．安徽特级教师不再“终身制”．中国教育报，2001－2－5．

④ 赵正元．北京出台特级教师管理办法．中国教育报，2008－7－25．

超过规定时间的"、"严重违反教师职业道德的"、"连续两次省辖市教育行政部门考核确定为不合格的"等。2005 年发布的《上海市特级教师标准(试行)》规定:"凡放松要求,不求上进,群众反映意见大的,经两次考核不合格的,仍无改进表现者;不认真履行本职工作岗位职责,擅自在校外以中小学生为对象举办文化教学班、搞有偿教学活动或在社会上编写以习题试卷为主要内容的应试教辅材料及从事强制性推销活动,经教育规劝不改者,由区县教育行政部门批准,报市教育行政部门备案,停发津贴,以观后效;仍不改正者,经区县教育行政部门上报市教育行政部门,由市人民政府批准,撤销其特级教师的称号。"

二是发挥特级教师的作用。作为"师德的表率、育人的模范、教学的专家",特级教师有责任有义务在学校、区域教育发展、教学改革和教师队伍建设中发挥自己的作用。各地都十分注重挖掘和利用特级教师资源,通过设置特级教师工作室、组织特级教师讲师团、开展特级教师示范教学等方式,发挥特级教师在教育、教学和管理中的"领头羊"作用。譬如,2005 年,天津市启动教育"十一五"规划项目之一的"支援农村教师队伍建设项目",其中就有特级教师下乡支教活动。并且,"市区特级教师为农村教师开设讲座的题目都是由农村教师'点题',将'订单'下给特级教师本人"①。2007 年,福建省厦门市规定所有在职的特级教师都要开设示范课,"所有示范课都将被全程录像,相关部门将把录像放到市教育局的网站上,并制作光盘分发给学校"②。2009 年,广西壮族自治区南宁市建立特级教师网络工作室,利用现代化教育手段,通过建立网络(博客)群、举办专题讲座、教学示范和引领等方式,传播特级教师先进的教育理念和教学方法,给予每个网络工作室每人每年 1 万元的经费支持。③

三是提高特级教师的待遇。提高教师待遇是设立特级教师称号的初衷。特级教师制度建立以后,特级教师津贴随着社会经济的发展而不断提高,由 1978 年规定的每人每月中学 30 元、小学 20 元,到 1993 年规定的每人每月 80 元,再到 2007 年规定的每人每月 300 元。特级教师津贴虽然在逐步提高,但

---

① 孙刚."村小"下"订单" 市区特教下乡讲学.天津日报,2005-9-19.

② 佘峥.市教育局:在职的特级教师都要开设示范课.厦门日报,2007-9-28.

③ 李静.南宁将建特级教师网络工作室.南宁日报,2009-3-25.

总体看来仍然偏低，与特级教师的贡献不相匹配。为此，很多地方都出台了政策，提高区域内的特级教师待遇。如在国家于2007年出台提高特级教师津贴的政策之前，2005年，江苏省淮安市政府设立中小学特级教师、骨干教师特殊津贴，省特级教师享受每月1000元的津贴[①]；2006年，河北省邯郸市将省市特级教师在岗期间的津贴由每月80元提高至600元。[②] 当然，提高特级教师待遇不仅仅就是提高津贴标准，有些地方还在住房、医疗、工作、研究等方面给予了特级教师多项特殊待遇。早在2000年，浙江省温州市就出台了8项针对特级教师的优惠政策，内容包括：优先解决住房（面积不低于120平方米），每月发放岗位津贴200元，每年安排省级以上课题专项经费5000元，门诊医疗费实报实销，每月发放电话费100元，奖励一台电脑，分批选送到国内外教育机构学习培训，重奖教育教学科研有重大成果者。[③] 2000年，安徽省出台了一系列政策，为特级教师提供工作上和生活上的保障。主要包括：设立特级教师专项基金，用于资助特级教师的研究工作和特级教师的业务进修；建立特级教师学术假制度，以保证他们能够集中精力进行研究、写作及总结、交流教育教学经验；对男55、女50周岁以上，教学经验特别丰富、教学工作较为繁重的特级教师，教育行政部门和学校为其选派年轻教师担任助手，协助进行教学改革实验，参与总结、整理经验；对身体健康、能较好履行职责的特级教师，可按高级专家延长退休年龄的规定办理延缓退休；享受当地正高级专业技术人员的医疗等其他待遇。[④]

四是促进特级教师的进一步成长。教师的专业发展是一个持续的过程，伴随着教师整个的职业生涯。特级教师不是中小学教师发展的顶点，特级教师也面临着不断成长、持续发展的问题。为此，很多地方都针对特级教师的后续成长提出了要求，提供了条件，推动特级教师继续加强师德修养，提高教学水平，增强科研能力。有些省市还把特级教师培养与推进"教育家办学"结合起来，遴选优秀的特级教师，进行系统的培养提升，促使他们向着教育家的目标发展。2009年，江苏省开始启动"江苏人民教育家培养工程"，准备"在全省范围内分四批选拔200名特级教师（其中教师120名、校长80名），围绕修

---

① 江苏省教育厅．江苏教育年鉴：2005．江苏教育出版社，2006，283．

② 刘剑英等．邯郸提高省市特级教师津贴．河北日报，2006－3－21．

③ 林元锋，叶辉．温州出台8条政策改善特级教师待遇．光明日报，2000－9－7．

④ 俞路石．安徽特级教师不再"终身制"．中国教育报，2001－2－5．

炼师德修养和人文精神、更新教育教学理念、创新教育教学理论和方法、增强教育教学科研素养、提升学校管理能力等方面的内容，进行重点培养，使他们的教育理论素养和创新实践能力得到全面提升，个人专长更加凸显，特色风格更加鲜明，为他们成长为社会公认的人民教育家奠定基础”。2009 年底，“江苏人民教育家培养工程”50 名首批培养对象已经开班，进入为期 5 年的培养阶段。天津市也于 2009 年启动了“未来教育家奠基工程”，规定在“奠基工程”学员遴选中，“同等条件下，特级教师或市级学科带头人优先”，为特级教师的进一步发展提供了很好的机会。

第二章
特级教师成长的外部因素分析

古往今来，人们对人才成长的内在主观（个人）因素关注很多，往往忽略了对促成人才成长的周围环境和所处时代的考察，忽视了人才成长的外在影响因素。马克思曾指出，“人创造环境，同样环境也创造人”①。人才成长与外部因素之间密切相关。所谓“人才成长的外部因素”，是指与人才成长的内在因素相对应的外部条件，即外在的自然因素与社会因素，特别是社会因素。这些外部因素对于人才的成长与发展始终起着影响和制约作用。

特级教师是教师队伍中的佼佼者，是师德的表率、育人的模范、教学的专家，是教育资源中的瑰宝，在推进素质教育、深化基础教育课程改革和提高教师队伍素质中发挥着重要作用。“教师发展，内因是主要的，但如果没有外在环境提供的刺激，大多数教师不会主动发生改变。”②显而易见，作为教育专门人才的特级教师，虽然由于其所处的时代和经历等各不相同，导致他们的成长呈现出不同的特点，但仍然有许多相同的基本要素共同作用和影响着特级教师的专业成长与发展。换言之，特级教师的专业成长与发展，不仅受到内在（个人）因素的制约，而且受到很多外在因素的影响。特别是外在的时代背景、教育政策、学校管理、关键人物、关键事件等影响因素，为特级教师的专业成长与发展提供了契机、物质保证和精神关怀。

美国学者格拉特霍恩曾经对影响教师专业发展的因素进行了分析，认为这些因素主要有三个方面：与教师个人相关的因素；与教师生活、工作情境相

---

① 马克思恩格斯选集（第一卷）. 人民出版社，1972：43.

② 傅建明. 教师专业发展——途径与方法. 华东师范大学出版社，2007：123.

关的因素；与促进教师发展的特殊介入活动相关的因素。[①] 借鉴格拉特霍恩的"教师发展影响因素论"，本章从影响特级教师成长的时间因素(时代、关键期、突破期)、空间因素(地域因素、学校文化、教研组)、人物因素(师长、领导、专家、学生、同事、团队)、事件因素(公开课、教研活动、课题研究)、机制因素(校本教研机制、评价激励机制、宣传表彰机制)等几个方面，对影响特级教师成长的外部因素进行分析，以期对特级教师的专业成长与发展作出合理归因。

一、影响特级教师成长的时间因素

马克思曾经从唯物史观出发，明确指出了人才的产生是历史发展之必然的论点："正如爱尔维修所说，每一个社会时代都需要有自己的伟大人物，如果没有这样的人物，就要创造出这样的人物来。"[②]人才的成长与成功，总是与一定的时间、空间相联系的，教育人才同样如此。从一名普通教师成长为一名特级教师，需要走过一段"长长的路"，更需要时间的磨练。有调查研究表明，获得特级教师这一荣誉的平均年限是19.85年，最少的是10年，最多的是32年。[③] 在这20年左右的人生黄金期内，教师需要合理地进行职业生涯规划，通过"层级式"目标的设定和个人的不懈努力来缩短自我成长的时间。"板凳须坐十年冷，教学要看十年后"，从这个意义上说，特级教师的专业成长与发展是基于一定时间"修炼"的结果。

(一) 时代性机遇

"时势造英雄。"人才是一定社会历史时代的产物，人才成长总是要受到时代条件的制约。每个人才都有其成长的特定时代背景，其成长历程无不烙刻着时代的印记。一般而言，时代的需要造就了"时代性机遇"，而每一次大的"时代性机遇"都会造就一批社会名人和成功人士。事实证明，特级教师专业成长与发展的过程也跟其他领域人才的成长一样，确实与一定的时代相关。

---

① 杨秀梅.费斯勒与格拉特霍恩的教师发展影响因素论述评.外国教育研究，2002，5.

② 马克思恩格斯选集(第一卷).人民出版社，1972：450.

③ 鲁林岳，张寿松.教师发展过程中的几个关键时段的调查研究.教师教育研究，2010，1.

翻开人类历史，我们会发现，有的时期，群雄崛起，人才辈出；有的时期却“世无英雄”，疏星寥落，呈现出人才成长的波峰与波谷现象。这是因为人才的成长与发展，在很大程度上取决于时代能否为他们提供广泛的实践机会和发挥才能的必要条件。没有这样的机会和条件，也就缺乏相应的“时代性机遇”，即使那些“潜人才”天资禀赋很高，主观相当努力，但终因条件性机遇缺失，难以发展成才。无数的历史事实说明，历史变革的重要转折时期，可以造就一大批政治家、思想家；炮火纷飞的战争时代，能使不少军事家应运而生；而科学技术迅猛发展的时代，则带来了科技、经济、教育人才的崛起。历史大转折、大变革时期，除旧革新，继往开来，问题如山，百废待举，这就迫使人们去思考和研究问题，潜心创造，以顺应时代发展的趋势；积极参加社会变革活动，这也就使人们获得更为广泛的实践机会和多方面的锻炼，从而导致大批人才应运而生。事实上，改革开放以来，我们正处于一个不断变革的伟大时代，历次大规模的教育教学改革运动，特别是当前国家“深化教育改革，全面推进素质教育”的热潮为教师的专业成长与发展提供了许多“时代性机遇”。这种“时代性机遇”存在于教师发展的每一个阶段，且“机遇面前人人平等”，这就对每一个教师把握机遇的能力提出了“时代挑战”。具备善于抓住时代性机遇的能力是特级教师应有的重要素质，抓住了时代性机遇就抓住了时代和社会的需求，就顺应了时代和社会的发展趋势。

当然，我们应该进一步认识到，时代不同，对教师的需求也不同。洞察时代性需求，满足时代性需要，是造就成功教师的一般规律，即使是在社会动荡的时代也是如此。动荡的时代往往更能磨练人才的意志，比如，著名特级教师于漪和钱梦龙都曾经历过“反右”时期、“大跃进”时期和“文化大革命”时期，在这段时间里，他们遭受了莫名的打击和迫害，被取消了从事教学的资格。时代的困境虽然让他们的语文教学及研究活动一度被迫搁浅、停顿，但却让他们对语文教学的感情更加深厚，所以在重获自由之后，他们倍加珍惜时间，抓住一切可能的机遇进行教学改革和教学研究，终于取得了丰硕的教育教学改革和研究的成果。当然，社会安定的时代，往往能给特级教师提供更为有利的成长环境和条件。当前，我国社会安定，经济繁荣，全社会对教育高度重视，尊师重教的风气已经形成，很多年轻的特级教师、教坛新秀正是紧紧抓住了这个“时代性机遇”，才得以迅速脱颖而出，获得显著的专业成长与发展。他们的成功不能不归因于“时代造就”。

时代的进步，社会的变革，往往能促进思想的解放，形成人才辈出的土壤和气候。以著名特级教师魏书生的成长经历为例：伴随1978年中共十一届三中全会的召开，改革开放正式拉开序幕。“真理标准”问题的大讨论，标志着新一轮思想解放运动的开始；邓小平提出了“科学技术是第一生产力”的论断，昭示着教育必将成为改革的重点；“尊师重教”、“教育优先”开始成为社会和时代风尚。在这种背景下，魏书生到当时的辽宁锦州盘山县第三中学教语文课、当班主任并开始琢磨教学改革。他一边读书、写作，一边进行教改实践，从多方面拓展自己的知识视野，丰富自己的教育思想，尝试打破常规、走出新路。有一次上完公开课，听课的教师全“傻”了：“魏书生这是怎么啦？这样上课……”“乱糟糟的，像上课吗？”“也没分段，教学任务完成了吗？”评课活动快结束时，一位四十开外的中年人平静地说：“我不代表教研室，只谈谈个人看法。现在咱们国家进入了一个新时期，改革开放作为国策定了下来，经济需要改革，教育、语文教学当然也需要改革，这一点大家比我清楚。从这个意义上讲，书生的教法体现了改革的勇气。要知道这个初二(7)班水平差，讲深了，他们接受不了。书生教了一个成绩较好的班，他没有在那个班上公开课，这本身也是一种改革。我个人也从事了多年的语文教学，过去一直按传统套子走路，现在看来不行了。”支持魏书生改革的是县教育局教研室语文教研员孔祥忠。魏书生是他发现的，这次上公开课的任务也是他给的。就这样，魏书生对语文教学进行了初步的改革，开始了旨在培养学生的自我教育能力和自学能力的教改实验。1979年，他没批改过一本作业，没批改过一本作文；除统考外，他也没搞过测验、考试；一学期的教材，他只用30多节课就讲完了。但是，这届学生的语文成绩在县里却遥遥领先：参加县里中学语文能力测验，获得第一名；参加全县30所中学“听说读写”竞赛获第一名；升学考试成绩比重点中学平均还高7.8分。1984年8月12日，中共辽宁省委、省人民政府联合作出《关于开展向魏书生同志学习活动的决定》，同时，辽宁省政府授予魏书生“特级教师”称号。他还被评为“省特等劳动模范”、“全国优秀班主任”。在全社会解放思想、改革创新的时代风尚引领下，魏书生走出了一条自主、创新的教育教学改革之路，成就了自己的专业成长与发展，成就了他的一届又一届学生，也成就了教育改革。[1] 魏书生的成功案例充分说明：时势造

① 全国著名特级教师魏书生教育思想赏析[EB/OL]. (2008-6-12)[2010-5-5]. http://www.dxc123.net/thread-3015-1-1.html.

就人才。在什么范围和程度上满足教育改革与发展的时代需要,就能成为什么层次的教育人才;满足何种教育改革与发展的需要,就能成为何种类型的教育人才。

当前,我们正处于"科教兴国"、"人才强国"的伟大时代,《国家中长期教育改革与发展规划纲要》(2010—2020)提出,要大力推进课程改革,全面深化素质教育;国务院总理温家宝则多次明确指示要"造就一大批教育家",要提倡"教育家办学"。这些无疑都为我国特级教师的专业成长与发展创造了一个良好的"时代性机遇"。时代呼唤着教育家,时代期待着特级教师的专业成长与发展。

(二)关键期

根据奥地利生态学家劳伦兹的研究,禽类动物认识并追随母禽存在"关键期"现象:刚孵出的幼禽会在出生后很短的一段时间内追逐母禽和同类,若错过了这一关键期,便很难再学会此类行为。发展心理学家将动物发展的"关键期"概念引入心理学研究的领域,认为人的心理发展也存在"关键期"现象:在个体早期生命中存在一个短暂的时期,在此期间,个体对某种刺激特别敏感;错过这个"关键期",个体心理某方面潜能的发展将会受到很大的影响,日后的发展需要额外付出很大的代价,甚至根本达不到应有的发展水平。人才学研究成果也表明,人才成长过程符合"才能萌发的递减规律"。即在人生的早年阶段,存在着才能萌发的"关键期"。若在关键期为其提供丰富有效的信息刺激,某种才能就会获得较好的发展,成为优势才能;若错过这个时期,那么这种才能将会被抑制;错过的时间愈久,才能发展的可能性愈小,总的来讲呈现出一种"才能递减的定律"①。据此,可以判定,特级教师的专业成长与发展过程也符合这一规律。换言之,特级教师的专业成长与发展也存在着"关键期"现象。有调查表明,42.3%的特级教师认为,自己成长最快的阶段是工作后的第6年—第10年;24.3%的特级教师认为,自己成长最快的阶段是工作后的第11年—第15年;20.7%的特级教师认为,自己成长最快的阶段是工作后的第1年—第5年;还有11.7%的特级教师认为,自己成长最快的阶段是工作后的第16—第20年;认为是21年以后的比例只有0.9%。由此

① 方健华.名师专业成长的规律、影响因素与机制.教育发展研究,2011,6.

可见，近90%的特级教师认为，工作后的前15年是教师专业发展的快速成长期；在这15年中，第二个5年（工作后的6年—10年）是他们专业发展最为重要的时期。[①] 调查数据告诉我们：工作后的前15年是特级教师专业发展的关键阶段。

从一名普通教师成长为特级教师，是一个由"量变"到"质变"的过程，而这种"质变"往往发生在"关键期"内。在这个"关键期"内，如果对教师进行有针对性的培养、扶植，那么将事半功倍；相反，一旦错过这个成长关键期，教师专业成长与发展的障碍就难以克服。因此，学校对教师的成长应该有一个长期、持续的关注，不断施加积极影响，为特级教师的专业成长与发展"铺路架桥"。

上海曹杨二中著名特级教师王伟娟认为，教师专业成长过程需要内力的作用，也离不开外力的推动。内外力的结合，就会减少成长过程中的阻力，产生成长过程中的加速度。她认为自己专业成长过程中的每个阶段皆有来自多方的推动力。在其教师生涯的"哺乳期"，遭遇了"提前断奶"的推动。1984年，刚工作一年的她，参加了华东、中南十三个省市中青年教师作文教学比赛，悲壮地上场又带着伤"凯旋"。说"凯旋"，是因为她获得了其教师生涯中的第一个奖项；说"带着伤"，则是因为这次比赛由于她不会写论文而只得了个单项奖，受到了"刺激"。正是这种深刻的"刺激"，激发了她的内需，知道在教育教学之外还有个"教研"。由此看来，在她教师生涯的哺乳期，"提前断奶"让她有了"饥饿"的感觉，让她主动觅食、进食甚至自制食物，以满足成长的需要，也成就了其"穷人的孩子早当家"的本领。在王伟娟教师生涯的低谷期，曾遭遇"赶鸭子上架"的驱动。1985年，王伟娟荣获全市中青年教师教学比赛一等奖，后来又连续几年荣获五校联赛和区、市各级各类比赛的奖项。其后，王伟娟进入了教学生涯的"七年之痒"，其迅猛的专业成长势头因进入恋爱、结婚、生子的人生阶段而受到了暂时"遏制"，陷入了低谷。1990年1月，王伟娟被委以重任，担任语文教研组副组长并负责学校初中部的工作。虽然任教以前从来没教过初中语文课程，她还是在来自多方的推力下踉踉跄跄地"爬上了架"。小心翼翼地稳步走了4年后，1995年，王伟娟又担任了语文教研组组长，承担起了整个语文教研组的教学改革和教学研究任务。回首

① 张寿松.特级教师与普通教师的成长环境与成长关键期的比较研究.中小学管理，2009，5.

往事，王伟娟认为，假如没有当年的“赶鸭子上架”，仅凭个人对教育的热情，当然也会走出“低谷期”，但肯定不会这么快地走出。整整一轮的初中语文教学和语文教研组副组长的经历，使她不仅熟悉了初中每个年段的教学工作，了解了教研组长的基本职责、必备素质和基本工作规程，而且使她在语文教学和培养“小作者群”方面开始形成特色和优势，并取得骄人成绩。显然，这段时间的经历为她后来纵观整个中学阶段教育，全局性地思考语文教学问题，并独当一面地承担教研组长的重任等，奠定了相当坚实的基础。在王伟娟教育生涯的“瓶颈期”，则受到了“领衔主持”的推动——先后担任了区名师工作室、区特级教师工作室领衔人和上海市第二期语文名师基地主持人，这些都有助于她较快地突破成长的“瓶颈”，为她的后续发展注入了新的成长动力。

对中小学教师而言，起码要经过十年以上的磨练，才能将原有的专业知识与中小学教学的实际挂钩、接棒，积累起初步的教育、教学经验，为其日后的专业成长与发展，直至成长为特级教师，奠定扎实的基础。而这首先取决于外部机制能否有效地帮助教师尽快缩短入职适应的关键期。

（三）突破期

从时间的维度考量特级教师的专业成长过程，还存在着一个克服教师职业懈怠、突破专业发展“高原平台”的时期，可以简称“突破期”。在此期间，教师的专业成长与发展能否获得成功突破，主要与其职业理想的确立和职业规划的制订、执行与反思的水平相关。苏州大学附属中学特级教师张援根据自己的成长经验提出：青年教师要想获得职业生涯的突破，首先要有职业规划。要根据自己的职业理想和学校、学生发展的需要，制订符合自身实际和学校、学生发展实际的职业生涯规划，并通过努力一步一步去实现它。“凡事预则立，不预则废。”一个教师，30 岁前要达到什么目标，40 岁前要完成什么，等等，都要通过规划尽早确定下来并不断地以此鞭策自己，反思自己，警醒自己，提高自己。要根据规划目标经常回头看看哪些事情还没有做或没有做好，向前看看应该马上做什么，等等，这样才会离自己的职业理想越来越近。[①]

① 张援. 谈青年教师的职业追求[EB/OL].（2008－9－10）[2010－5－6]http://www.szsdfz.net/keyan/detail.asp?cid=250&id=1756.

一个教师，当他到达一个成长台阶时，往往会为自己的成长感到兴奋，也会因工作具有挑战性而努力学习。但当他自认为掌握了工作的全部技能时，却往往会因为不再继续探索新领域、新模式，专业成长与发展停滞不前。在教师专业成长和发展中，这种停滞不前的现象可以称为“高原现象”或“平台现象”，这一阶段可以称为教师专业成长与发展的“高原期”或“高原平台期”，也有的学者称之为“不成长期”、“重新评价期”或“职业危险期”。而这也是几乎所有的教师在专业成长与发展过程中都可能遇到的。作为资深教师，他们会因自身的经验及资历而自以为是，也会因职称到顶而不思进取；会因自己对岗位和工作的熟悉，在“小环境”的所谓成就，其实主要就是职务或职称上的成就而骄傲自满，也会由于满足于已有的成就或地位，产生“职业懈怠”的心理，从而失去进一步成长与发展的动力和可能。这些不良心理对教师的专业成长与发展无疑是消极的甚至是危险的因素。从一定意义上讲，大部分教师之所以不能成长为特级教师，可能就是因为终其一生都无法突破这一发展的“高原平台”。[①] 一个能不断超越其教育人生从而获得成功的特级教师，一般任职约满 20—30 年，年龄约在 40—55 岁，属教师工作最佳状态阶段。处于此发展阶段的教师的特征是有创新精神和创新能力，教学风格与模式个性化，开始凝练并逐步形成自己的教育教学思想和观点，教学与科研成果丰富且有一定分量，在校内外有较大影响。这时，他们的心理需要主要是成就需要，希望自己能发挥潜能，形成特色，成为同辈中的佼佼者。为此，他们会孜孜不倦，乐此不疲。在一次教育科研沙龙活动中，曾有人问著名特级教师李吉林一个问题：李老师在专业成长过程中有没有经历过成长高原期？如果有的话，是如何突破这个高原期的？李吉林老师毫不隐瞒自己在专业成长过程中也存在过“高原期”或“平台期”，并认为突破专业发展高原平台期的关键有两点，一是专家的鼓励和指点，二是自己具有开放的观念、开放的心态。著名特级教师李庾南在总结自己的成功经验时也坚持认为，在自己的专业成长与发展历程中，曾多次有过自我突破，从而实现了从教生涯的三种境界：从“将教师当作职业”到“将教师当作事业”再到“将教师当作艺术”的持续的自我追求、自我提升和自我超越。从这些特级教师身上我们感悟到，特级教师专业成长与发展之路平凡而又充满奋斗。每个特级教师的专业成长与发展，都不

---

① 方健华. 名师专业成长的规律、影响因素与机制. 教育发展研究，2011，6.

可能一蹴而就，都要经过相当长时间的积累和磨砺。能不能顺应时代发展的需要，及时抓住“时代机遇期”，快速超越“高原平台期”，科学把握自己的“关键期”和“突破期”，决定着特级教师专业成长与发展的速度、效率和水平。

二、影响特级教师成长的空间因素

特级教师的专业成长总是基于特定的空间。他们需要在这些空间里与他人交流思想，分享经验，倾诉人生，从而不断展现自己，锤炼自己，提升自己。优美的校园环境，先进的办公设施，施展抱负的教学或管理岗位，与时俱进的教育教学改革氛围，各种评比课、公开课、教学研讨、校本培训活动等，都为特级教师的成长创造了自主发展的空间，使其生成强劲的生命活力和发展潜力。影响特级教师成长的空间因素从宏观到微观，主要有地域因素、学校文化因素和教研组因素。

（一）地域因素

我国著名人才学专家叶忠海教授在20世纪90年代进行的“关于我国当代教育人才的地理分布”专项调查研究发现：教育人才大多集中于省会所在城市，占60.55%，其他城市占17.6%，而包括农村在内的县、区虽然占21.85%，但平均到每个县、区，数量相当有限。这一研究结果说明城市比农村更容易培育或集聚教育人才。我国城乡在经济、教育、科技，特别是文化上存在很大差别。虽然近些年来，各地在特级教师评选政策上对农村学校、一线教师有所倾斜，原先的特级教师城市化倾向有所改观，但是从总体看，特级教师受地域文化因素影响的现象还是相当明显的。

地域文化是人类在社会实践过程中所创造的物质财富和精神财富的总和。地域文化是一种历史积淀，更是一种历史绵延，具有强大的惯性，带有鲜明的地域特征，对地域内的人及人的生活、人的思想、人的行为产生着重要影响。比如，江苏省小学语文特级教师薛法根的成长就孕育于其所在的吴越文化，他身上有着鲜明的吴越地域特色。薛法根天然、本色，看不到一点点的少年得志；薛法根从不装腔作势，即使在最“卑微”的人面前也不会表现出一丝丝“大人物”的矜持。淳朴、真诚、谦虚、热忱、平易、敦厚，这些吴越文化的特质，在他身上既集中体现又自然流露。学识和荣誉对于他而言，只增加了其修养的深厚——他还是他，一个自自然然、普普通通的吴越人。又如，我们置身于特级教师窦桂梅的课堂，犹如飞翔在蔚蓝的天空；聆听她的声音，好似叮咚的清泉！她那高涨的教学激情、丰富的肢体语言、智慧的引领艺术以及轻松自如灵活驾驭课堂的能力、大胆执教敢留空白的风范，都是北方文化特质和北方人个性魅力的充分展现。

（二）学校文化

关于特级教师工作单位、岗位变动对其成长是否存在影响，学术界素有两种不同的观点。据人才学家叶忠海教授对中外教育家的考察，大多数特级教师的工作单位、岗位和职务（职位）在其教育生涯中都发生过很多变化。同时，也有学者研究发现，像著名特级教师霍懋征、陶淑范、斯霞、王企贤等，终身一直坚守在小学教师岗位上，矢志不渝。有学者曾经对 127 名北京市特级教师进行调查，调查结果表明，他们中的绝大多数从任教时起就一直在一个学校工作。其中，有些是在一个学校工作了一辈子。[①] 其实，在现代社会，特级教师工作单位、工作岗位和职务变动，在其成长过程中是极其普遍的现象，因为这种变化本身往往是特级教师成长过程的反映，是他们由普通教师到特级教师发展的标志。我们认为，特级教师的成长过程，既是一个不断变化的过程，同时又有稳定的、连续的特征和元素。即使他们的单位、岗位、职务在不断变化，但有许多东西是相对不变的，特别是他们所在学校的学校文化和教学、研究的氛围，必然始终对他们的教育理想与主张，对他们坚持不懈的教育人生追求和创造性教育教学实践，起着正相关的积极影响。

一种健康向上、积极进取、团结和谐、充满正气的良好学校文化环境，对特级教师的专业成长与发展起着重要的促进和推动作用，是特级教师专业成长与发展不可或缺的重要外部条件。学校文化是一所学校在长期的教育实践过程中积淀和创造出来的，并为其成员认同和遵循的价值观念体系、行为规范准则和物化环境风貌的一种整合和结晶，表现为学校的综合个性。优秀的学校文化看似无形却又持续弥久地作用于生活在其间的每一位教师，它以一种潜移默化的方式每时每刻地影响、教育着教师，规范、引导着教师，促使

---

① 李捷三.特级教师成功之路.中国和平出版社，1988：23.

教师秉持认真刻苦、务实严谨的工作态度，勇于探索、开拓创新的治学精神，勤奋向上、积极进取的思想情操及行为取向；学校文化引领着教师的专业精神，提升着教师的专业品质，而这些专业精神和专业品质以一种“加速度”促进教师成长，为教师日后成长为特级教师积累了丰实的底蕴。因此可以说，学校文化的丰富和先进程度，决定了特级教师专业成长与发展的速度和质量。

学者对北京市特级教师的调查发现：“这些特级教师绝大多数任教于基础较好的老学校，学校里面有着优良的教育文化传统、严格的校规和良好的校风。”①这种基础较好的名校、老校，其学校文化为特级教师进行创造性教学与科研积累了明显的较多的优势，而特级教师通过主观努力，往往能取得很大的成绩，反过来又为学校带来声誉，而学校的声誉与社会影响又更有利于特级教师的创造性教学成果的扩散与传播。特别是那些饱经沧桑的“老牌学校”，在长期的办学过程中大都形成了深厚的传统文化底蕴。这种深厚的教育文化传统熏染、浸润、涵养了一代代名师，并以“文化遗传基因”的作用方式渗透在特级教师的文化心理结构之中。这些学校的文化气息和文化传统，引导、陶冶了一代代特级教师的专业成长与发展，培育了他们的科学态度和学术精神。而作为教育文化的主体，特级教师在继承这种优秀教育文化传统的同时，又总是试图以最新的教育理念不断地反思教育文化现象，以实现对传统的不断超越和重构。

以江苏省淮安市实验小学为例，该校积极鼓励教师认识自己的校史文化，挖掘前辈教师在学校发展史中留下的足迹与精神资源，研究前辈教师在学校发展历程中是如何走过自己的教育生涯的，了解他们的心路历程，进而理解将教育当成一种生活方式到底意味着什么。在淮安市实验小学的百年历史长河中，不乏闪烁着思想光芒的人物。“让历史昭示未来”——该校让今天的教师与“执著于教育的人物”进行精神对话与交流，在先辈的精神感召下，不断地理解教育的真正意义，改进自己的工作、生活状态。该校组织“蒋同惠教育思想研讨”活动，老教师、新教师济济一堂，畅叙教育人生，回忆峥嵘岁月；组织学习先辈的著作——《李更生教育文集》，亲近大师思想；请来知名校友宣讲学校的光辉历史，讲述自己幼年求学的经历和点滴故事；编印《校友回忆录专辑》，定期在教师会议上宣读；在地方报刊《淮海晚报·小学生版》辟

---

① 李捷三.特级教师成功之路.中国和平出版社，1988：19.

“实小印记”专栏，刊发校友的回忆文章……身边的校史文化引领着教师和学生了解并研究另一些时代的学校及社会生活，进而思考自己的工作和学习。前人的形象、思想要以物化形态展示出来才更加具有感召力。学校除了挂“名人名言”，还有自己校史上的“名人”、“名言”；学校不仅有专门的校史陈列室，而且有融于学校的建筑、走廊、花园、教室等之中的看不见的校史，让教师和学生随处都能感受到。学校建有李更生先生的塑像，先生坚定而充满期待的目光，就是无声的教育力量。百年校庆纪念亭、校史纪念墙、20 世纪 30 年代“春风风我”的匾额，校刊《淮铎》（沿用历史上的校刊名）、“淮铎艺术团”等，都在无声地诉说着历史。“一个人的成长，更多的是来自‘精神’的影响，一个学校的成长，同样更多的是取决于‘学校精神’的塑造。”通过对史料的搜集、整理、考证，该校从学校历史人物的事迹中发掘出实小精神：“爱国”和“民主”的精神、“实”和“活”的精神、“争先”和“奉献”的精神等。通过不断审视学校办学历程，该校不断优化传统文化，在发掘、传承的基础上逐步形成新的“学校精神”，提出了“让每一个学生都拥有成长的快乐，让每一位教师都享受职业的幸福”的办学追求。① 优秀的学校文化濡染下的淮安市实验小学先后培养了 5 位特级教师。概括地讲，优秀的学校文化，能化育教师的生命成长。学校崇尚公平，就能给教师均等的发展机会；学校的目标激励，能给教师永恒的发展动力；学校的学习型组织，能帮助教师构筑发展的平台；学校张扬个性，能给教师的发展以合适的人生坐标。

学校文化的统摄、涵化力量巨大。在学校传统教育文化精神的影响下，身居其中的教师能不断更新观念，在研究中不断提升对课程的理解能力、实施能力，在推动教学发展的同时，也在不断实现着自身的专业成长。另外，自觉的教研文化，能给教师创造接触、参与、交流的机会，形成浓郁的开拓进取的文化氛围。例如 20 世纪 80 年代，于永正、张庆、高林生、郝敬华等几位老师在学校里组织了教学沙龙。他们经常一起研讨、交流，内容全都是语文教学。大家各抒已见，畅所欲言。于永正老师曾经这样说：“我们志同道合，在相互交往中长见识。一个人的智慧是有限的，大家提出问题，动脑筋想出解决问题的办法，这样，思维容易撞击出耀眼的火花，启发灵感。”这些老师后来都成

---

① 戴铜. 文化传承和创新——学校发展的永恒主题[EB/OL]. http://www.zwkj.com/sx2/sx/readnews.asp?newsid=131(2009-2-26).

为江苏省著名的语文特级教师，都在语文教学领域里取得了辉煌的成就，共同推动了江苏乃至全国的小学语文教学改革。① 不仅如此，这种教研文化还促进了教研管理的有序发展，形成了相应的教研制度文化。例如，许多学校设有专门从事教研管理和开发的教科室，对教师的教育科研有一系列奖励措施；教育行政部门有很多工程和措施，比如组织教育科研协会，开展教育科研沙龙等。诸如此类的举措，都为特级教师的专业成长与发展提供了坚实的制度保障。

（三）教研组

人才学研究的成果表明，人才的成长还受"人才组合的群体结构"这一社会因素的影响。对特级教师的成长而言，其所处的学校教研组是最基本的"人才组合群体"。教研组是教师专业发展的现实载体。教研组的专业结构、年龄结构、智能结构及人格特质结构等，均从不同的方面影响着身处其中的教师的专业成长与发展。

在促进特级教师专业成长与发展的因素中，教研组的专业取向让教师的专业成长与发展由外控走向自主。教研组除了组织层面的管理，如体制架构和制度管理之外，还存在着另一种促进教师专业成长与发展的取向，即对教研文化产品的传播与共享。对此，江苏省通州高级中学英语特级教师张淳有着深刻的体会。他说："20 世纪 80 年代，我开始担任学校英语教研组组长，教研组工作是我学习与成长的新起点。作为教研组长，我带领全组教师积极投身教育教学改革与创新。我们深入学习、研究英语教学大纲及新课程标准，把握大纲的精神，用新的教育理念武装自己。同时，我们组织了大量的教学研究课。经过大家反复的听课、说课、观摩、评课，同学科组的老师对新大纲、新课标的英语课堂教学有了新的领悟。更重要的是，在与同学科组老师的共同学习与研讨中，我个人的业务水平得到了很大提高。多次外出参加研讨、讲学和交流，开设示范课，都是在全组同仁的共同商讨下圆满完成的。我深深感受到，教师的成长与发展，根本离不开群体的环境和氛围。作为特级教师，在特定的环境与氛围中，要重视自己作用的发挥，更要将自己融入群体，

---

① 方健华. 中小学名师成长过程的特征. 教育研究与实验，2011，4.

才能为自己的成长与发展赢得更好的外部条件。”①

在构建教研组织、创设校本教研文化方面，各地都有很多创造性的做法，比如，“名师工作室”、“名师沙龙”、“教师发展学校”等，虽然名称、叫法不一，但其本质都是以教研组为基本架构的一种“教育人才组合群体”，是一种学习型组织。江苏省通州市“名师之路”教育科研沙龙，以县域为单位，突破了校际界限，实现了优质教研资源的共享、互惠，先后培养了一大批名师、特级教师。特级教师、通州市实验小学校长王笑梅曾自豪地坦言，是“名师之路”教育科研沙龙为自己的事业发展打开了另一扇门。2001 年 7 月，经过层层选拔和考核，王笑梅有幸成为通州市“名师沙龙”的首批成员。从此，王笑梅的专业发展驶入快车道。她说：“沙龙营造的浓烈的学习氛围，不断澎湃着我的教育激情；沙龙严格规范的制度，时刻催促我扬起进取的理想风帆；沙龙组织的丰富多彩的活动，更是不断刷新着我的教育思想、教育理念。最让我受益的是沙龙让我们拥有了和专家对话的平台。肖川、朱永新、李镇西等一批批教育大师走到我们的身边，与我们面对面交流、研讨，让我们在领略他们的教育思想、理念的同时，更感受到他们身上透射出来的非凡的教育魅力与智慧。最难忘的是每次沙龙研讨会上同伴们的畅所欲言和滔滔不绝。有一点融通后的心领神会，也有激烈争论后的面红耳赤；有鼓励的掌声，也有泼洒的冷水。沙龙里面的每一个人都是一本书，都有一段经历，都有一个使命、一种思想。我们在与同伴的交流中学到求实的精神，在对事业的共同追求中砥砺着人生，塑造了执著的自我、全新的自我。行千里路，听百家言，交八方友，人生因沙龙而精彩。三年的沙龙活动带给我及每位成员的，是不知不觉中思维方式的变革、教学技艺的飞跃和教育理念的提升。”②

“名师工作室”作为新时期教师专业发展的另一种教研组织新模式，不仅成为特级教师的重要“孵化地”，而且也是特级教师成长的“助推器”。目前，许多地区和学校都在实践和推广这种模式。以江苏省为例，自 2005 年 12 月常州市在全省首创“名教师工作室”模式以来，南京、连云港、无锡、扬州、镇江等市相继成立了“名特优教师工作室”、“名师工作室”、“特级教师工作室”等。教师不再仅凭个人努力“孤军奋战”，而是借助制度和组织的力量，让自己的

① 秦德林. 可持续发展：特级教师的诗意人生. 江苏教育出版社，2006：108.

② 秦德林. 可持续发展：特级教师的诗意人生. 江苏教育出版社，2006：99.

成长“如虎添翼”。可以预期，在“名师工作室”机制与模式的引领和带动下，将会有更多更优秀的特级教师脱颖而出。

提到专业引领，人们很容易想到“专家引领”。其实专业引领并不等于专家引领。一名普通教师要成长为特级教师，更需要他们所在的教研组“专业引领”功能的发挥。一个有效的教研组，其中某些核心成员对学科问题的研究往往已经达到了“专家”的水平，他们自然会成为教研组内的“专家”，在他们的专业引领下，教研组内会逐渐成长起一批“小专家”。当然，这依赖于教研组成员之间的优势互补。如果教研组的建设规范、正常、有序，并成为学习型组织，便能为成员提供重要的学习资源。教研组要引导教师思考自己相对擅长什么，能为其他成员提供什么样的学习机会，能组织什么样的活动等。唯此，才能充分发挥教研组作为特级教师专业成长“助推器”的引领功能。

三、影响特级教师成长的人物因素

从人的社会属性来看，每一位教师都生活在人际关系的网络中。特级教师的成长从某种意义上说就是在与他人的交往过程中实现的。人际关系——与领导、与专家、与同事、与学生等之间的关系，是影响特级教师成长的重要外部因素。浙江教育学院张寿松教授曾对浙江省 111 名特级教师和 160 名普通教师的学校人际关系进行过调查和研究，结果表明：特级教师与领导的关系明显好于普通教师，特级教师与同事的关系略好于普通教师，特级教师与学生的关系明显好于普通教师。[①] 由此可见，良好的人际关系对特级教师的成长非常重要。

只懂得“教什么”和“如何教”还不足以保证一个教师成长为一个优秀教师。不能否认，一个教师的成功与其个人的主观努力之间存在必然关系，但是，同样不能否认与他人合作、创造良好的人际氛围对于个人发展的重要意义。著名人才学家叶忠海教授 20 世纪 90 年代对参加国家教育行政学院高级研修班的特级教师们所做的一项“影响教师专业发展因素”的调查发现：在所

① 陈玉琨.发展性教育质量保障的理论与操作.商务印书馆，2006：79.

列选项统计中，排在第一位次的是“领导支持”，第二位次的是“同行帮助”，第三位次的是“学生配合”，第四位次的是“物质条件和资料”占有。前三项都属于人际关系因素。可见，人际因素比物质因素对特级教师的专业成长的影响作用更大。

特级教师在成长的过程中，往往会遇到一些“关键人物”，这些“关键人物”可能是专家、领导或师傅，也可能是同事、家长或学生。“关键人物”在教师成长的“关键期”如“仙人指路”般，加快着教师成长和成功的步伐，甚至可能使教师的人生发展出现一种“质”的转变。在特级教师邱学华的职业生涯中，常州市教育局领导和华东师范大学校长刘佛年等人都是促使他成功的“关键人物”。著名特级教师李吉林在开始进行“情境教学”实验研究时，也得到了许多专家的指导、支持和鼓励。特别是华东师范大学专门派了一个语文专家组来南通听李吉林老师的课，给予她很高的评价和很多的鼓励，并且激励她：“你完全可以形成自己的教育体系。”就是这样的鼓励话语，使她逐步形成了自己的“情境教育理论”。显而易见，华东师范大学语文专家组的老师就是李吉林成长历程中的“关键人物”。①

（一）师长

关键人物是影响特级教师专业成长与发展的外部关键因素。所谓“关键人物”，是指对特级教师成长与发展产生过重大影响的、有代表性的人物。打开中外名师发展史，影响名师发展的关键人物主要有：家庭中的关键人物、从教前的关键人物和从教后的关键人物。这三者均可以概括为“师长因素”。

1. 家庭中的关键人物

家庭中的关键人物在特级教师专业成长与发展过程中起着十分重要的影响作用。概括起来，家庭中的关键人物或为父母，或为亲属长辈。著名教育专家叶澜曾经在《论教师职业的内在尊严与欢乐》中形象地描述了她当教师的父亲对其立志从教的影响：“我出身在一个普通的教师家庭，从小时候跟着父亲上学起，就对教师这个职业有了一份尊敬，天天看到许多小朋友对着父亲喊‘老师好！’童年时的我心中也添了一份自豪与羡慕。这种情感日积月

① 王铁军.名校长名教师集体性个案研究.江苏人民出版社，2005：8.

累，稍懂事后就下决心当老师。”[①]家庭中的关键人物对特级教师专业成长与发展的影响，有时是直接的，有时是间接的；有的影响职业选择，有的影响职业发展；有的表现为耳濡目染，有的表现为角色期望。许多特级教师正是在家庭中的关键人物耳濡目染的熏陶下，选择教师职业，走上教育之路的。著名特级教师霍懋征曾经回忆：“我的济南老家，是个教师家庭，从小受到音乐教师母亲的熏陶和教育，自幼就羡慕小学教师这个职业，考大学时我选择了师范。我很喜欢和孩子打交道，从师大毕业，22 岁就开始在小学教数学、语文，当班主任，我一直喜欢这个工作。”[②]家庭中关键人物对子女的角色期望，即对子女未来从事的社会角色的主观看法与判断，包括希望子女未来从事何种职业的看法与判断，对特级教师的发展有着极其重要的影响。应该特别指出的是，家庭中的关键人物在特级教师专业成长与发展过程中的影响作用主要发生在教师发展的酝酿期，或教师理想的萌芽期。当然，家庭中关键人物的影响作用在特级教师专业成长与发展过程中可能始终存在，但是，随着其进入学校接受学校教育，家庭中关键人物的影响作用开始消退，学校中关键人物的作用开始逐渐凸显出来。

2. 从教前的关键人物

在许多特级教师的回忆中，从教前的关键人物对其选择教师职业具有极其重要的导向作用。其中，优秀教师对其选择教师职业的影响作用极其深远。事实证明，许多特级教师都在职业酝酿期或预备期遇到了德艺精湛的优秀教师，并受其影响最终选择了教师职业。例如，著名特级教师于漪就曾写道：“理想的种子是中学老师在我心中播撒的。我有幸碰到许多人品端正、学识厚实、教艺精湛的好老师，至今他们教学的眼神、手势、板书、气韵常在我脑海中浮现。数学毛老师的严密的逻辑推理、精练的教学语言使我刻骨铭心；语文黄老师全身心地投入教学，有声有色、情景交融的讲解使我对学习产生浓厚的兴趣，获得求知的欢乐。由于老师那么爱护我们，那么有真才实学，我崇敬他们的感情不仅充盈胸际，而且萌发了当教师的念头，把做一名深受学

---

① 中共上海市教育工作委员会等. 今天我们怎样做老师——上海教育名师讲坛. 上海教育出版社，2000：97.

② 叶忠海. 教育人才学. 复旦大学出版社，1993：44.

生欢迎的合格教师作为自己的崇高理想，作为毕生追求的目标。”[①]著名特级教师斯霞总结自己的小学语文教学之路时指出：“还是在我长达五年的杭州女子师范学校读书时代，好几位风姿绰约的女教师，给了我极为深刻的印象：她们或是口齿清楚，语言简洁生动，或是态度亲切，示范动作正确、优美。她们共同的特点是：举止文雅，待人接物有礼貌，教学认真负责。我非常敬佩她们，暗暗立下志愿：将来也一定要做这样的教师。”[②]特级教师吴昌顺曾经在《甘为孺子献驽钝，喜见英俊出中国》一文中写道，决定其终身选择教师职业的是校长吕清寰：“那是怎样的一位严师呀——学者的风度，专家的气质，革命人的战略眼光。他教育青年‘立定志向，自强不息’，他告诫教师‘勤学敬业，终生不辍’，他要求我们订出 30 年红专规划：10 年奠定基础，成为合格教师；10 年提高水平，成为优秀教师；10 年形成特色，争取做一个教学的专门家。”就是他的一句话：“留下当教师吧，教育事业太需要人。”使吴昌顺扎根学校无怨无悔。概括起来，从教前的关键人物主要通过下列因素对未来名师产生决定其一生命运的潜移默化的影响：教育信念和信仰、敬业乐业精神、高尚的人品、人格的魅力、厚实的学识、过人的才华、浓浓的教育爱、独特的教学风格、良好的师生关系、澎湃的激情、精湛的教艺、富有个性的思维方式、温文尔雅的言谈、文质彬彬的举止等。

3. 从教后的关键人物

从教后的关键人物或为本校教师、校长，或为他校教师、校长，或为教育行政部门领导、教育科研人员，或为高校专家、学者，甚至是报刊编辑、新闻工作者……这些关键人物对名师发展的影响或为显性的语言点拨，或为隐性的潜移默化，或为充分肯定，或为适当矫正。这些关键人物往往在特级教师成长与发展的关键时期对其产生深远影响。例如，著名特级教师张思中多年来一直重视开展外语教学改革，创造了独具特色的张思中外语教学法。正是《人民教育》的编辑在 1965 年发现了这一教学法的魅力，并将这一经验加以宣传、介绍，才使得张思中崭露头角；是华东师范大学刘佛年校长提出“小中大学外语一条龙实验”，组织专家验收张思中的教学成果，并加以充分肯定，从

---

① 中共上海市教育工作委员会等. 今天我们怎样做老师——上海教育名师讲坛. 上海教育出版社，2000：102.

② 柳斌. 中国著名特级教师教学思想录(上). 江苏教育出版社，2000：71.

而使张思中外语教学法得以大面积推广。又如，全国优秀教师、北京市中关村中学音乐教师谭天静曾经回忆：“工作后不久的一个教师节，我收到了许多学生的慰问信和贺卡。有一个学生送给我一个用饮料瓶做的花篮，附一张纸条写道：‘我从小学就不喜欢音乐课，可上了您的第一节课，我就被美妙的音乐吸引住了！’教师节那天，我在全校老师会上表演了独唱，还跳了一曲《孔雀舞》。校领导和教师们热情鼓励我说：‘我们学校太需要这样的音乐教师了！’‘好好干，你一定会有很大的发展。’”此后，大学时代的老师、作曲家王佑贵，北京市 101 中学音乐特级教师章连启，总政歌舞团的桑叶松老师，中央音乐学院的吴灵芬教授等，都在谭天静的专业成长与发展中起到了极其重要的影响作用。由此可见，领导、师长和专家的肯定、期盼与点拨是助推特级教师成长与发展的关键。

著名特级教师、当代人民教育家李吉林在与通州市“名师之路”教育科研沙龙成员进行的“解读名师　感悟成功”专题对话时，曾经详细回忆了自己从教后所受到的关键人物的影响：“记得 1958 年，我被我们学校和市教育局推荐到江苏省教育厅参加小学教科书、教学资料的编写工作。当时我 20 岁，很年轻，那叫初生牛犊不怕虎。在那儿我认识了三位老师，他们对我很有影响。一位是范伯群先生，大家应该听说过《郁达夫论》，就是他和曾华鹏先生合著的。一位是马莹伯先生。他们很有学问，也很会做学问，我深受他们的影响。范伯群告诉我，他搞文学评论必须把一个作家所有的作品都读过再研究，那种严谨治学的作风真令我敬佩。马莹伯先生是苏联文学研究生，他有很多藏书。我不断地从他那儿借到苏联的许多名著。尽管南京是大城市，尽管我还那么年轻，但是我舍不得花时间逛街，总是利用晚上和星期天休息的时间读书。应该说两位老师对我的影响是不小的。第三位是吴天石，当时的省委宣传部部长（后来任省教育厅厅长），也是南通人，也很关心我。后来到了 1962 年，江苏省教育厅在常州举办语文教学座谈会，由吴天石厅长主持，他当时提出了加强‘双基’的思想。那次会议上我发了言，反响很好，得到吴厅长的赞赏，并让《江苏教育》编辑向我约稿。在起步的阶段我遇到这样好的老师和领导，我非常高兴。”①此后，原南京师范学院张焕庭院长，新华社记者，华东师范大学刘佛年校长、杜殿坤教授等，都曾在李吉林的专业成长与发展之路上发

① 王铁军.名校长名教师集体性个案研究.江苏人民出版社，2005：291.

挥了重要和关键的作用。

江苏省南通师范第二附属小学特级教师施建平，在工作第二年就遇到了其专业成长中的“关键人物”——李吉林老师。李吉林与施建平师徒两人的经历，可以充分印证人才学理论所主张的“师承效应”和“人才成长的链式效应”。在向李吉林跟班听课学习的两年时间里，施建平每天和学生一起端坐在教室里听李老师的课，总共听了四五百节。在李老师的言传身教下，施建平不仅学到了教学的技艺，成为“情境教育”的力行者和代表人物之一，而且“心中的目标也更为明晰起来，那就是成为像李老师那样卓越的教师，将自己的一生献给钟爱的教育事业”[①]。从此，施建平的专业成长与发展呈现出高速发展的态势。1994 年，32 岁的他成为当时江苏省最年轻的特级教师，后来又破格晋升为中学高级教师。跟随名师，追随名师，直至成为名师，施建平用自己的实践证明“关键人物”在特级教师专业成长与发展过程中的独特作用。“关键人物”不仅能提供专业的支撑，使成长中的特级教师能“取法乎上”，将专业的技能提升到一定的层次，更为关键的是，“关键人物”的思想、人格、为人、为学的风格等会给受教者以潜移默化的影响，在更为深广的精神领域产生持久的动力和作用，不断激励、唤醒、鼓励成长与发展中的教师向新的、更高的目标迈进。

作为江苏省首批名教师的薛法根，特别感激著名特级教师庄杏珍。他说，除了母亲之外，庄老师是对他影响最大的人。1992 年，庄老师第一次听薛法根的课，题目是《十六年前的回忆》。当时，薛法根预先做了一些准备。“谁知老太太一听课就跳了起来：‘你这是在上课吗？上课是不能作假的。做人不能弄虚作假！’”一瓢冷水浇得薛法根差点晕倒，恨不得立即逃走。1994 年 4 月，在吴江上研究课，薛法根精心准备了第二天的课《可爱的草塘》。晚上 8 点钟，庄老师让他把备课的情况说一说。薛法根自以为准备得还不错，特别是设计了一个让学生一边听老师读课文一边闭上眼睛想一想草塘可爱情景的环节，感觉蛮好的，很得意。谁知刚说了两句，庄老师就叫起来：“这是什么东西呀？草塘可爱是你叫学生想得出来的吗？这是要靠自己反复读课文悟出来的！”薛法根接着再说，刚开口说了两句，庄老师又叫起来。就这样，从 8 点说到 11 点，薛法根备的课被全盘否定，推翻重来。11 点开始重新备课，到凌晨 4 点才结束。8 点钟上课，很成功。这篇课文，薛法根至今能背诵得出来，

① 施建平. 跑向生命的深处. 名师之路，2009，2.

可谓刻骨铭心！从此，薛法根知道，钻研教材要从学生学的角度出发；找到一个新的视角，才能把课上到学生心里去。庄老师说："什么叫做脱胎换骨？""你不经历痛苦怎么成长？"这话听起来有点残酷，但是千真万确。薛法根那时经常拿一本教材到庄老师家去，每讲一次，就被"痛打"一次，就会提高一次。1999 年之前，薛法根上的研究课都是要先过庄老师这一关的。"课品如人品。"这是庄老师常对薛法根讲的一句话。"评上特级教师后，她老人家还是盯着我。一次我在苏州市实验小学上课。一名小学生回答问题有些啰嗦。我说，据说热心的人比较爱唠叨，你爱唠叨，肯定是个热心的人。不知庄老师怎么知道了，马上打电话找到我：'你那堂课上得不错哇'她说，'不过好像有个细节……'她提到了那句话，'这句话有没有过分的地方？有点油了吧。'末了，她严肃地警告我：要改！记住，课品如人品。"[1]毫无疑问，庄杏珍是薛法根生命中的"重要他人"，不仅在薛法根成名之前对他严格要求，而且在他成名之后还时时"盯住"他，将指导、监督、友善提醒贯穿于交往的始终，的确发挥了"关键人物"的"关键作用"。

当前，为了加速特级教师的专业成长与发展，各地、各校"制度化"的师徒传承的有效机制正在形成。名师们纷纷选择以"工作室"等为载体引领有发展潜质的教师共同进步，作为教师群体中的高端人才的特级教师对年轻教师主动承担起"传帮带"的责任，在这样一种新生的培训载体的运作和打磨下，一批新的特级教师将会更快、更好地成长和发展起来。

(二) 领导、专家

特级教师的专业成长、发展与领导及专家的引导、帮助是分不开的。领导、专家是特级教师专业成长与发展的又一重要"人物因素"。

首先，教师需要领导的信任。领导的信任是教师专业成长与发展道路上的助推器，是特级教师取得成功的坚实基础。如果学校和领导不能充分信任教师，尤其是新来的教师，担心其不能胜任工作，不为教师提供发展的平台，那么教师的专业成长与发展就会受阻。因此，领导要敢于把教育教学及管理的重任交付给教师，给他们以锻炼的机会，为他们搭建专业成长与发展的舞台，让他们在任务实施、落实的过程中接受考验，接受锻炼。教师只有经历一

---

① 薛法根. 薛法根教学思想与经典课堂. 山西教育出版社，2006：16.

次又一次的锻炼和磨砺，才能“知不足而后勇”，主动“充电”、“补氧”，充实自己，提高自己，完善自己，重塑自我，提升教育教学和管理等方面的能力，使自己逐渐成熟起来，专业水平、专业能力得到不断发展和提升。

其次，教师需要领导的表扬。人是有情物，喜欢听到表扬是人类的共性，需要表扬是每个人内心强烈的渴望。作为成年人的教师，更加看重他人的表扬，内心深处更加渴望被表扬、被认可和被尊重。学校例会上的一句表扬，校务会上的提名表彰，工作中随时随地的夸赞，都可能会让教师铭记在心，使其备受鼓舞。教师群体是有思想的群体，荣誉感和自尊心极强，职业特点决定了绝大多数人追求“千奖万奖不如群众的夸奖，金杯银杯不如群众的口碑”这种人生至高境界。他们热衷于追求精神的褒扬，对物质生活并没有过高追求，对物质奖励也看得较淡。因此作为管理者，领导要在工作、生活中有意识地去发现每一位教师的“闪光点”，适时给予真诚的表扬，给予精神的鼓励，让其在自信、被认可和被尊重中主动张扬个性，发扬优点，培育优势。一旦优点成为教师的长处，教师便已成长起来。

第三，教师需要领导的宽容。“人非圣贤，孰能无过”，学校领导高标准、严要求对待教师是应该的，但是更应该正确对待教师的不足和错误，允许他们失败，包容他们的过失，不要吹毛求疵；要最大限度地给予教师理解和宽容，给他们自我反思、反省的机会，给他们改正缺点、错误的时间和空间，给他们以人文关怀，让他们感受到被理解的慰藉，感受到宽容背后的期待，进而以积极的姿态弥补过失，改正缺点，校正航向。领导的信任、支持与宽容对特级教师的专业成长与发展非常重要，它能使特级教师在其成长过程中获取和积累优势。领导的支持主要表现在：教师在工作中有成绩，要及时肯定；工作中有不足，应立即指正；工作和生活中有困难，能马上帮助解决；工作中进行革新创造，能予以理解和支持；工作中遇到失败，能予以心理上的安慰和方法上的引领。正如著名特级教师李庾南在总结自己的教育人生时说：“在影响教师专业成长的因素中，领导因素太重要了，领导不支持你是无法做事的。我能走到今天，我要感谢帮助我的各级领导，是他们的理解、支持和鼓励，使我一步步走向成功。”[①]一般而言，如果领导对青年教师生活上不关心、业务上不支持、工作上不理解、物质上不帮助的话，青年教师往往就会失却进取的动力

---

① 秦德林.可持续发展：特级教师的诗意人生.江苏教育出版社，2006：99.

和信心，很难在日后的专业成长与发展上有所成就。

同时，我们应该认识到，对于特级教师的成长而言，专家引领是非常重要的航标。教师专业成长与发展除了需要大量汲取专家论著中的精神营养外，更需要得到专家的耳提面命。北京师范大学周玉仁教授、上海特级教师顾汝佐老师、中国科学院心理研究所张梅玲教授都是特级教师吴正宪的老师。他们都给过吴正宪真诚的帮助和热情的指导，令她难以忘怀。1995 年中国数学记者工作委员会与上海《小学数学教师》编辑部在青岛联合举办"青年教师吴正宪、潘小明教学艺术研讨会"，周玉仁教授、顾汝佐老师亲自到会。他们精彩的点评、独具魅力的学术报告为吴正宪在小学数学教学改革的探索中点燃起一盏明灯；专家们高尚的师德、精湛的教艺更给了她深深的启迪。课后两位专家对她悉心指导，指出努力方向，让吴正宪信心十足。平日里，吴正宪每每在教学研究中碰到难解的问题，总是主动打电话或当面向二位老师请教。周玉仁、顾汝佐老师认真地阅读批改过吴正宪的学术论文，并亲临课堂亲自指导和点拨。吴正宪和他们一起在教育部审查全国小学数学教材，探索中国小学数学课程改革大业，一起参与联合国教科文组织与国家教委联合开展的"中国小学生学习能力"课题研究，一起研讨国内外小学数学教学研究现状，还一起为青年教师的课堂教学进行点评。吴正宪很珍惜每一次和老师们在一起的时光，并把它作为极好的学习机会。吴正宪认为自己在事业上的进步与成长得益于二位老师的悉心指导和帮助。对吴正宪影响较大的另一位导师是中国科学院心理研究所研究员、教授、博士生导师张梅玲，她曾被邀请到北京市崇文区作了一周的儿童心理学讲座，讲座的题目是《儿童心理学与小学数学教学改革》。吴正宪认真听，仔细记，收获很大。吴正宪认为自己的师傅还有很多，身边的同志都是她的老师。他们在政治上关心她，在业务上帮助她。很多年轻教师在实践中创造了许多新鲜活泼的教学方法和好的教学经验，也都给了吴正宪不少的启示。在漫长的教育教学生涯中，吴正宪得到了许多专家、导师及同志的指导和帮助，她的教学改革之所以能取得成功，某种意义上正是这些专家、导师和同志们超俗高尚的思想品德、锐意改革的敬业精神、实事求是的科学态度、严谨治学的工作作风深深感染的结果。①

---

① 胡明. 特级教师吴正宪的心路历程[EB/OL]. (2009 - 3 - 1)[2010 - 5 - 8]. http://www.nxwzedu.cn/index_ArtShow.asp? dotype = art&Id = 1155.

（三）学生

在特级教师专业成长与发展的过程中，学生是特别的“催化剂”。从一定意义上讲，教师成就了学生的学业；同时，学生也成就了教师的事业。“教”与“学”的关系是辩证统一、相辅相成的，正所谓“教学相长”。天津市著名特级教师朱兆林在回答记者提问时说：“是学生把我逼成了特级教师。”朱兆林笑着回忆她上第一节课时的情景：“我当时扎着两根短短的小辫，把教案夹藏在身后走进教室。那是个初三的班，教室里很吵。我站在教室门口，有些不知所措。这时候我听到有学生议论，‘路子够贼的，又来一个插班生’。听到这句议论，我心里乱成一锅粥，备的课也忘了大半。硬着头皮走进去，站到讲台上，把教案夹放在讲桌上。教室里‘唰’地一下，静了下来。‘哟，是老师！’又有学生议论。我当时觉得头皮都有些发麻。想好的自我介绍和课文导入自然都跑得无影无踪了，所能做的只有下意识指挥下的板书课题。那节课讲的是《卓越的科学家竺可桢》，可字还没写完呢，就听到了前排两个男生让人颜面扫地的议论：‘哟，这老师的字真够臭的！’当时21岁的我，一贯要强，眼泪一下子就出来了。像个雕像一样面向黑板站着一动不动。等眼泪停了，我转过身来，看到了学生惊讶的神情。大概他们以为我会发火吧。看到他们的那种表情，我又突然觉得这些小孩子挺不错。但是，这并不能抵消我遭遇学生的无礼而带来的伤害。我当时说了一句话特别好，我赌气地说：我是一个语文老师，而且我是一个责任心特别强的老师，我会特别努力特别努力，我一定会做一个你们喜欢的好老师。”①

那天下课以后，她心里特别不舒服，又想到自己的命运，更加难过，就到学校外面去遛达了好长时间。等回到办公室，她看到自己桌子的玻璃板底下压着一张字条：“老师，请原谅我们的无礼。大人总不会和孩子治气吧。”“看到这张字条，我的仇恨一下子就化解了，觉得他们特别纯洁，特别可爱。”朱兆林说。如今，朱老师已经是一名特级教师了，可是从她自己对从教之初的状态描述中，谁能想到她能取得后来那样的成就？“做了老师就要让学生佩服你。”为了这句话，朱老师天天熬夜，查阅厚厚的资料。为了讲一篇课外的古文《酷吏列传》，她把丈夫发动起来，两个人查找资料三个多小时，搜集到了很

① 穆秀玲.爱是最美的语言——记新华中学特级教师朱兆林.天津日报，2002-6-22.

多生动的材料。有人说，一个人在讲台上，一家子在付出。从这些事情当中，我们或许可以找到朱老师并不神秘的成功的奥秘，那就是学生将她逼成了特级教师。[①]

江苏省特级教师、南通市通州区实验小学校长王笑梅曾感慨地说："教师工作是劳神的费力的，但在这日复一日的平凡而艰辛的劳作中，我渐渐品味出一种当教师特有的'情'与'趣'。孩子们一次精彩的发言，一段感情真挚的朗读，一份娟秀工整的作业，一篇充满童趣的作文，都会使我怦然心动。尤其是在课堂上，那一个个鲜活的孩子，一双双明净的双眸，时刻都会给我创造的惊喜。"[②]著名特级教师李吉林更是以自己的切身体验在《我，长大的儿童》一文中饱含深情地写道："小学老师的生涯，让我幸福地生活在儿童世界里。看到孩子的笑脸，我觉得自己是在花丛中看到花儿朵朵；听到他们的叫声，我仿佛来到了小鸟的王国里听啾啾鸟鸣；想到他们的明天，又能觉得自己在小树林里徜徉……在儿童的世界里，在爱孩子中，我长大了。我懂得了一个教师的责任……儿童的眼睛，儿童的情感，儿童的心理，构筑了我内心的世界。是的，正是儿童，是童心，给了我智慧。"[③]李老师正是以一种开放的心态、开放的性格，向理论学，向实践学，甚至乐于"听小朋友的话"，向儿童学，从而不断完善自我、超越自我，不断成就自己情境教育的诗意人生。

（四）同事、团队

教师劳动，既是一种个体性的劳动，又是一种集体性和协作性的劳动。教师劳动中的配合与协作是极其常见和必需的，比如共同备课、交流情况、共同研究与决策等。除了与学生、与领导的联系外，教师交往最多的就是同事了。因此，在特级教师的成长过程中，同事的支持很重要。为了开创出自己的教育事业，成就自己的教育人生，特级教师需要一批优秀的教育人才团聚在自己的周围，进行密切的合作与学术交流。著名特级教师沈心燕在20年的幼儿园工作经历中，深深地体会到同事之间健康积极的人际关系对她职业生涯的成功有着巨大的作用。教师与同事在交往中的合作、对话是教师全部教

---

① 穆秀玲.爱是最美的语言——记新华中学特级教师朱兆林.天津日报，2002-6-22.

② 秦德林.可持续发展：特级教师的诗意人生.江苏教育出版社，2006：95.

③ 李吉林.情境教育的诗篇.高等教育出版社，2004：411.

学生活中不可或缺的部分。教师之间的合作、对话是教师教育生命活动的高扬，可以使他们的潜力得到最大的激发，使他们的精神生活无限丰富，使他们永远保持一种开放和开拓的心态。同时，在交往、对话中可以增殖、共享专业发展的资源。沈心燕经常提到在工作过程中给予自己帮助的同事。谈起刚参加工作的时候遇到的种种困难，她一直不能忘记自己从老教师和其他同事身上学到的很多经验，她说："我经常主动地到别的班看活动，因为我刚工作，也不知道应该先和老师们打招呼。常常听'推门课'，边听边作笔记边分析。后来老师们都怕我了，叫我'业余园长'。尽管如此，老师们还是一如既往地真诚地帮助我。"沈心燕在教学的同时，进行了大量的研究工作，在这个过程中，她得到了很多同事热心的帮助和支持。每当她遇到困难的时候，老师们都会主动地伸出援助之手，给她出主意，为她打气；每当她取得成绩的时候，她又会得到老师们由衷的鼓励。中学高级教师的职称她是在园长"强迫"下，在众多老师的劝说下临时申报的，甚至连特级教师同样也是在教研中心领导的"强迫"下申报的。她说能生活在这一让她备感关爱、温暖的大集体中，是她最大的幸运。

特级教师不是孤立存在的，而是生活、工作在一定的群体组织之中的。仔细考察每一个特级教师专业成长与发展的历程就不难发现，不少特级教师背后其实都有一个资源团队或者一个"研究共同体"的强有力的支撑。这个"研究共同体"往往遵循一般的"研究纲领"，包括认识论假设与价值取向，若干基本的研究规范，以及共同的问题领域、普遍认可的话语方式等。如果在研究的问题指向、话语方式等方面缺乏起码的共识，那么共同体成员之间便无法进行正常的交流，也就谈不上什么"研究"了。"共同体"是一个温暖而舒适的场所，一个温馨的"家"。在这个"家"中，大家彼此信任，相互依赖。概言之，当这个群体组织具有高度凝聚力时，它就成了一个团队组织。教师同伴、团队组织的价值取向、共同愿景、工作态度、敬业精神以及彼此之间相互学习、交流、合作和竞争的状态，直接影响着特级教师的个体成长。团队组织所折射出来的团队精神，会给特级教师的成长注入一股强大的内驱力，引领特级教师不断追求上进，追求卓越，积极、努力地提高自己，发展自己，从而最终成就自己。可以说，一个优秀团队组织不一定能造就出特级教师，但是一个特级教师专业成长与发展的背后必然有一个优秀的团队组织。

比如，江苏省南通市特级教师张兴华的数学研究团队——一批潜质优良、渴望改革的年轻人，在一位特级教师的召唤与邀请下集合起来，为着小学数学教学改革而一起认真读书，潜心实验，大胆改革，逐渐成为一个名师团队。这种组合显然超越了传统意义上的师徒关系，也超越了当下流行的课题组、培训班或协作会，超越了年龄的鸿沟，而是由一根“价值线”把他们集结起来，凝聚起来。这种集结和凝聚用他们的话说，不仅是人聚，更是心聚。他们的任务是研究，活动既是制度化的，但又具有浓浓的人文色彩，散发着丰富的文化气息。又如，早在1997年，江苏省海门市东洲小学就成立了“青年教师发展中心”，每周日下午两个小时的研修活动，至今已经坚持了十多年。这种被同行们认为“坚持的奇迹”的举措，使得一批批教育骨干成长起来。“青年教师发展中心”既强调纯技巧、纯技艺的“基本功训练”，更注重文化素养和品质的拓展与提升，通过活泼多样的“文化阅读”、“文化沙龙”、“文化讲坛”、“文化休闲”、“文化交流”、“文化随笔”、“文化创造”、“文化课堂”等文化活动，建设文化型、学习型、智慧型的教师发展共同体。此外，发展中心还成立了读书俱乐部，建立了电子阅览室。无论是“共读、共研一本书”的集体文化研修、文化沙龙活动，还是在博客中书写教育精彩；无论是“东东文化大讲坛”中的演讲，还是欣赏名曲名画；无论是开发校本课程，还是参加各种教育教学研讨、课堂教学观摩、送教到村小等活动，甚至到香港、英国、澳大利亚、新加坡等进行境内外教育考察，老师们都在这个团队中共生发展、共同成长着。正是有这样一个集教、学、研功能于一体的团队组织，海门东洲小学声名鹊起，先后走出了两名特级教师——许新海、祝禧。

还有很多特级教师在回顾自己的专业成长与发展经历时，都提到当年所在的教研组、读书组等组织对自己的影响。可见，建设一个积极向上、团结互助、勤于研究的组织对教师的专业成长与发展大有裨益，团队精神、团队意识、团队力量是特级教师专业成长与发展的土壤。

四、影响特级教师成长的事件因素

特级教师的专业成长与发展往往要受到过去一些经历和经验的影响，但并不是过去所有的经历或经验都对特级教师的专业成长与发展有重要影响。“只有一些重要的事件或称‘关键事件’才会对教师成长发展起重要影响，促使教师对个人的教育信念、行为进行反思、重组和改变。”“关键事件”是美国学者沃克(Walker. R)在研究教师职业时提出的概念,指的是在教师个人生活中发生的,对教师的职业思考和专业发展取向产生重要作用的事件。“关键事件”常常引导着教师专业发展急剧变化的过程,并且通过教师自己思想情感所受触动的能量累积,逐步调整和改变教师的专业言行,引导教师追求一种智慧的教学生活方式,使教师在相对平稳的职业生活中实现专业发展。“关键事件”给教师的不断发展提供了许多契机,这些契机构成了教师专业成长与发展的一个个转折点,也串联起特级教师精彩亮丽的职业生涯。对影响自己专业成长与发展的关键事件,特级教师们在反思和总结中提得较多的是公开课教学、教研活动和课题研究。

(一)公开课教学

作为一个教师,其职业生涯的大部分时间是在课堂教学实践中度过的,课堂是教师焕发生命光彩的地方。公开课为教师教学技艺的提升以及专业成长与发展提供了一个很好的锻炼和展示的平台、舞台。特级教师孙双金突出的生命亮点都在课堂上,公开课的磨炼让他年纪轻轻就成为全国有名的“赛课王”。他说是公开课教学把他从江苏省丹阳师范附属小学这个小舞台,一步一步地带到了全国的大舞台,让他享受到了莫大的满足与自豪。正是公开课教学的千锤百炼,让孙双金找到了辛勤付出的价值和意义;也正是镇江地区语文赛课、江苏省青年语文教师评优课比赛、1989 年全国首届中青年教师语文阅读教学大赛等大赛中的公开课教学,让年轻的孙双金得到锻炼,并逐步崭露头角,踏上了特级教师的征程。孙双金的第一堂公开课的“空试教”极为尴尬,刚讲几句就被打断:“停下来!这里不应该那样问,应该这样问……”漫长的 40 分钟熬过去后,得到的评价是“教学语言平淡,没有起伏和高潮,不能激发学生的情感,拨不动学生的心弦”。“课终人散,只有我孤零零地站在空荡荡的教室里。我脑子里一片空白,脊梁上凉飕飕的,似有无数的小虫在蠕动,伸手一摸,内衣居然已经湿了。”[1]这次不成功的经历对孙双金的刺激很大,逼着他静下心来深刻反思:优秀教师的语言应该充满魅力,我行吗?优秀教师应有深厚的文化底蕴,我的底蕴深厚吗?优秀教师应当具备扎

---

① 傅国亮.与名师为友.高等教育出版社,2005:27.

实的教学基本功，我有吗？可喜的是，孙双金并没有从此一蹶不振，而是针对自身不足有针对性地展开自主训练——寂静校园内出现了一位晨读者，办公室黑板上多出了一块练字栏……这一次的教学挫折成为孙双金专业成长与发展的"关键事件"。此后，孙双金不仅苦练基本功，还合理利用教学之余跑阅览室，利用晚上和节假日之闲闭门静读，不断提高素养，不断拓展视野，不断探索实践：研究语文课堂教学的艺术特征——形象性、情感性、独创性；研究课堂教学的"空白艺术"——追求"此时无声胜有声"的艺术效果，探索如何朗读后留空白、设问后留空白、板书中留空白、作业中留空白；研究教学设计艺术——讲究教学结构的张弛有度，训练密度的疏密有间，追求先声夺人的教学效果，营造"言有尽而意无穷"的教学意境；研究教学高潮的艺术——讲究逐层递进，讲究层层剥笋，讲究跌宕起伏。以"关键事件"为契机和动力潜心研究教学艺术的结果，使他在1988年获得江苏省首届语文教师课堂教学大赛一等奖，1989年获得全国首届中青年教师语文阅读教学大赛一等奖，并逐步成长为全国著名的小学语文特级教师。

公开课的不成功可能成为特级教师专业成长与发展的"关键性事件"，公开课的成功更能成为特级教师教育生涯的转折点，成为特级教师专业成长与发展的"关键事件"。1992年5月，吉林教育学院要在吉林市召开德育渗透各科教学现场会，窦桂梅多次请缨，终于获得上观摩课的机会。在家里试讲，她让爱人和孩子当学生，经过近20天的试讲，她说上句，不到四岁的孩子就能说出下句；放学后试讲，她对着空桌椅练，她把那一排排空空的座位当成她的可爱的学生。那段时间，她几乎总是全校最后一个离开教室的人，讲着讲着，常常忘了去只隔几十米的托儿所接孩子。托儿所阿姨等不及了，把孩子送来，她就一手抱着孩子，一手拿着粉笔继续练习……她的执著与付出终于得到了回报。那天，听公开课的全省各地的教育专家及教师有一千多人。窦桂梅站在那里，镇定而从容的教态，投入而忘我的真情，深深地打动了与会的每一位代表。当她讲到王二小机智地把敌人带入埋伏圈，自己却被敌人杀害时，由于巧妙的情境创设，生动的语言描述，感人的配音朗诵，使学生仿佛置身于王二小被敌人残忍杀害的场景中，孩子们哭了，听课人哭了，窦桂梅自己也哭了。"《王二小》一课一炮打响，窦桂梅由此一鸣惊人。"[①]机会总是属于有准备

① 傅国亮.与名师为友.高等教育出版社，2005：23.

的人。善于在挑战中奋起，将挑战转化为专业成长的“关键事件”是特级教师窦桂梅的成功人生给我们的启示。

（二）教研活动

美国心理学家波斯纳（Posner）曾将教师成长与其对自己经验的反思结合起来，提出了教师成长的公式：成长＝经验＋反思。他指出，教师光有经验的积累是不够的，还需对自己的经验进行剖析和研究。如果教师仅仅满足于获得经验而不对经验进行深入的思考，那么，他至多是一个“熟手”而永远不会成为“研究型教师”、“专家型教师”。教师的研究反思有助于教师更新教育观念，积累实践性知识，获得更高的成就感和专业价值体验，从而提高教师的教育教学能力，增强教师教育教学工作的“科研含量”，促进教师由“经验型”的“教书匠”向“科研型”、“专家型”和“学者型”的“教学专家”转变。在一项关于“中小学名师专业成长的影响因素分析——基于浙江省 221 位名师的调查”中，当问及“您认为教学研究反思有必要吗”时，62.4％的名师认为教学研究反思很有必要，可以促进教学；37.6％的名师认为有时有必要；几乎没有名师认为反思不重要。[①] 正因为在教学生涯中坚持研究反思，很多教师才能成长为特级教师，并取得丰硕的教育教学研究成果。

事实上，积极参与、自觉开展教研活动，是许多特级教师专业成长与发展的必由路径和不二法门。教师开展教学研究的本质追求是“探求教育的真相，揭示教育的规律，解决现实的教育问题”。加强教育教学研究，提高自身理论素养与综合素质，可以让教师加快专业成长与发展的进程。教学研究可以缩短教师认识教育教学规律的过程，开阔教师的视野。教师能够在教育教学研究中及时汲取前人教育教学的智慧和经验，从而在教学过程中更加自信和从容。前苏联教育家苏霍姆林斯基说：“凡是感到自己是一个研究者的教师，则最有可能变成教育能手。如果你想让教师的劳动能够给教师带来乐趣，使天天上课不至于变成一种单调乏味的义务，你就应该引导每一位教师走上从事研究这条幸福的道路上来。”比如，著名特级教师孙春福潜心于教育教学研究，溯本探源，苦苦思索，提出语文教学该确立“知识、能力、思想情感”

---

① 童富勇，程其云. 中小学名师专业成长的影响因素分析——基于浙江省 221 位名师的调查. 教育发展研究，2010，2.

三方面的目标，遵循语文学习的规律，注重语言内化等重要思想，他撰写的《目标·得道·历练》《语感的内化与实践》等论文被有关刊物重点推介；在素质教育研究热潮中，他针对被称为“素质教育最顽固的堡垒”的课堂教学开展研究，成功撰写了论文《浅谈素质教育的课堂教学特征》；在创新教育的探讨中，他不人云亦云，撰写的题为《着眼语文特性，开展创新教育》一文，视角独特，思考深刻，文笔优美，得到人民教育出版社副社长吕达博士的好评，发表于《中小学教材教学》2000 年第 7 期。较高的教育教学研究能力让他在小学语文教师中崭露头角。

（三）课题研究

课题研究是一项既融于教学教研活动，又高于一般教学教研活动的科研活动。参与课题研究的教师要自觉学习理论、收集材料、分析问题、撰写报告等，这最能磨炼教师，提升教师。课题研究对于特级教师专业成长与发展的重要性毋庸置疑。钱伟长先生曾说，教师必须搞科研，这是培养教师的根本途径。在特级教师专业成长与发展之路上，课题研究犹如明灯，给特级教师指引着方向；犹如利器，帮助特级教师披荆斩棘。从邱学华、吴正宪等许多特级教师身上，我们可以明显地感受到他们扎实的科研底蕴和突出的科研能力。而特级教师与课题研究的“亲密接触”则发端于一种科研氛围。所处环境的科研氛围越浓厚，教师受到的浸染和熏陶就越强烈，主动成长的热情就越高，获得成功的可能性也就越大。当一所学校具有浓厚的科研氛围，呈现出“大众化、多元化、立体型”的科研局面时，这里的教师的专业成长与发展就有了力量和智慧，就有可能成长起一些“学有所长”、“研有所深”的特级教师。高涨浓郁、生生不息的科研氛围，是特级教师专业成长与发展的阳光、空气和水。

全国著名的特级教师魏书生之所以获得成功，一个重要原因就是他对教育科研特别是课题研究情有独钟。他在教育科研方面的努力和创新主要表现在：首先，营造氛围。魏书生引导教师们思考，为什么同样是教书，斯霞、于漪、钱梦龙、欧阳代娜等许多优秀教师感觉幸福、快乐，工作充满了新奇感和创造性？魏书生认为，重要原因之一在于这些名师不是“教书匠”，而是“研究者”，他们总是从研究的角度看待自己的教育教学工作。因此，他引导身边的教师从教育科研的角度看待自己日常的看上去甚至有些单调、平凡、枯燥的教育教学工作，从而营造出一种浓郁的教育科研的氛围。这种科研氛围，不仅成就了他周围的老师和学生，而且也成就了魏书生自己。其次，建立组织。为了强化对教育科研的领导，魏书生所在的盘锦市实验中学于1986年8月即成立教改办公室，引导教师进行教育教学研究。他制订量化考核标准，对教师教育科研工作从八个方面进行考核、记分，大大调动了教师参与、开展教育教学研究的主动性和积极性。第三，确定课题。帮助教师确定教育教学研究的题目，注重研究过程的指导与管理。在进行教育科研的过程中，“使老师们发现了一个新的更强大的自我，发现了一个新的更广阔的教学天地，提高了教学效率，使老师们的劳动有了双重收获”①。课题研究是特级教师专业成长与发展的重要经验，也是特级教师专业成长与发展的重要因素。一个教师要成长为特级教师，就要积极参与课题研究，最好自己主持课题研究。

五、影响特级教师成长的机制因素

机制是一种力量，是一种激励力和约束力，是一种可以充分调动教师积极性和创造性，并引领教师向着专业成长与发展既定目标和方向前进的重要外部力量。特级教师的成长是依据一定的规则和机制竞争择优的过程，制度和机制只有在整体联动中形成有机系统和耦合，才能为特级教师的专业成长与发展提供动力和保障。影响特级教师专业成长与发展的机制因素主要有如下几种。

（一）校本教研机制

“教而不研则浅，研而不教则虚。”通过校本教研促进教师专业成长与发展已经逐步成为学校的共识。许多学校采用公开课、研讨观摩课、校外听课、业务进修、校际交流、小课题研究等多种形式加强教师的校本教研，有效地促进了教师的专业成长与发展。立足课堂教学，确立教师在教研中的主体地位，让教师成为教研的主人，并通过教研来培养教师、提高教师，为教师的自

① 全国著名特级教师魏书生教育思想赏析[EB/OL]．(2008-6-12)[2010-5-5]．http://www.dxc123.net/thread-3015-1-1.html.

我发展、价值实现服务，是促进教师发展的主要任务，也是校本教研的重要追求。特级教师的专业成长与发展和校本教研密不可分。一般来说，校本教研氛围浓、水平高，活动比较扎实，机制比较健全的地区和学校出现特级教师的可能性比较大，概率比较高；而特级教师的出现，又会反过来促进当地和学校的校本教研：二者之间是一种相互促进、相互影响的关系。如果说校本教研是特级教师专业成长与发展的“快车道”的话，那么校本教研机制则以一种更加科学、更加系统的方式为特级教师的专业成长与发展提供了更有力的促进和保障。

校本教研要基于学校、为了学校、在学校中进行。机制的落实要从集体备课开始。采用集体备课的方式，把教师的独立思考与合作交流结合起来，有利于教师之间进行思想碰撞。在集体备课中，教师往往会产生思想、方法和智慧的火花，这些火花经过撞击，有时候会产生巨大的放大效应和共享效应，生成新的思想、方法和智慧。集体备课是一个释放教师创造潜力的过程，也是孕育思想、方法和智慧“果实”的过程。校本教研机制还要落实在对课堂教学的研究中。教师之间相互听课，相互观摩，不但可以避免教师闭目塞听、孤芳自赏而成为“井底之蛙”，而且能够使教师站在“他人的肩膀”上高瞻远瞩。校本教研要鼓励教师对观摩和观察到的每一堂课进行认真、细致的研究、思考、探讨，并用以反思、改进自己的教学，通过“扬弃、集优、储存，从而走向创新”①。

（二）评价激励机制

教师评价是一个具有综合效应和巨大能量的机制，它往往会直接影响到特级教师的专业成长与发展。为了使评价在教师专业成长与发展方面发挥积极的导向、促进功能，越来越多的学校在不断完善教师评价机制，使之更“与时俱进”，更体现“以人为本”。充分尊重教师个体差异的“发展性教师评价”策略的推广实施，更是挖掘了教师发展的潜能，唤醒了教师的发展意识和发展需求，促使教师合理规划自己的职业生涯，选择适合自己的发展途径，从而真正实现教师的主动发展和可持续发展。在这样的评价机制下，教师的行为、思想和生命有充分舒展的空间和无限拓展的可能。“与时俱进”、“以人为

① 顾丽萍．教师，在同伴互助中成长[EB/OL]．(2008－12－15)[2010－5－8]．http://www.cajy.cn/blog/u/chunni/archives/2008/7308.html.

本”、“尊重差异”的发展性教师评价机制的不断革新，能为特级教师的专业成长与发展创造良好的条件。

特级教师的专业成长与发展需要宽松的氛围，需要制度的规范，需要专业的引领，更需要有效的激励机制。目标激励可以满足教师对工作进取的需要；情感激励可以满足教师对关心和关注的需要；物质激励可以满足教师合理的生活需要，等等。激励机制的建立，“不是制造生活世界与精神世界的二元对立，而是期待赋予教师一种精神的不安分，这种不安分会逼迫他们始终不停地驰骋在思想的原野上”①。只有建立“以人为本”的成长激励机制，做到精神激励与物质激励并重，才能持久有效地发挥教师自我完善、自我发展的内驱力，从而真正有效地促进教师朝着特级教师的方向积极进取。科学、有效、以教师为本、以教师的专业成长与发展为本的激励机制将为特级教师的专业成长与发展提供不竭的动力。

（三）宣传表彰机制

“榜样的力量是无穷的。”为了营造全社会尊师重教的良好氛围，进一步激励广大教师爱岗敬业的积极性，为特级教师的专业成长与发展创造必要的条件，要建立和完善宣传表彰机制。表彰不仅仅是一份文件、一本证书、一种荣誉，更代表着一种承认、一种激励、一种动力。特级教师在专业成长与发展过程中，既需要目标激励，也需要榜样带动，优秀教师恰恰为他们树立了看得见、摸得着的榜样，而对这些榜样的熟悉则大多来自于各种各样的表彰活动。尤其是在每年的教师节期间，从中央到各省、市及区、县，都会以各种形式举行庆祝和表彰活动，这些活动较好地调动了广大教师成长的积极性、主动性和创造性。因此，各级政府、各级教育行政部门和教育教学业务部门要完善、创新对教师的宣传和表彰机制，为特级教师的专业成长与发展推波助澜。

总而言之，特级教师的专业成长与发展，既受外部因素的影响，又受到内部（个人）因素的制约，是内、外部因素共同作用的结果。虽然从认识论的角度来看，内部（个人）因素才是影响特级教师成长的关键因素，但是从外部因

---

① 钟建春.促进教师发展的管理策略.中国教育学刊，2010，1.

素入手，分析、探讨特级教师的专业成长与发展，仍然具有十分重要的意义，它可以使我们通过对外部现实条件的积极改造，为特级教师的专业成长与发展提供更多的机会和可能，使特级教师的专业成长与发展的过程更加充满生命活力，更加能够彰显人的生命价值和意义。

第三章 特级教师成长的个人因素分析

特级教师的专业成长与发展，除了时代、环境、同伴、机缘等外部因素外，个人因素也非常重要。通过一定数量的个案分析，我们认为一个特级教师专业成长与发展和下列个人因素密切相关：热爱、追求、实践、学习、研究。这里的特级教师成长，既指成为特级教师之前的成长，亦指成为特级教师之后的再成长。

一、热　爱

在特级教师专业成长与发展历程中，热爱——对教师职业和对教育对象的热爱起着关键和核心的作用。从许多特级教师专业成长与发展个案中，我们都可以看到这一点。

（一）对教师职业的热爱

著名特级教师魏书生的成长即与这种“热爱”有关。魏书生对教师职业、对教书育人喜爱到了“痴迷”的程度。他从 1971 年 11 月至 1978 年 2 月，在辽宁盘锦电机厂工作了 6 年多一点的时间。在这不算短的 6 年里，他以平均半个月一次的频率，用口头和书面两种形式，向领导申请 150 多次，要求从事教育工作，要求去做一名教师。① 我们不妨看看 1977 年 9 月，魏书生获准调入

① 于月萍.魏书生评传.漓江出版社，2000：24.

盘山县第三中学当教师前5个月向上级领导递交的一份申请——

尊敬的领导：

我再一次怀着十分恳切的心情，请求组织批准我去做一名教师。

看到各行各业特别是教育战线在党的领导下走向大治的喜人局面，自己却没有机会献上一分力气，心里像有一团火一样熊熊燃烧。我无比焦急地请求领导能体谅到我的心情，批准我的申请。只要是教书，不管是到农村一般学校，还是到更困难的偏僻山区的学校，我都会踏踏实实、勤勤恳恳、满腔热情地去干。

进厂六年的两千多个日日夜夜中，我对学校的深深眷念之情，是一天也没有中断过的，即使在"四害"把教师地位压到最低点的时候，我还是以极其羡慕的心情衷心向往着这个职业。为着有一天实现自己美好的愿望，把教师工作做得更好一些，我日复一日、年复一年地钻研有关教育的知识，常学到食不甘味、寝不安席的地步。即使身患重病，也还是不愿间断，为此而度过的不眠之夜是难以数计的。

两千多天中，我向各级领导恳切地提出做教师的申请至少有150次之多。几乎每一个同志，特别是朋友和亲人，都耳闻目睹到我对教育火一样的热情，对学生源自内心的关心……

正是这样一种"对教育火一样的热情"，魏书生在连续申请150多次以后，终于在1978年2月实现了自己的愿望，获准调至当时的盘山县第三中学当上了一名语文教师。此后，无论是他被提拔做校长、书记（1986年），还是被任命为盘锦市教委主任、党组书记（1997年），他都一直兼上语文课，始终没有离开他心爱的教学工作。

热爱自己的职业是特级教师的共同特征。尽管有些特级教师一开始并不爱自己的职业，但是随着从教经历的延续，他们最终无一例外地都深深地爱上了自己的职业。特级教师李镇西是这种"从不爱走向爱"的典型。在《心灵写诗》一文中他详细披露了这一发展历程：

小时候的我应该算一个少年"诗人"。

现在常常有朋友认为我搞教育是受了父母的影响，其实，虽然我父亲在教育局工作，母亲在小学教书，但我小时候从没有做过“教师梦”，而整天做的是“文学梦”。

……

高中毕业后我到农村插队落户，一年多以后恢复了高考。在填报高考志愿时，我想都没想就填上了“中文系”。我自认为我已经有了一定的“文学基础”，理应进中文系“深造”。虽然填志愿时，我在“中文系”的前面填的是“四川师范大学”，但这仅仅是为了增加录取的保险系数，以便早日跳出“农门”。于是，1978 年春天，我带着文学梦走进了四川师范大学。

……

大学实习，我来到一所县城中学教高一语文。也许是我性格比较活泼而且和学生的年龄也相近吧，很快就和他们打成了一片。实习结束时，学生们流着眼泪拼命追赶着我返校的汽车……回到学校，我还沉浸在对实习的回忆和感动之中，我用了一个星期的时间，写了一首以实习生活为素材的长篇叙事诗《校园钟声》。虽然这首诗仍然没能发表，但却是我第一次带着真情用笔写“教育”。或许可以说，《校园钟声》是我“文学梦”与教育的美好“初恋”吧。

正是怀着这种对教育“初恋”般美好的憧憬，1982 年春天，我告别了大学，走上了四川乐山一中的讲台。

……

从教之初，我并不安心工作。我老想着哪位“文坛伯乐”能发现我这颗“文学新星”，然后调我到更适合我的岗位（比如什么作协之类的单位）去，我总觉得教师这个职业对我来说是“暂时”的。

但是，天真无邪的初一孩子们却把我当做他们“永远”的班主任和语文老师来爱戴。记得上课不到一个月，我嗓音便嘶哑了，有的学生悄悄地将药塞进我的宿舍门。我拿着药在班上问是哪个同学送的？孩子们调皮地笑着，却没有一个承认。……

有一次，我生病住院的消息传到班上，教室里一片哭声。孩子们为了让李老师能随时听到他们的声音，放学后留在教室里，面对录音机唱了一首又一首的歌，然后将录音磁带送到我的病房！当然，孩子们对我的爱更多的时候是“润物细无声”的：或是早晨走进教室，一声亲切的问候；或是我外出开会离开学校时，那眷恋的眼神；或者仅仅是夹在作业本里的纸条：“希望李老师晚上早点睡！”我越来越感到，教育给我带来的心灵的愉悦决不亚于文学。

我开始把教育当成一首诗来写。……[1]

另一个“从不爱到爱”的特级教师是程红兵。1978年参加高考，程红兵做的是“作家梦”，第八个志愿才填了江西师范学院中文系。然而，四年后，他还是被分配去做了一名教师，他这样形容当时的心情：“一头栽进了中学语文教师的行当里。”“我毕业时上饶市人事局本来让我留下来当机关干部，结果我的母校上饶一中的老校长，派教过我的语文老师跑到我家里说服我回上饶一中，于是最终我还是回到学校当语文老师了。我开始一点也不想当老师，但走进课堂跟学生在一起后，学生们跟我很亲近。在这个过程中，我慢慢品出了当教师的味道。所以我常说，我当老师是‘先结婚后恋爱’。”[2]

无论是像魏书生那样，仿佛天生就爱教师职业、教学工作，还是像李镇西、程红兵这样经历“由不爱到爱”、“先结婚后恋爱”的过程，总之，所有的特级教师都深爱着自己的职业。考察、研究他们的成长历程，不难发现，他们之所以能爱自己的职业，主要是因为以下两个原因：一是他们认识到教师职业的价值和意义，“看到了教育的力量”（斯霞）；二是他们享受到了教师职业的成功和乐趣，觉得“很有意思，很有乐趣”（斯霞）。特级教师霍懋征和斯霞的经历和认识最具代表性。

著名特级教师霍懋征曾被共和国第一任总理周恩来称为“国宝”。她在《没有爱就没有教育》里说：“1943年，我从北京师范大学数理系毕业。学校本来希望我留校，但我再三要求去当小学老师。在那个‘家有三斗粮，不当孩子王’的年代，一个大学本科毕业生选择小学教师工作是件不可思议的事，许多人不能理解。但我因为特别喜欢孩子，知道小学教育是启蒙教育，只有基础打好了，才能盖起高楼大厦，我愿意去做打基础的工作。于是，学校分配我到北京师大二附小（现北京第二实验小学），我一口气干了60年！”[3]霍懋征是一位爱岗敬业、师爱博大的特级教师典范，被誉为“一面爱的教育的旗帜”[4]。正是一种对教育的忠诚的“爱”，支撑她放弃很多别的选择，尽一生心血耕耘小学教育讲坛。

---

① 李镇西．心灵写诗．人民教育，2001，5．

② 雷玲．故事里有你的梦想——18位名师的精神档案．华东师范大学出版社，2007：158．

③ 王超．师爱无价——对学生倾注全身心的爱．吉林大学出版社，2010：2．

④ 顾明远．一面爱的教育的旗帜．中国教育报，2010-3-18(3)．

1999年，著名特级教师斯霞诞辰90周年、从教70周年，在总结70年从教经验时，她说："我踏上教育岗位后，一天到晚和小孩子打交道，觉得很有意思，很有乐趣。孩子们天真活泼，心地善良，在老师的教育引导下，一天比一天懂事，一天比一天成熟。我看到了教育的力量，我深深地爱上了自己的职业。"①正是因为对教师职业的爱，斯霞老师除了"文化大革命"期间被一度剥夺教学权当勤杂工外，几乎没有离开过学校和教学岗位，也让她放弃了其他的职业选择。1977年，南京市人民政府曾任命她担任南京市教育局副局长，她一再谦虚地向组织表示"我做惯了教师，不会当领导，也当不好领导"。虽然教育局给她安排了办公桌，但她依旧在小学上班，只是个挂名副局长。两年之后，她打报告辞去了这一职务。②

特级教师钱梦龙在谈及自己取得优秀成果的主要经验和体会时说："对自己挚爱的事业，要以恋人般的痴情、宗教信徒般的虔诚、革命志士般百折不挠的意志，一以贯之、无怨无悔地紧追不舍。我这个人，要学历没学历，要资格没资格，要智慧没智慧，我靠的是什么？靠的就是这份对事业的执著，这份如痴如醉的投入！"③

（二）对教育对象的热爱

教师的教育对象是学生。对学生的爱是特级教师另一个重要的共性特征。

斯霞在总结她从教70多年的经验时说："敬业、爱生，我认为是教师职业道德的核心，也是成长为好教师的关键。我一辈子信奉这四个字。"④

霍懋征说："我从教60年，没有放弃一个学生，他们全都长大成才，我得出一个结论：没有教不好的学生。许多人问我秘诀在哪里，我说就两点：'没有爱就没有教育，没有兴趣也没有教育。'教师对学生的爱应是真诚的、无私的、广泛的、一视同仁的。尽管孩子情况不同，但要相信每个学生都能在老师爱的教育下长大成才。

"我的育人方法是'激励，赏识，参与，期待'八个字，激励每一个学生上

---

①④ 斯霞．敬业爱生　教师的天职．人民日报，1999-11-18(12)．

② 南京市教育局．特级教师之路．东南大学出版社，1994：3．

③ 雷玲．故事里有你的梦想——18位名师的精神档案．华东师范大学出版社，2007：32．

进，赏识每一个学生的才华，让每一个学生积极参与，期待每一个学生获得成功。我始终认为我的学生‘人人都是材，人人都成才’。我常常把更多的爱，倾注在那些后进学生的身上，倾注在那些需要帮助的学生身上。”[①]

特级教师于永正认为，如果说教师是一本书，那么“爱”就是这本书的主题；教师这本书，多点爱心，多点知识性和趣味性，学生读起来就会有味道。当女儿即将走上神圣的教坛之际，从教40多年的于永正给女儿支了二十几招，招招都表达着同一个理念——“爱生”。

在“爱生”这一点上，特级教师们不仅为我们提供了大量令人难忘、感人至深、发人深省的爱的故事，而且还用他们自身的教育、教学实践，对“爱生”的教育价值、意义以及“爱生”的内涵做了理性的思考和阐释。他们认为：

1. “爱生”是师德的核心

斯霞在总结她70多年的教育经验时，开宗明义、掷地有声地说：“敬业、爱生，我认为是教师职业道德的核心。”“爱生和敬业是密切相连的。不爱学生，就谈不上敬业。”[②]霍懋征更是明确提出“没有爱就没有教育”。在林崇德先生主编的《师德大全》里，有一部分是100位“名师论师德”，其中有80%以上的文章把“师德”和“热爱学生”放在一块。[③] 他们认为，作为师德核心的师爱是教师素质系统中最具辐射力和带动作用的部分，它深刻地影响着教师综合素质的高低、性质和状态，影响着教师潜能的发挥。一个教师素质的高低，取决于他对事业和学生的热爱程度。热爱学生，是对教师永恒的道德要求。

2. “爱生”是教师成长的关键

从斯霞、李吉林到钱梦龙、魏书生，这些特级教师不仅有这方面的论述，而且用他们自己的亲身实践充分证明了这一点。有人曾经专门研究过我国特级教师的成长道路与职业品质，结果发现，特级教师有一个共同的特点，即都具有“全心全意为学生的宝贵品质”，他们热爱学生，为了学生的成长，他们“不惜付出全部心血”。[④] 对学生的爱是一种强大的内在动力，是教师事业有成的“助推剂”，它能推动教师去克服各种各样的困难和阻力，自觉提高自己

---

① 王超.师爱无价——对学生倾注全身心的爱.吉林大学出版社，2010：2.

② 斯霞.敬业爱生　教师的天职.人民日报，1999－11－18(12).

③ 林崇德.教育的智慧——写给中小学教师.开明出版社，1999：35－36.

④ 李捷三，张兰英.论特级教师成长的道路与职业品质.(瞿葆奎.教育学文集·教师).人民教育出版社，1991：103－113.

各方面的素质和教育、教学、研究的能力，不断攀登事业的高峰，为实现崇高的教育理想奋斗不息。著名特级教师于漪说："对孩子的爱，能够使一个老师变得聪明起来。"[1]特级教师们认为：缺少了对学生的热爱，一个教师很难成为合格的"人类灵魂的工程师"，很难在教育事业上有所作为。

3. "爱生"是一种重要的教育力量

许多特级教师在总结自己的教育教学经验时，无不提到这一点。他们认为，中小学生正处在身心成长的关键阶段，他们本能地需要来自教师的爱。当这种需要得到满足时，他们就表现出积极的精神状态，这时教师的教育就能入耳、入心。因此，教师对学生的爱是进入学生心灵大门的钥匙，也是照亮学生心灵的火炬，缺少了这把钥匙和火炬，教师就很难进入学生的内心深处，教育的效果就要大打折扣。"凡是教育缺乏爱的地方，无论品格还是智慧，都不能充分地或自由地发展"[2]，罗素的这句名言被特级教师们信奉并被反复引用。

很多特级教师还对"爱生"的内涵作了认真的思考和阐释，并对当下教育缺少爱的现象深表忧虑。于永正说："我们面对的学生不是装知识的口袋，不是机器人，而是有血有肉有情感的人。学生是活的。他们不但需要知识，而且需要理解和尊重，需要肯定和激励。具体到每个人又需要什么，这就需要老师观察和了解，需要和学生进行密切的接触和交流。只笼统地说'爱学生'是不够的，因为'爱'比较抽象。对学生来说，更重要的是需要理解，没有理解，便谈不上真正的爱，因为'爱是理解的别名'（泰戈尔语）。""我教过一个叫张斌的三年级学生，语文成绩不好。一次默字，他居然全对！对他而言，简直是破天荒！于是我大大表扬他一番，从此他很注意写字。他的作文水平更是一般。一次，他的作文不但没错一个字，而且没让老师动一个字，很通顺（虽然只写了三四行），于是我全篇画上了红色波浪线，并当众读了他的作文。我说：'下次作文，张斌再不错一个字，而且写得通顺，全班同学为他唱一首歌。'张斌激动了，听讲认真，作文专心，课间也不休息了。'这一次作文果然又没错一个字，而且写得通顺，篇幅也增加了许多！'第二次评讲时，我向同学们宣布，同学们为他鼓掌。然后我们为他唱了一首由张斌点的歌儿。从此以后，

① 李镇西.教有所思.华东师范大学出版社，2003：3.

② 罗素.教育与美好生活.载现代西方资产阶级教育思想流派论著选.人民教育出版社，1980：104.

张斌每次写作文都很努力，尽管进步很缓慢。

像张斌这种情况值得表扬吗？值得。因为对张斌来说，就是了不起的进步。理解，就是要承认差别，尊重差别；理解，就是要发现平时只能举起50公斤杠铃，而今天他却举起了50.01公斤重量这样的微小进步，并予以肯定与鼓励。因为这个进步对他来讲实属不易。德国教育家第斯多惠说："教学艺术的本质不在于传授本领，而是激励、唤醒与鼓舞。"

于永正认为："理解孩子，爱才会具体而丰富，才会无处不在，才会使师生之间、学生之间充满温馨。理解孩子，尊重孩子，课堂上才会有民主，才会充满情趣，老师精心设计的教学方案才能得以顺利实施，学生的潜能才能被极大地激发出来，使学习变得轻松而有效，使课堂教学精彩纷呈。"①

特级教师张思明对于爱学生，有着自己独到的见解。他说，对教师来讲，真正的爱，首先要对学生进行很好的观察。当发现学生需要温暖时，不要直接给他温暖，而是给他一把柴刀说，你去打柴，不会打，我告诉你怎么打。远远地看着他，如果他不能划着火柴，再帮他一下。绝对不要代替他去做任何事情。他认为，这种爱才是对孩子真正的爱，是对他一辈子负责的爱。②

"学校教育到了现在，真空虚极了。单从外形的制度上方法上，走马灯似地更变迎合，而于教育的生命的某物，从未闻有人培养顾及。好像掘池，有人说四方形好，有人又说圆形好，朝三暮四地改个不休，而于池的所以为池的要素的水，反无人注意。教育上的水是甚么？就是情，就是爱。教育没有了情爱，就成了无水的池，任你四方形也罢，圆形也罢，总逃不了一个空虚。"③1924年，夏丏尊先生流着眼泪译完意大利亚米契斯的《爱的教育》一书后写下的这段话亦被特级教师们广泛认同并反复引用。

爱是教育最美的语言。源自内心的热爱——对教师职业的热爱，对教育对象的热爱，是特级教师成长的重要动力和推力，也是他们教有所成的基础甚至是前提。正是由于这种源自内心的对教师职业的爱和对学生的爱，使很多特级教师克服种种困难，突破专业发展的高原期和停滞期，不满足于现状，

---

① 雷玲.故事里有你的梦想——18位名师的精神档案.华东师范大学出版社，2007：60-61.

② 雷玲.故事里有你的梦想——18位名师的精神档案.华东师范大学出版社，2007：108.

③ 夏丏尊.《爱的教育》译者序言.华东师范大学出版社，1995(1)：1.

积极投身教育教学改革，坚持不懈地进行探索、研究，逐步形成了自己的教育教学风格，到达自己专业成长、发展的理想境界。缺少这种爱，要想成为特级教师几乎是不可能的，要想成为受欢迎、有成就、有影响的特级教师更是绝无可能。特级教师对“教育爱”的实践和阐释，是留给我们的宝贵思想财富和精神资源，值得我们好好研究，总结，学习，借鉴。

二、追 求

热爱——对教师职业的爱和对教育对象的爱只是前提，并不是特级教师成长、发展的唯一内引力。在热爱的前提下，特级教师还要有所追求。著名特级教师钱梦龙在《你可以成为一名好教师——谈我的教学生涯兼答青年教师问》一文中郑重写下的第一个小标题就是“重要的是要有所追求”。[①] 我们认为，这种追求应该包括以下三个方面。

（一）崇高的价值与信念

著名学者成尚荣先生专门研究过名师（含特级教师）的“基质”（基本的共同特质），他把“对职业价值的执著追求”列为名师（含特级教师）的第一基质，并认为这是名师（含特级教师）成长的“原动力”。他说：“名师有一个共同的人格特征，那就是对事业的执著、对生活意义的探寻、对职业价值的追求。这成了他们成长的原动力，成了他们不断进步、走向成功的力量源泉。这一基质，如一座能量库，不断燃烧着工作的激情，不断喷涌着催人向前的热浪。”成尚荣认为“特级教师杨瑞清就是其中的一个代表”——

20 世纪 80 年代初，杨瑞清从当年陶行知创办的晓庄师范学校毕业了。作为一名优秀毕业生，他有很多的选择。他最后选择去了农村，当一名乡村小学的教师。他说：“我来自农村，看到农村还很落后，很多农民的孩子不能上学，不能上好学。陶行知先生‘为一大事来，做一大事去’的伟大精神，强烈地感召着我，我决心到最偏僻、最艰苦的地方去办学，为乡村教育的发展贡献

① 钱梦龙.你可以成为一名好教师——谈我的教学生涯兼答青年教师问.人民教育，1990，3.

自己的青春和力量。”他把到农村去当教师当作自己人生的大事。这是杨瑞清人生中一次重大的价值选择，表明了他的价值追求。由于工作出色，县委把杨瑞清放到了县团委副书记的位置上，但四个月后，他申请返回了村小。他说：“团委不缺我一个，但是农村教师不能再少我一人。”这是杨瑞清面临的第二次价值选择。在日后的工作中，他把农村小学教育当作一项伟大的工程来实验，来研究，把教育的理念提升为教育信念，怀揣着教育信念走向教育理想。他的信念和行动是：小学校，大教育，走村小联合、城乡联合和国际联合的大教育之路；小学校，大文化，以爱为核心，实施赏识教育，构建尊重学生生命的文化；小学校，大事业，办小学，做小事，将小事做好、做到极致，最终成就大事业，以培植民族的未来，创造农村教育的明天。他说：“乡村教师完全可以创造崇高的生命价值。”①

著名特级教师魏书生的人生价值的选择以及教育信念的形成是在一个特殊的时期。当时正值“文化大革命”，“大人们为了适应当时的形势而违心地斗争、批判、清队、内耗、整治自己的同胞，我感觉深深的悲哀而又无可奈何。于是我便决心在学生的心田里开辟一片绿地，播撒上真善美的种子。我想，这世界上，如果由于自己的存在而多了一颗真诚、善良、美好的心灵，那我便获得了存在的幸福，有了一份存在的价值”②。魏书生认为教师职业显然是最有利于培养真诚、善良、美好心灵的职业，于是他迷恋上了教书。为了教书，他放弃过招工进城的机会，放弃过做厂级领导接班人的机会，一次次申请从当地盘锦地区最好的工厂——盘锦地区电机厂调出当教师。

（二）坚定的目标与理想

研究中我们发现，就专业成长、发展来说，特级教师可以分为两类：第一类是自然成长型。这一类型的教师在成长初期甚至整个成长过程中，主观上似乎并没有紧紧瞄准着成为一个特级教师这样明确的目标，用很多特级教师自己的话说，就是“没有想到自己会成为特级教师”。他们成长为特级教师似乎是一个自然而然、水到渠成的过程，没有多少“有意为之”。第二类是自觉

---

① 戎尚荣. 名师的基质. 人民教育，2008，8.
② 柳斌. 中国著名特级教师教学思想录(上). 江苏教育出版社，2000：127.

成长型。这一类型的教师在入职之初甚至是入职之前，即有明确、强烈、坚定的成为特级教师的职业追求和人生追求，并围绕着这一目标进行了职业规划和人生规划。在教师专业成长、发展和教师培养、培训中引进教师职业生涯规划之后，自觉成长型教师已经越来越多。深入、细致地考察特级教师的成长之路不难发现：无论是自然成长型教师还是自觉成长型教师，在其成长的背后，实际上都或隐或显地有一个坚定甚至“顽固”的职业目标和理想在起作用。只不过这个职业目标和理想的表述不一定直接指向“特级教师”。

“常听到有些青年同志为自己选择或被分配了教师的工作而抱怨。我没有进过师范院校，当教师完全是出于自己的志趣，自然也就不存在什么抱怨的问题。即使在‘教师倒霉论’挂在人们口头上的那些年月里，我也从未为自己当年的选择后悔过。40年的‘粉笔生涯’，我不仅甘耐清贫，而且历尽坎坷而犹感欣慰。正是因为有了这种坚定的信念作支柱，使我决心做一名无愧于‘教师’这个崇高称号的人。”[①]——“决心做一名无愧于‘教师’这个崇高称号的人。”这是钱梦龙关于职业目标和理想的表述。

“还是在我长达五年的杭州女子师范学校读书时期，好几位风姿绰约的女教师，给了我极为深刻的印象：她们或是口齿清楚，语言简洁生动；或是态度亲切，示范动作正确、优美。她们共同的特点是：举止文雅，待人接物有礼貌，教学认真负责。我非常敬佩她们，暗暗立下志愿：将来也一定要做这样的老师。”[②]——“将来也一定要做这样的老师。”这是斯霞对职业目标和理想的表述。

“1956年，我在南通女子师范毕业。那年师范毕业的同学，都可以报考大学。上大学，这对我是太有诱惑力了。然而，为了母亲，在大学和小学之间，我义无反顾地选择了小学，放弃了自己可以深造的机会。就这样，在同学们豪情满怀走进大学的时候，我走进了小学。一进校担任六年级的班主任，孩子们新奇地望着我，纯真的目光流露出对我这个大姐姐似的老师的不信任。我备好课，走进教室，课却上不下去。夜深人静，辛酸的泪水簌簌而下，但我深知眼泪是不可能改变一个人的命运的。为了当一个孩子们喜欢的好老师，我干脆把行李搬进学校，早起晚睡，把课准备得很充分，课间我勇敢地走进孩

---

① 钱梦龙. 你可以成为一名好教师——谈我的教学生涯兼答青年教师问. 人民教育，1990，3.

② 柳斌. 中国著名特级教师教学思想录(上). 江苏教育出版社，2000：71.

子们中间。”[①]——“当一个孩子们喜欢的好老师。”这是李吉林对职业目标和理想的表述。

“我当学生的时候，就最佩服那些课上得好，真正能让学生习得知识、形成能力的老师。而一旦学生对老师由佩服到崇敬，他们就会‘听其言而信其道’。因此，我在初为人师的时候就暗下决心，要让所有的学生喜欢上我的数学课。”[②]——“要让所有的学生喜欢上我的数学课。”这是李庾南对职业目标和理想的表述。

不管怎样去表述自己的职业目标和职业理想，这个目标一旦明确而坚定了，它就会对特级教师成长、发展起到重要的引领和聚焦作用，就会大大促进特级教师的专业成长和发展。

（三）不懈的坚持和超越

特级教师的成长和发展不可能一蹴而就，有的要经历一个相当长时期的磨砺；特级教师的成长和发展也不可能是一帆风顺的，有的会遭遇挫折甚至经受磨难。经历磨砺、遭遇挫折、经受磨难时能否扛得住，熬下来，这是对一个人多方面素质的考验。同时，教师职业的特殊性决定了特级教师的成长和发展必然会经历“停滞期”、“高原期”甚至“反复期”和“冬眠期”，这时候，能不能有所超越，有所突破，有所创新，是区别优秀教师和一般教师的分水岭。因此，不懈的坚持和超越、创新是特级教师职业追求和人生追求中的应有之义，也是特级教师的特别之处。

我辛辛苦苦、认认真真当了十年老师。想不到1966年，一场野蛮而残酷的浩动开始了。其时，虽在初夏，但人的心却是冰冷的，冷淡、冷眼、冷漠，人与人之间都隔了一堵墙。那年我28岁。诗人马雅可夫斯基有一句名言“18岁属于人只有一次”告诫人们青春年华的可贵。而我以为28岁对于人生来说，则更为可贵，因为她开始理解人生，开始走向成熟，那是鲜花盛开的年华。冷风冷雨，却让花儿凋谢。一个刚刚崭露头角的青年教师，一夜之间成了“修正主义黑苗子”，成了“小学里的反动学术权威”。我百思不得其解，这是为什么!? 夜深人

---

① 李吉林. 目标与执著. 光明日报，2000-12-28(B02).
② 李庾南. 我为师的三重境界. 中国教育报，2008-6-12(5).

静，我问苍天，苍天不语，我问大地，大地无声。无情的打击接踵而来，大字报、批判、围攻、无限上纲、抄家……连小学生的作文也未能逃脱厄运。我不得不忍痛把那些积攒的备课笔记和公开课的教案一把火点着了，泪汪汪的双眼看着那些凝聚着十年心血，凝聚着一个小学教师对孩子、对小学语文教学的真挚情感的文字，在火光中变成灰色的蝴蝶，化成灰烬……我的泪水簌簌而下。

此时此刻，心灰意冷，困惑、彷徨、消沉、哀怨中夹杂着愤怒。

快开学了，一个搞政工的干部一本正经地对我说："城里的学校，你不能呆了，你应该到农村去，那里才是你思想改造的地方。"于是我去了农村小学。我没有钱买自行车，每日步行半个多小时才能到校。那个冬天，风雪特别多，它们无情地向我袭来，我踩着泥泞的小路向乡下走去。凄风苦雨打湿了我的衣服，泥水渗透了我的鞋袜。有一次，我竟迷路了，一条小河挡住了我的去路，学校就在河那边，我望河兴叹，辛酸的泪水往肚里咽……

后来"上面"有精神，打击的重点是"当权派"。于是，不久我又从农村回到了二附小，但是对人的尊严的践踏并没有因此而结束。直到 1975 年，市里要开"教育工作会议"，工宣队说："大会发言稿由你执笔，你的经验可以写进去，但是不得署你的名，发言的人我们另外安排。"

记得在那样惶恐不安的日子里，在那些没有星星和月亮的晚上，我常常默默地在灯下读着鲁迅先生的杂文，并常常念着三句话：

第一句是普希金说的："心憧憬着未来。"

第二句是高尔基讲的："我从小就是在和周围的环境不断斗争中长大的。"

第三句就是毛泽东所说的："人是应该有点精神的。"

十年，漫长的十年，惶惶不可终日的三千多个日日夜夜，我没有低头，我没有抛弃自我，我警惕着女人的脆弱和碌碌无为。①

从 1956 年南通师范学校毕业，到 1966 年"文化大革命"开始，李吉林不光是确立了明确而坚定的要"当一个孩子们喜欢的好老师"的职业目标和理想，而且开始了为实现这个目标和理想而进行的自觉的自我修炼和提升。在做好工作的同时，她借来了大学中文系的教材，开始了进修。她命令自己每天五点半起床，在学校操场上做操跑步；为了锻炼自己的意志和体格，还进行冷

① 李吉林.情境教育的诗篇.高等教育出版社，2004：6－7.

水浴的锻炼。为了教课，也为了学生，她放弃假日休息，并经常“开夜车”。“文革”的冲击不期而至，她有过痛苦、困惑、彷徨、哀怨、消沉甚至颓废；但是她立即就有了警觉！她意识到逆境中的沉沦意味着倒退甚至毁灭。于是，她用普希金、高尔基和毛泽东的名言慰藉自己，激励自己；她把自己比成一棵寂寞的小草，即使压在石头下面，也要从石缝中曲曲折折地生长起来，虽然不能有所作为，但也绝不荒芜。[①] 这样的警醒，这样的修炼，这样的坚持，这样的执著，是她作为一个优秀特级教师和教育家的潜质和基质。这样的潜质和基质，为她以后的成长、发展，为她从“情境教学”到“情境教育”再到“情境课程”直到“情境教育与儿童学习”长达 28 年的艰苦探索和追求提供了重要保证。

三、实　践

教师是一种实践性很强的职业。特级教师的评选对象是一线的中小学（含部分师范学校和幼儿园）教师，作为教师，其基本工作就是教书育人，离开了教育教学这一实践活动，特级教师也就失去了存在的价值和意义。孙孔懿先生在《论教育家》一书中，曾对“教育家”进行过分类，其中有一类教育家被称为“教育实践家”。[②] 特级教师应是教育实践家或是实践的教育家。他们中的大多数都有长期的教育教学实践经历、丰富的教育教学实践经验，他们中的不少人还有对教育教学实践持续而深刻的思考与研究。特级教师钱梦龙在回答“平生最崇拜的教育大家是哪些人”的问题时说：“只崇敬身体力行的教育家，如陶行知、叶圣陶、苏霍姆林斯基、赞可夫；对那些‘空头理论家’，无论其理论多么‘伟大’，也不崇拜。”[③]

（一）长期的教育教学实践经历

实践出真知，实践出名师。一个教师要从入职的新手教师成长为成熟的合格教师，再发展为优秀的特级教师，需要在学校、课堂中摸爬滚打，不断提

---

① 李吉林. 目标与执著. 光明日报，2000-12-28(B02).

② 孙孔懿. 论教育家. 人民教育出版社，2006：57.

③ 雷玲. 故事里有你的梦想——18 位名师的精神档案. 华东师范大学出版社，2007：30.

高自己的教育教学水平。研究表明，几乎所有有影响的特级教师，都有长期的教育教学实践经历，甚至大部分是终生从教，一辈子没有离开过学校、教学和课堂。学校、课堂就是他们专业成长、发展的地方。

著名特级教师李庾南1939年出生，1957年，18岁的她便开始在江苏省南通市启秀中学（原名南通市第二初级中学、南通市第十二中学）担任数学老师和班主任，持续至今（2011年）已达54年之久。2010年8月27日，上海大世界基尼斯总部授予她"基尼斯之最"——连续任职时间最长的班主任。① 2008年，在回顾自己的教育教学历程时，李庾南说："时光流逝至今，我已经从教51年了。51个春秋，从一个初出茅庐的'娃娃头'晋升为特级教师，去年还被评为'江苏省中小学荣誉教授'；从偶尔写点'豆腐块'文章到现在拥有洋洋洒洒9部专著，创立了'自学·议论·引导'教学法；从单枪匹马搞教改到讲学足迹、培训弟子遍及全国各地；从一个普通教师成长为全国人大代表，享受国务院特殊津贴，还获得了'苏步青数学教育奖'等十多项荣誉，培养的学生遍布海内外，最近又成立了以我的名字命名的数学教学研究所。我感到教师做到这个份儿上，诚可谓是世界上最富有、最幸福的人了。"②长期的教育教学经历不仅让李庾南收获了成功与荣誉，成为一位著名特级教师，也让她体验到了职业的尊严与快乐，成为一个幸福的人。

（二）丰富的教育教学实践经验

在长期的教育教学生涯中，特级教师积累了丰富的教育教学实践经验。这些经验不仅让特级教师的教育教学活动具有实效、富有特色，而且其中一些经验经过积累、提炼和升华，还会形成具有普遍意义的实践理论，对其他教师具有借鉴和指导意义。著名特级教师魏书生曾经讲过这样一个亲身经历的故事：

一天夜间，凉风习习，我到校园内跑步，又到东边的小花园内练了一会气功，然后返回教学楼，恰逢毕业班的同学晚自习休息，同学们三三两两地走出教学楼。我进了楼，想观察一下同学们晚自习课间活动情况。不料在面对我

---

① 李庾南老师荣膺"大世界基尼斯之最". http://www.jsntqxzx.net.cn/admin/news/ssxw/2010827132924.htm（南通市启秀中学网站）.

② 李庾南.我为师的三重境界.中国教育报，2008-6-12(5).

班的走廊处，听到两名同学正在吵架，吵得十分难听。我做气功时的愉悦心情，顿时被气恼所代替，立即让那两名学生到办公室。

一见到我，他们立即害怕起来。看他们起初那样子，我本想大发雷霆；见他们害怕，我的气又消了。于是我想，面对犯错误的学生，一位教师真可以扮演十几种乃至几十种不同的角色。

我可以扮演一个大发雷霆的莽撞的角色，使自己生一顿气，也使学生生一顿气。

我可以扮演一个不负责任、听之任之的角色。结果学生愈来愈淘气，我的威信也越来越低。

我可以扮演有极丰富的经验的教师角色，给学生分析吵架的弊端危害，让学生订出避免吵架的措施，使学生佩服得五体投地。

我也可以扮演对学生只会训斥、挖苦一通，别的方面一筹莫展的角色，使师生之间心理上有了隔膜。

我还可以扮演学生外祖母的角色，先施之以关心、爱抚再进行教育、指正。

我又可以扮演学生的严父、慈母、兄长、亲属的角色，使学生感到亲人般的温暖和爱护，在温暖中改正了错误。

我可以扮演学生的好朋友的角色，扮演和学生一起淘气的伙伴的角色，再现学生淘气时的心理，然后使其心悦诚服地同我一起将他的错误思想捆绑起来。

我当然也可以扮演生理保健医生、心理诊疗医生的角色，分析学生犯错误的生理与心理原因，然后帮助其排除障碍。

……

总之，我面前虽是两名吵架的学生，我却不只有两种处理这个问题的选择。选择的角色不同，决定着教育效果的不同。

我选择了严父与心理诊疗医生的双重角色，先施之以爱，继而给予具体细致的心理分析。他们听着我的分析，既没有吓得胆战心惊，又对错误有了深刻的认识，对自我进行了有效的解剖。他们心悦诚服地接受了教育，并学到了控制自己错误的方法。我也为自己角色选择的成功而涌起一股欢乐。①

① 魏书生.班主任要努力改变自我.载班主任工作漫谈.漓江出版社，1993.

很多教师都会遇到学生吵架需要加以调解和教育的情况，在调解和教育之前，教师通常也会思考、选择教育策略，但是很少有人能够像魏书生这样，首先预设“十几种乃至几十种不同的角色”，并根据不同的角色假想了不同的教育策略。魏书生特别勤于思考、善于探索固然是其中的重要原因，但是如果没有丰富的教育教学实践经验作支撑，无论思考得多么勤奋，探索得多么深入，也很难形成如此多元的角色意识和如此充裕的策略选择。

（三）持续的教育教学实践探索

长期从教，扎根实践，并在教育教学实践中不断思考，探索，成长，是特级教师的共性。与普通教师不同，特级教师往往不满足于平凡、单调、重复的教育教学实践，而是以探究的态度和眼光来打量自己的教育教学实践，常常勇于“自以为非”（洪宗礼语）①，在持续的教育教学实践探索中自我否定，不断改进，提升自己的教育教学境界，深化自己的教育教学思考，锤炼自己的教育教学技艺，逐步走向教育教学的化境。正是这样一种不断的基于实践的探索，使很多特级教师形成了自己的思想，形成了自己的风格，收获了自己的成果。著名特级教师李镇西就是这样一个“不安分守己”的教育“行者”：

他（李镇西——引者注）一路高歌一路走来，走过了“教育浪漫主义”，走过了“教育现实主义”，走过了“教育理想主义”。如果说有着班徽、班旗、班歌（学生作词，谷建芬谱曲），贴着江竹筠、毛岸英、奥斯特洛夫斯基肖像，书有“先烈时刻注视着我们！”标语的“未来班”是他“教育浪漫主义”的杰作的话，那么，针对学生心灵需要开展学生青春期教育，出版第一本教育专著《青春期悄悄话——致青少年的101封信》；针对集体主义教育中压抑个性、依赖教师、追求虚荣等“假集体主义行为”进行剖析的批判，撰写“集体主义教育漫话”专栏（《河南教育》），刊发《沉重的思考》一文（《中国青年报》）；针对语文教育脱离社会现实、脱离学生生活这一情况，提出“语文生活化，生活语文化”口号……这一时期，应当归纳为“教育现实主义”。而1997年7月调入具有悠久文化历史的千年名校成都石室中学，继而2000年秋暂别成都石室中学，来到苏州大学师从朱永新教授攻读教育哲学博士学位，也许可以称为李镇西人生

---

① 洪宗礼．语文教育随想录．教育家，2007，7.

和思想的分水岭。在石室中学民主宽松的学术氛围中，在朱永新教授悉心尽力的指导下，这位矢志追随陶行知和苏霍姆林斯基的思想者和实践者，提出了属于他自己的教育理想主义：为现代化中国培养21世纪的公民！[①]

从“教育浪漫主义”到“教育现实主义”再到“教育理想主义”，李镇西始终带着一种矢志不渝、永不满足的追求精神，不断实践，不断思考，不断提升，在持续的自我诘问、自我批判中从一个高峰走向另一个高峰，最终确立了自己的教育理想：“为现代化中国培养21世纪的公民。”

四、学　习

坚持不懈的学习是特级教师第三个共同特征。一个特级教师，天赋固然重要，但是如果没有长期的学习和实践，是不可能成为教师中的佼佼者的。研究中我们发现，所有特级教师都是高度重视学习的人，都是“学习型人才”，他们非常注重向实践学习，向书本学习，向他人学习。

（一）向书本学习

如果说教育教学的实践历练是“行万里路”的话，那么向书本学习就是“读万卷书”。实践的历练让教师尝教育甘苦，知教育得失，在身体力行中增长实践智慧，提高实践水平。但是，如果一味地埋头苦干而不抬头看路，会让教师的眼界变得狭窄，方向变得模糊，很难走得远，走得好。书籍凝聚了人类智慧的精华，多读书，会让教师在与智者的交流对话中增长知识，提升智慧，强化能力，不断地实现自身的专业成长与发展，最终成为特级教师。

特级教师向书本学习，与他们所从事的专业有关。传授知识是教育的基本任务之一，而书籍是承载和传递知识的重要载体。特级教师作为优秀的教育工作者，必须首先“读好书”，然后才有可能“教好书”；“教书人”首先要做合格的、出色的“读书人”，才能引导、帮助学生在知识的海洋中畅游无碍。

作为教育专业工作者，特级教师首先阅读的是教育学、心理学、教学论和

---

① 袁卫星．李镇西：燃亮教育反省时代的希望之光．班主任之友，2002，5．

与任教学科有关的专业书籍，有了这些专业书籍打底，特级教师才有可能成为“术业有专攻”的教育专业工作者。同时，教育是育人的事业，而人的发展是全方位的，学生需要吸收有关自然、社会、人类的多方面知识营养，才能成为一个全面发展的人。这就要求特级教师必须阅读一些通识知识书籍，以拓宽自己的知识视野，完善自己的知识结构，成为“一专多能”的全面发展的人才。

1. 学习学科专业书籍

教师是专业工作者，特级教师更是“术业有专攻”，在学科专业领域有深厚的素养和高超的技艺。学科专业书籍为教师的专业发展提供了不可缺少的养分，特级教师的成长更是离不开专业书籍的滋养。特级教师赵谦翔说过：“我所能做的只是笨鸟先飞，一个劲地飞，硬背《古文观止》，死抠《说文解字》，穷翻《辞源》《辞海》，朝朝暮暮沉浸在古今诗文的鉴赏里。”[①]赵谦翔自言自己曾是一所普通中学里“自我感觉良好的讲课机器”，从只知“满堂灌”的“庸师”成长为清华大学附中特级教师、首都师范大学兼职硕士生导师、语文教育专家，与他“硬背《古文观止》，死抠《说文解字》，穷翻《辞源》《辞海》”的精深专业阅读是密切相关的。

2. 学习教育理论书籍

教师是一种“双专业工作者”，不仅要有深厚的学科专业功底，而且还需要有超拔的教育教学技艺。教育理论书籍可以帮助教师有效地吸收教育学、心理学、学科教学论等方面的知识，夯实教育理论基础，拓宽教育教学视野，提高教育教学能力。特级教师刘云生对于教育理论书籍的阅读就有很好的经验和建议：

关于教育的理论与做法，浩若烟海。研究者可以采取点面结合的办法来学习，“从一滴水里看大海”。具体地说，先从浩瀚的教育书卷中选取几种最著名、最基本的理论来读一读，这些理论要具有涵盖性，即至少包括学习论、教学论、课程论和大教育论等多个方面；这些理论也要具有代表性，如关于学习理论，我们可以了解这样一些理论：早期刺激—反应学习理论、格思里邻近学习理论、认知学习理论，等等。然后在全面铺垫的基础上确立一些

① 赵谦翔. 我的四幅自画像. 中学语文教学，2003，9.

自己感兴趣的“点”，如我先后确立了“汉语文的特点与语文教学”、“学习与教育最优化理论”和“发展性教育理论”等阅读重点，按这些兴趣点索取相关的书籍、报刊来阅读，一边读一边进行整理，一边提出自己的见解，形成相应的“意义网站”。当这样的“意义网站”多起来之后，我便把它们链接起来，形成自己的教育理论知识网络，以后的学习便是在这个网络中不断的解构和建构。①

3. 学习通识知识书籍

教育的目的是培养全面发展的人。要促进学生的全面发展，教师必须首先具有全面而合理的知识结构和素质结构。因此在学科专业书籍和教育理论书籍之外，教师还应该阅读自然科学、社会科学、人文科学等领域的通识书籍，广泛涉猎自然与社会的各个知识领域，让自己成为一个遍览群书、博学多识的人。特级教师高万祥的书房里“陈列着人类古今中外文明的思想精华，宛如一个拥有百万精兵的将军，而他的每一个‘士兵’，几乎都是人类的思想大师”②。拥有如此精良“士兵”的“将军”，在教育教学的“战场”上自然能运筹帷幄，百战不殆。特级教师王崧舟在演讲中曾说自己是“随性读书”，他书斋里有一副对联：“明月一帘无心照，诗书半斋随意读。”王崧舟自陈：流行的书，我读，不流行的书也读；人世的书，帮助我更好地活在俗世的书，我读，出世的书我也读；教育类的书，我读，非教育类的书我也读；语文课程类的书我读，非语文专业的书也读；学术类的书我也读，国学经典类的书我也读，西方经典的书我也读，儿童的书我也读。③

（二）向他人学习

“三人行必有我师。”在自己的实践和阅读中固然可以知得失，促成长，在向他人的学习中也能汲取智慧，迁移经验，反思失误。乐于、善于向他人学习，是特级教师成长的又一重要特征。特级教师的学习对象是广泛的，既有专家学者、优秀教师，也有普通同事，甚至是自己的教育对象——学生。

---

① 刘云生.我的辩证读书方略.语文教学通讯(小学刊)，2008，10.

② 侯晨雨.著名青年语文特级教师成长关键词点击.教育实践与研究，2006，5B.

③ 史亚琴.我读书的三句话——全国著名特级教师王崧舟演讲摘录.小学语文教师，2007，12.

1. 向专家学习

教师是一种专业，需要专业理论、专业知识和专业技能的支撑。教育专家作为专业研究者，学术视野比较开阔，理论功底比较深厚，对教育教学的认识和理解通常比较全面、深刻、独到，能够为教师提供指导和引领。在特级教师的成长历程中，通常可以看到专家学者的身影。在著名特级教师薛法根成长的关键时期，华东师范大学杜殿坤、上海师范大学吴立岗两位专家就起到了至关重要的作用。

1990年，我校举办了江浙沪两省一市教育整体改革研讨会。学校推荐我承担了其中一堂作文课——景物描写：织女塑像。当时，我踌躇满志，精心设计教案，反复试上推敲，自以为万事俱备只欠东风。谁料想，在课堂上，平时伶牙俐齿的学生却呆若木鸡，把我晾在了讲台上。我就像个拙劣的导演，自说自演。课上砸了！这堂糟透了的公开课，拆了学校的台，丢了自己的脸，我难过得无地自容，后悔当初意气用事，真想一走了之。在讨论会上，老校长严肃地对我说："记住：你是在什么课上跌倒的，你就必须在什么课上站起来！"犹如当头棒喝，一心期望领导同情的我幡然醒悟：路还是要靠自己走！

当时，作文教学还是一个大家不敢轻易尝试的"禁区"，特级教师也极少上作文公开课，许多教师都认为作文课无法了解学生，无法把握课堂，心中没有底。老校长聘请了华东师范大学杜殿坤教授、上海师范大学吴立岗教授为学校的教育科研顾问，并为我牵线搭桥，使我成为他们的"编外研究生"。在专家们的指点下，我确定了"素描作文教学"作为自己的研究课题，迈开了教育科研的第一步。"素描作文"就是像素描写生一样，将所见的景物、事件如实地、生动具体地描述下来。这是小学中年级学生作文基本功训练的必修课。"素描作文教学"是吴立岗教授从前苏联引进到我国语文教学园地所开出的一朵"奇葩"，而我则是将这朵"奇葩"移植到自己的作文花园里。在此过程中，我努力学习"素描作文教学理论"，认真琢磨"素描作文教学的代言人"——贾志敏老师的每一堂录像课，从中提炼出作文教学的技巧和要领。我还在自己的班级里模仿贾老师的课，一节一节地上，细心体会每一个教学细节的精妙之处，揣摩贾老师点拨、评价、激励的语言艺术。渐渐的，我上课觉得有了底气，学生也有了灵气。毫不夸张地说，我的作文教学功底就是在这一堂堂模仿课中练就的。移植别人优秀的、成功的科研成果，虽然是一种简单的验证性的实验研究，但对于刚刚踏进教学和科研大门的青年教师来说，仍然不失为一条捷径，既能体验教育科研的过程，又可以夯实自己的科研基本功，还能缩短从教之初的适应期，取得明显的教学效果。

1993 年，我在泰兴举办的江苏省“教海探航”征文颁奖大会上上了一堂自己构思的素描作文课《奇妙的魔术》，立刻引起了在场听课的 3000 多名教师的一致好评，就连负责摄像的老师也连连夸奖说：“我拍了十几年录像课，今天的作文课是最精彩的。”三年的验证性课题研究，使我有了一种脱胎换骨的感觉。科研，的确能改变一个人的思想，也能改变一个人的行为，只要你真正把它融入教学的每个细节里。①

在起步即遭遇挫折的时候，如果没有成为杜殿坤、吴立岗的“编外研究生”，向两位专家悉心请教，恐怕薛法根很难在短短的三年间就“脱胎换骨”，并于 1998 年成长为“江苏省最年轻的小学语文特级教师”。

2. 向同行学习

在特级教师的成长历程中，如果说向专家学习是“站在巨人的肩膀上”的话，那么，向同行学习则是把根深植于丰沃的土壤之中。教育的土壤是经年累月一点一点培植起来的，名教师、特级教师在其间起的作用可能比较大，但是如果没有千千万万普通教师添肥加水，这片土壤不可能肥沃丰饶。因此，虚心向同行学习，从普通教师身上发现可资借鉴的优点，能促进特级教师的成长。特级教师任勇就是善于向同行学习的典型，他认为：“学习，可以向名师学习，也可以向一般老师学习；可以向本校教师学习，也可以向外校教师学习；可以向年长的教师学习，也可以向年轻的教师学习。取人之长，补己之短，改进教法，不断提高。”②在薛法根的成长历程中，小学语文特级教师庄杏珍就发挥了重要的作用：

1993 年春天，庄老师应邀到盛泽实验小学指导，听了薛法根的语文课。

① 薛法根. 教育的幸福. 人民教育，2003，18.
② 任勇. 我的学习方式. 人民教育，2001，3.

那次薛法根上的是《十六年前的回忆》，讲述的是李大钊被捕及牺牲的故事。课文与学生的生活有距离，学生不太感兴趣，也很难真切地体会李大钊的大无畏精神。为了上得精彩一些，给庄老师留下一个好印象，他提前让学生读熟了课文，并布置学生写了一段读后感，生怕学生在课堂上接不上嘴，说不出话。课自然上得比较流畅，自我感觉不错，薛法根喜滋滋地等着庄老师评课。谁知，庄老师二话没说，一针见血地戳穿了薛法根的“小把戏”：这是在上课吗？上课不是表演，要走语文教学的正道！一瓢冷水羞得他无地自容，也浇得他如醍醐灌顶：真实，是课堂教学的生命！

薛法根小有名气后经常外出上公开课。一次，他在常州上《她是我的朋友》。课堂上一名女同学表现特别积极，每次提问都要抢着回答。有一次薛法根的问题刚问完，其他同学正要思考，她却抢着举手，嚷着：“我知道，我知道！”薛法根随口说了句：“我知道，就你知道！”那名女生赶忙放下了手，低下了头，似乎偷偷地流泪了。精彩的课堂教学似乎让人容易忘却课堂上曾经发生的不快，薛法根很快就把这个课堂细节淡忘了。谁知，庄老师晚上突然打电话给他，询问他最近上课的情况，特别问了那一个课堂细节。她严肃地说：“有的错可以改正，也可以原谅；有的错却不可以犯！课品如人品啊！”响鼓不用重锤。薛法根一下陷入了沉思：是啊，教学水平再高，教学能力再强，如果失却了人文关怀，也就失却了人格魅力，语文课堂将永远没有生命力，没有感染力。课堂无小事，事事育人；教师无小节，处处美德。一个语文教师如果不把学生放在自己的心里，那么就难以做到“用心”教学。真正的语文课堂，应该让每一个学生如沐春风、如饮甘露；真正好的语文课，应该似润物无声的春雨一样，滋润学生的心田。人，有人品；课，有课品。人品有高下，课品有好差。一个语文教师的人格魅力奠定了他的语文课堂的品位，课品即人品。而美德，是衡量人品、课品的基本准绳！语文教学磨砺的不仅仅是自己的教学技艺，更重要的是锻铸自己的人格品质。庄老师用她一生的语文教学生涯，给薛法根诠释了这样一个朴素的真理。①

在同是小学语文教师的庄杏珍那里，薛法根学到的不仅是“真实，是课堂教学的生命”这一“语文教学的正道”，而且还领悟到了“课品即人品”这一“朴

① 周如福，袁红扣. 阳光下的智慧人生——记吴江市盛泽实验小学校长、特级教师薛法根. 校长，2010，6.

素的真理”，使他对教育的理解和认识又有了新的提高。

3. 向学生学习

陶行知说过：“你要教你的学生教你怎样去教他。如果你不肯向你的学生虚心请教，你便不知道他的环境，不知道他的能力，不知道他的需要，那么，你就有天大的本事也不能教导他。”可见，了解学生，熟悉学生，其实就是向学生学习关于他自己的知识。当然，向学生学习不应停留在对学生的了解和熟悉的层面上，进入现代社会之后，随着知识传播途径日益丰富化、多元化，教师的知识权威地位正逐步被消解，教师向学生学习不仅成为可能，而且成为必要。

特级教师的共同点之一就是亲近学生，向学生学习。江苏省首批名师、特级教师蔡明说：“我时刻关注着学生的需求与向往。学生提出提高阅读质量很困难，我就和学生一起研究阅读的特点、性质，总结规律、方法，写阅读方面的论文；学生提出作文水平难以提高，特别是相互之间的落差较大，我就与学生一起观察生活，体验生活，思考生活，表现生活，围绕作文进行课题研究，撰写文章。我的教学水平提高了，学生也都有了长足的进步。”他常把自己萌生的教学思想的火花提供给学生，发动他们讨论，请他们帮助选定最佳方案。他从学生身上受益很多。他的语文课实现了“生与生之间、师与生之间敞开了心房，进行真情大碰撞”。教师在向学生学习中增长了实践本领，这就是“教学相长”。

经常深入学生的老师会有这种感受：从学生身上得到的，绝不仅仅是在教学上。北大附中校长、特级教师程翔总结说：“多年的教学工作使我认识到好老师也是学生托起来的，没有学生的敦促，就没有教师的成长。……学生给我的启发影响不限于学习，在做人上，学生的优秀品质也值得教师学习。”[①]

“弟子不必不如师，师不必贤于弟子。”（韩愈）承认自己的不足，真诚向学生学习，不仅不会有损“师道尊严”，而且会获得学生的尊重，有利于营造和谐融洽的师生关系，实现真正的“教学相长”。

五、研　究

注重研究教育教学的问题是特级教师又一个共同的特征。早在 20 世

---

① 侯晨雨. 著名青年语文特级教师成长关键词点击. 教育实践与研究，2006，5B.

纪60年代，斯腾豪斯就提倡“教师成为研究者”。教师要成为专业工作者，不能一味地埋首于实践，满足于经验，必须具有研究的意识和能力，在研究中建立“自己的教育学”。作为教师中的佼佼者，特级教师大都是研究的先锋和典范，他们非常注重在实践中发现研究的契机，在研究中提升实践的品位。

（一）敏锐的问题意识

如何对待教育教学中的问题是教师水平和能力的试金石，平庸的教师消极地回避问题，普通的教师被动地应付问题，而优秀的教师往往能主动地发现问题，积极地解决问题，并举一反三，在问题中汲取经验与教训，提高自己的教育教学水平。研究发现，特级教师多善于发现、捕捉问题，让问题成为自己成长的阶梯。

教育的复杂性和情境性决定了教育教学实际中的问题会层出不穷。这些问题，有的处于显性状态，让人一眼就能看到；有的处于隐性状态，不容易被人看到。特级教师都有一双善于发现问题的眼睛，他们对教育教学的问题非常敏感，非常善于在波澜不惊的教育教学生活和司空见惯的教育教学现象中发现问题，也非常善于在已经暴露问题的地方发现更多、更深的问题。我们来看著名特级教师华应龙是如何在日常的教育生活中发现新问题的。

一节公开课上，执教老师用双面胶将一个木制的教具贴在黑板上。当学生板演的时候，突然，斜上方的教具擦着孩子的肩掉了下来。老师有点慌乱。这时，教室里出奇的静。老师很快镇定下来，将教具从地上捡起，然后使劲地往黑板上按。教具被牢牢地粘住了，再也没有掉下来。这节课相当精彩地完成了，讨论交流的时候，好评如潮，可我的心头却若有所失。

是的，那个教具没有再掉下来，可教者似乎掉落了一件比教具更为重要的东西。

也许我要说：“‘工欲善其事，必先利其器。’制作那教具所选择的材料不对，三合板比较重。教者缺少一种‘教育预期’的视力。”

也许我要说：“课前应该把黑板擦干净，最好用手帕拂去灰尘，这样双面胶就会粘得牢些，教者缺少了一种教育细心。”

但我最想说的是："课上教具掉下来之后，教者做的第一件事不应该是捡教具，而应该是去问一问孩子，有没有被吓着，有没有受伤？教者缺失的是一颗师爱之心。"

细想，如果一位母亲突然看见自己的孩子把热水瓶碰翻了，那位母亲做的第一件事会是什么？去扶热水瓶吗？我想是不会的，她肯定会先问一问孩子有没有被烫伤。因为在母亲的心里，孩子是最重要的，其他任何东西都无法与之相比。因为她拥有伟大的母爱。

唯心中有爱，你才会把所爱之物置于中心位置；唯心中有爱，你才会时时处处从学生出发，为学生着想。因此斯霞老师一直提倡母爱教育，视学生如己出。

具有知识和具有爱心，对学生来说，他们更喜爱后者。以心灵感受心灵，以感情赢得感情，这是教师从教的基本功。学校是心灵接触最微妙的地方，教师需要用心灵去工作。真正完善的教学，应不但能让学生感受到理性之美、科学之美、智慧之美，而且能让学生感受到人性之美、人伦之美、人道之美！①

从课后讨论的"好评如潮"可以看出，在大部分听课教师眼里，教具掉下来仅仅是课堂中的一个并不罕见的意外，教师的处理也并无失当之处。但是，华应龙却在看似平常的情境中发现了别人未曾发现的新问题——马厩失火，孔子关心的是人有没有受伤，却"不问马"，而案例中的教者却关心教学甚于关心学生，"缺失的是一颗师爱之心"。结合华应龙借学生橡皮、从"误导"到"导误"等脍炙人口的教学故事，我们发现，从平常的教育生活中发现教育问题，在华应龙那儿并不是偶尔为之的事情，而是已经内化为他教育品质的一部分，成为他教育生活的常态了。

因为教育理论功底深厚，教育实践经验丰富，再加上目光敏锐、心思缜密、反思力强，特级教师往往能够从常人不以为意的问题中更多、更深地发现问题。著名特级教师李镇西在教育生活中喜欢问"为什么"，在不断的追问中，他从寻常小事中发现了深层的教育理念问题：

① 华应龙.教具掉下来之后.我就是数学——华应龙教育随笔.华东师范大学出版社，2009.

课间休息，一女生来到李镇西办公室："李老师，我想借个杯子喝水，吃感冒药。"坐在椅子上，李镇西用手指了指角落的书柜："第二格抽屉里有，自己拿！"学生找到杯子，倒开水服了药，说："谢谢李老师！"然后走了。

上课时，学生写作文，李镇西在讲台上批改作业。突然，手中的红色圆珠笔没油了，李镇西轻声问前排学生："谁有红色圆珠笔，借来用用？"虽然声音很轻，但许多学生都听见了。于是，坐在前几排的学生争先恐后地从书包里拿出文具盒，以最快速度打开，找出圆珠笔，纷纷把握着笔的手伸向李镇西："李老师，用我的笔吧！""李老师，用我的！用我的！"每一双眼睛都充满了真诚的渴望。还是课间向李镇西借杯子的女生反应敏捷，坐在第三排的她几乎是小跑着上前，把笔递到李镇西手中，之前，还细心地将笔芯旋转了一下，把蓝色旋转成红色。

这是许多年前的一幕，是很普通的事，但李镇西由这件小事往深处思考：为什么学生借杯子，自己没有想过亲自把杯子递上？而自己向学生借笔，学生没有说："喏，文具盒里有，自己拿！"

而且这样的"为什么"还可以问出许多：为什么校园里师生相逢，往往是学生先招呼老师，而不是老师先招呼学生？为什么学生到医院看望老师是"应有的礼貌"，而老师到医院看望病中的学生就成了难能可贵的"事迹"？为什么老师去家访，学生总会为老师搬来椅子，而学生到办公室则很少享受"请坐"的"待遇"？为什么学生违反校纪被处分是"理所当然"，而老师犯了错误接受班规惩罚就成了"品德高尚"？……

思考的结果，李镇西觉得找到了答案：一切都源于根深蒂固的潜意识——师生不平等。①

案例中的这些事情和现象，在很多教师眼中都很不起眼，似乎并没有深究的必要。但是，李镇西并没有把这些"小问题""像蛛丝一样轻轻抹去"，而是"往深处思考"，用教育理论的眼光来审视、剖析，追本溯源、究根问底、举一反三，最终发现了背后隐藏的大问题——师生不平等。"如此的思考，让李镇西心惊不已。他既是提醒也是承诺地在一篇文章中写下：也许，在不经意之间，我们就为未来培养着公民或顺民……平等只能靠平等来培养，让我们从

① 胥茜. 在"为什么"中树起师生平等的旗帜. 中国教育报，2004-6-29(12).

细节做起，比如，下次学生再向我借杯子，我一定亲手递上……”①

（二）可贵的思考品质

人与动物最大的区别在于，人有发达的大脑，无论是在思考的深刻性还是广阔性上，人都无愧为“万物灵长”的称号。帮助学生学会思考是教育的基本任务之一，这要求教师首先必须是一个思考者，是一个对万事万物保持探究热情和兴趣的人。特级教师一般都拥有可贵的思考品质，他们乐于思考，敏于思考，善于思考，在持续、深入的思考中，追索教育理念，探究学科教育，反思教育实践，经常形成教育教学研究的课题，不断获得专业成长和发展。

1. 对教育理念的追索

教育理念是用来指导教育实践的，教育理念“差之毫厘”，教育实践就会“谬以千里”。特级教师都有自己的教育理念，他们的教育理念一般来自于两方面：一是教育理论。特级教师热爱学习教育理论，但却并不是全盘接受、照搬照套，而是会用理性对它进行缜密的省思，会用实践对它进行严格的检验，在去伪存真、去芜存精的基础上把教育理论内化为自己的教育理念。二是教育实践。在长期而深入的教育实践中，特级教师逐步总结、归纳、提炼，让教育实践“量的积累”转化为教育理论“质的飞跃”，形成自己的教育思想和教育理念。这两条途径并行不悖，共同推动特级教师不断追索教育理念，提升对教育的认识，深化对教育的理解，成为一个真正的教育思想者。著名特级教师李庾南50多年的教育生涯就是她追索自己的教育理念的过程：

半个世纪的摔打滚爬，教学经验的不断积累，对教学规律认识的不断深入，使我深深觉得教师不仅是一种职业、一种事业，更是一门艺术。教师艺术和所有的艺术一样，都能带给人美的享受。每当看到自己的数学课那么受学生们的欢迎，学生那么精彩地回答问题，那么出色地攻克难关；每当我捧着散发着油墨香味的书稿清样；每当面对台下那么多老师专注的目光，我心里就涌上阵阵温暖和甜蜜。我不知道这是不是一种美的境界，但我真正感受到艺术享受般的愉快和幸福。

艺术是需要创造的，教学也一样。这些年来，我上课总是认真钻研教材，弄

① 胥茜.在“为什么”中树起师生平等的旗帜.中国教育报，2004-6-29(12).

通知识点要求，在充分把握“学情”的基础上对教材内容进行整合、加工，我认为这是形成个人教学风格的前提，也是产生教育智慧和有效质量的根本。同时我在教改中的每一次前进、每一项突破，都是源于一种创造的欲望，它们在驱动、点燃着我的热情。每一项成果结题的时候，又是我教改新探索的开始。

在读书学习中我发现，苏霍姆林斯基的许多教育经典著作其实就是教育日记，如《帕夫雷什中学》一书就是“根据笔者个人经验写成，在某种程度上是笔者在帕夫雷什中学任教33年，其中包括26年任校长工作的总结”。我想，我的任教年限与他差不多，我为什么就不能这样做呢？说写就写。没想到现在我的教育探索和思考的文字已有几百万字，书已出版了9部，拍摄的教学录像片已有180多课，专题讲座由江苏教育电视台拍了120讲。陶行知先生说：“处处是创造之地，天天是创造之时，人人是创造之人。”这应该是对教育本质的最深刻揭示。

艺术是追求美的，有时甚至追求完美。50年来我的备课笔记，红笔、蓝笔、黑笔写的字、画的图，都力求工整、准确、规则，给人以美感。有人说，备课笔记是给自己看的，自己能看懂就行，还要那么规规矩矩、认认真真干什么？我说，备课笔记正因为是给自己看的，那就要看得舒服，看得满意，这也是一种实在美。备课不马马虎虎，上课才不马虎。即使在黑板上作图，我仍要用圆规、直尺，板书设计也一板一眼，从不偷懒。美感能振奋人，使人心旷神怡，提升上课时的精神。一笔一画、一枝一蔓，这看上去是小事，但“细微之处见精神”。

教育的艺术之美还表现在你的课堂是美的，你的教学语言是美的，你的教学结构、节奏是美的，你的教学仪表是美的，你的教学态度是美的，你的教学作风是美的，等等。一个好教师在课堂上会注意自己的一言一行、一举一动；会讲究课堂讲授、讨论、练习的时段分配，疏密结合；会推敲导入的艺术、启发的火候；会让学生在有质量的思维中品到知识，习得美好。我们常常会有这样的感受，当经过自己的艰苦努力终于解出一道难题的时候，当上好一堂精彩的随堂课的时候，那种心情，是无比快乐的，而且这种快乐会相当持久，我认为这就是一种美的心情，也是形成你“这一个”教学风格的重要组成部分。

教师的艺术快感不仅来自于教学的喜悦，更来自于塑造灵魂的成功。我从教50年，当班主任50年。有人说我一身兼二任，实现了两个“半百”，是“双料名师”。也有人说我也许是新中国历史上“班主任龄”最长的一位中学教师。不管哪种称赞，都是对我51年教师生涯的肯定。

近20年来，为了做好一名名副其实的“人师”，我以一位母亲或奶奶的心态，从“假如我是学生”想起，从“最后一名学生”关心起，努力发挥情感教育、人格魅力影响与富有个性化的育人艺术的综合效应。我用执著的爱心和自身的示范，追求教育的艺术境界；在与学生的相互理解和尊重中，达到生命的交流与融合；在引导学生奏响生命交响乐的同时，也从中体会到生命的自我价值，享受到精神上的愉悦。我今天最大的享受就是我的无数学生成才了，成家立业了，成为对家庭、对国家有贡献的人了。这种时刻，会让你忘记一切辛劳、一切烦恼，你能说这不比看了一场电影、看了一次画展更有美感吗？我一直认为，我的幸运就是选择了教师这个职业，不当教师，哪能享受这种至高无上的幸福？①

李庾南的“教师不仅是一种职业、一种事业，更是一门艺术”教育理念的形成并不是一蹴而就的，而是经历了一个较长时间不断追索的过程。在回顾自己的教育生涯时，李庾南认为“可以归纳为经历了三个认识阶段，实现了三次飞跃”：“‘为教育而生存’——在勤奋中渐生对职业的热爱；‘人总要有一点精神’——在教改中升华事业心；‘教师就是创造美的人’——在创造中享受‘艺术人生’。”② 正是在这三次飞跃中，李庾南对教育的认识和理解拾级而上，逐步深化和升华，最终形成了自己的“教育艺术观”。

2. 对教育实践的反思

美国心理学家波斯纳提出了教师成长的公式：成长＝经验＋反思。教师的成功与长期的教育教学实践是紧密相关的，但如果只是埋头实践而不反思探究，教师就只能成为一个技艺精巧的“教书匠”，而很难成为思想深刻的“教育家”。我们注意到，特级教师与普通教师的一个明显的区别是，在工作中碰到问题时，他们很少怨天尤人，或轻易地把问题敷衍过去，而是喜欢回过头来仔细分析问题形成的原因和应对的办法。这样，下次再遇到类似的问题时，他就胸有成竹，解决起来也游刃有余了。当然，反思的意义不仅仅在于应对工作中的困难和问题。在不断的反思中，特级教师的思想趋于成熟，最终能

---

①② 李庾南．我为师的三重境界．中国教育报，2008-6-12.

形成自己关于教育教学的独特观点和认识，进而形成自己的教育思想和教育理论。关于反思，著名特级教师李镇西诠释得非常好：

同样两个大学毕业生分到学校工作，同样兢兢业业地上班，三年后，其中一个无甚进步，最多就是所教学生考上了高一级学校，而另一位教师却硕果累累，什么原因呢？原因就在于，前者每一天的兢兢业业都是盲目而麻木地工作，他表面上工作了三年，其实只工作了一天，因为他每天都在重复昨天的故事。而后者则的的确确工作了三年，他每一天都带着一颗思考的大脑在工作。这就是我说的反思型教师。所谓反思，在我的语境里，不仅仅是“想”，而是一种教育的状态，就是不断调整、改进、提升自己教育品质的行为。①

李镇西是这样说的，也是这样做的。反观李镇西的教育历程，从教育浪漫主义到教育现实主义，再从教育现实主义到教育理想主义，他始终保持着反思的教育状态，在反思中“不断调整、改进、提升自己的教育品质”。李镇西的反思是深刻而真诚的，在反思自己的教育失误时，他这样写道：

由于武断或主观偏见，我不止一次冤枉我的学生。说起来，好像冤枉学生也是难免的而且往往是偶然的，但是，如果仔细分析一下，我就会发现，我冤枉的学生往往是那些“后进学生”：科任老师给我反映课堂纪律不好，我首先想到的是某个“捣蛋分子”；教室的玻璃窗打碎了，我首先想到的是那些一贯舞枪弄棒的“调皮大王”；班上的东西丢失了，我首先想到的也是某些有“前科”的学生……不能说，我的这些想法没有一点道理，但如此定势思维，冤枉一些我心目中的“后进学生”就是必然的了。结果，被冤枉的学生心灵痛苦不说，他们还会在思想上、感情上与我对立起来，以后我所有的“苦口婆心”都是白搭！②

在这里，李镇西并没有用“难免的而且往往是偶然的”这一常见的理由为自己冤枉学生的失误进行辩护，而是毫不留情地揭开自己内心深处丑陋的疮

---

① 李镇西.师德新思考.教师博览，2008(1).

② 李镇西.我的教育失误.江苏教育研究，2010，3C.

疤，让歧视“后进学生”这一伤口血淋淋地袒露出来。这种自揭疮疤既是一种警示，更是一种鞭策，让李镇西在以后的教育生涯中不再重蹈覆辙。

（三）深入的科研探究

因为具有可贵的思考品质和敏锐的问题意识，许多特级教师的脑中常常会储存、积累起大量的教育教学的理论或实践问题。面对这些问题，特级教师并不止步于蜻蜓点水式的散思碎想或经验总结，而是开始尝试更加深入的科研探究。这种科研探究通常表现为以下两种方式。

1. 基于问题的试验和实验

特级教师蒋俊兴在回顾自己的教育科研经历时，提到 1985 年第 4 期《江苏教育》发表的自己的“教育科研的启蒙”之作——《能说学生不会动脑筋吗？》一文：

以前，我心中总有这么一个疙瘩，有的学生为什么那样笨，一点不会动脑筋呢？几次偶然所得，使我渐渐改变了这种想法。

一次，我上公开课《钓鱼》时，一名学生提出：作者前面详细写了阿成介绍怎样看浮子钓鱼，这样不显得重复啰嗦了吗？

这下同学们议论开了。我有意请几名在我心目中认为是不会动脑筋的同学回答。有的说：“不重复！前面只是‘介绍’，后面才是‘钓了’。”有的说：“本来嘛，前面阿成的经验是正确的，‘我’钓鱼当然是这样。”这些结论虽然没有完全说到点子上，但能说他们没动脑筋、回答得没道理吗？

还有一次，我上独立阅读课文《半夜鸡叫》。检查学生阅读效果时，我提出一个普通的问题：“周扒皮为什么半夜起来学鸡叫？”同学们几乎异口同声地回答：“周扒皮为了残酷剥削长工。”没错！过了一会儿，一名原来基础不好的同学仍举着手。我便叫了她一声，她支吾着说：“刚才第一个问题，我想，除了说明周扒皮残酷剥削外，还可以看出他的‘狡猾’……”“唔？”同学们都很惊疑，她继续说下去：“秋收快到了，周扒皮想把长工折磨得病倒甚至折磨死，这样他就可以把长工一年的工钱全赖掉。”“你怎么知道的？”我问。“在课文第六节中，刘万忠有一段话……”同学们找到那段一读，觉得果真有道理。是啊！“多半年来的活等于白干，正中了周扒皮的奸计。”

学生不是挺聪明的？考虑问题还蛮周到呢！

那这些学生为什么上课很少发言？即使发言也捡这丢那的？我究其原因是：

第一，学生的认识过程有个“序”，即从简到繁，从易到难。像《狼牙山五壮士》中，老师若提出“课文第四段是怎样具体描写五壮士英勇歼敌的?”这样的问题，大部分学生必然是束手无策，无从下手。

第二，学生的适应也有一个过程。以前学生习惯于老师讲自己听，老师问自己答，现在提出“三为主”(以学生为主，以自学为主，以阅读为主)，要适应这一转变需要一段时间。

第三，由于教师教态、教学方法的问题，抑制或阻碍了学生的思维。特别是像我这样刚走上工作岗位的年轻教师，往往易急躁，少耐心。学生讲不出，我怒责“坐下”；讲错了，我大声批评……学生还敢动脑筋、发表自己的见解吗？归结起来，问题还在教师自己是否吃透了两头，是否真正转变了教学思想并注意循序渐进地启发诱导，是否真正做到“工夫花在备课了”？如若是，学生必然会愈学愈聪明。①

从“心中总有这么一个疙瘩”，到“有意请几名在我心目中认为是不会动脑筋的同学回答”，再到“究其原因是……”“归结起来，问题还在……”这实际上是一个从“问题”(疙瘩)出发，持续观察、试验、总结的过程，这实际上已经具有了教育科研的意味或者说是一种“准教育科研”了。

如果说，带着问题的持续观察、试验和总结只是教育科研的雏形，那么基于问题的实验就是完全意义上的教育科研了。著名特级教师钱梦龙就做过这样的教育科研。他在《导读的艺术》一书的开篇中详细介绍了这个实验：

在条件相等的两个班级中分别用不同的指导方法教同一篇课文——《一件小事》，以观察其不同结果。

甲班(以下称对照班)：完全由教师讲授。我从文章的时代背景讲起，详细分析了文章的思想内容和写作特点，讲解内容力求深透，语言力求生动，让学生听得“津津有味”。所有的新词解释、文章层次的划分、各层次的大意以及文章的中心思想等，全由老师在讲解时抄给学生，学生在听讲的过程中也

① 蒋俊兴.我的教育科研情结.山西人民出版社，2009：2－3.

可以做必要记录。讲完之后布置学生完成课后的习题，在做习题前老师还作了详细的指导，因此答案的正确率很高。整个过程（包括课内作业）共用了四个课时。

乙班（以下称实验班）：采用由学生自读、思考、讨论，老师只作重点指导的教法。先布置自读，要求学生按课文后"思考和练习"所提示的几个方面理解课文，并提出疑难问题。然后由老师把问题综合起来，集中到同学提的一个问题上："文章里'我'是不是一个自私的剥削者？"这不仅是理解课文的难点所在，而且是一个可以带动整篇文章阅读的关键问题。由于问题本身包含着两个对立的答案——"是"或者"不是"，所以学生立即在讨论中形成了对立的两"派"，有的认为"是"，有的认为"不是"，争论不休。教师不忙下结论，而是布置学生进一步细读课文，尽可能从文章里找出可以支持自己观点的根据，然后以《谈谈〈一件小事〉中的我》为题写一篇发言稿，准备在课堂上针对不同意见进行辩论。……最后我布置学生根据讨论中对"我"的认识，修改自己的发言稿，写成文章。在整个讨论过程中，老师不作"权威性"发言，只是在学生争论的关键时刻，提出一些启发性的问题供他们思考。……整个教学过程也用了四个课时，没有做课后的练习，但完成了一篇作文。

实验的结果：经过一个学期以后，用"突然袭击"的方式对两个班的学生同时进行测验，测验的主要内容就是《一件小事》后面的练习题（还补充了少量题目）。测验的结果是发人深思的：没有做过这些练习题的实验班学生的成绩竟然超出了做过这些练习题的对照班学生，实验班的优秀答卷占全班学生数的70%，而对照班仅占38%。尤其在对课文内容记忆的准确程度以及对有些问题理解的深度上，实验班远远超过了对照班。①

根据这次"实验提供的信息"，钱梦龙开始了他的"学生为主体"、"教师为主导"、"训练为主线"的中学语文教学的"三主"研究，取得了令人瞩目、信服的理论和实践成果。这个实验有前测后测，有自变量因变量，有数据统计和结果分析，是完全意义上的教育科研，尽管钱梦龙没有申报任何级别的立项课题，只是很谦虚地把它称之为"一次实验"。实际上，类似的试验和实验在特级教师的教育科研中是经常被采用的。

---

① 钱梦龙．导读的艺术．人民教育出版社，1995：1－3．

2. 将"问题"转化为课题

在教育教学实践中发现问题，然后对问题作进一步的判断、概括和提炼，将"问题"转化、设计成可以研究的"课题"，开展课题研究，对某个或某些教育教学的问题进行系统的、深入的、科学的研究。在解决问题、获得经验、改进教育教学实践的同时，取得对这些教育教学问题的发言权和话语权，形成自己对这些教育教学问题的独特而系统的观点和结论——"教育教学理论"，并获得自身的专业成长和发展。这是特级教师开展教育科研的另一种方式。

李镇西曾说："我每接一个新生班，便确立一个教育科研课题，同时，便和学生一起用童心和青春书写教育的诗篇。于是，20 年来，我不但完成了一个又一个教育科研课题，而且和学生一起编写了一本又一本我们的班级史册：《未来》《花季》《恰同学少年》《童心》《花开的声音》……"①

根据我们对江苏省第十届特级教师（2008 年）共 328 名特级教师的考察，100％的特级教师都从事过这样的课题研究。而且根据我们的比较，同一年被评为特级教师的不同的教师个体，其"后特级"阶段能否继续有所突破、超越和创新，很大程度上取决于其是否开展或者哪怕是参与教育教学的课题研究。江苏省特级教师中一些顶级人物如李吉林、李庾南、洪宗礼、邱学华，佼佼者如孙双金、薛法根、唐江澎，无一不承担着重要课题的研究。不难设想，如果李吉林没有 28 年坚持不断地从事全国教育科学规划立项的"八五"、"九五"、"十五"、"十一五"课题研究，她会赢得"情境教育以其独树一帜的理论和操作体系在许多领域作了许多开创性、独特性的研究，丰富和发展了当代教育教学理论和教育改革的实践"（全国教育科学规划课题专家鉴定组评语）②这样高度的评价?！会收获到人民教育出版社出版的、八卷本、360 多万字的《李吉林文集》?！

（三）持续的专业写作

勤于思考，勤于笔耕，及时记录自己教育生活中的所思所想、一得一失，是很多特级教师共有的良好习惯。将教育教学实践经验形诸文字，既可对经验进行规范化、系统化的总结和提炼，也可对经验的科学性、创新性进行检验

① 李镇西．教有所思．华东师范大学出版社，2003：3.

② 李吉林．行者的温暖与快乐．人民教育，2009，19.

和反思，同时还可在原有经验的基础上进行创新、突破与提升。

1. 写作是一种总结

日常的教育教学实践与思考往往是即时的、零散的，写作可以将这些呈点状分布的实践与思考整合起来，形成系统的、规范的成果表达。特级教师丰富的教育教学实践经验和思考、研究提供了土壤和种子，只要笔耕不辍，种子往往很快能够萌芽，抽茎，开花，结果。很多特级教师都有一旦静心落笔便文思泉涌、欲罢不能的经历。我们来看李镇西的自述：

寒假第一天，我带着孩子们来到大渡河畔。我们在沙滩上斗鸡，摔跤，用薄薄的鹅卵石比赛“扔水漂”……除夕那天我回到了母亲那儿，心里还充盈着与孩子们一起玩耍的欢乐。想到3年来教育赋予我的喜悦，一种抑制不住的冲动使我赶紧拿出笔，任激情在纸上燃烧！伴着窗外响起的阵阵迎接牛年的爆竹声，我不停地写呀写，直到中央电视台春节联欢晚会就要开始的时候，5000多字的《教育漫笔》终于画上最后一个句号。那时，我不知道这篇有着浓郁的苏霍姆林斯基风格的教育手记算不算“论文”，更不敢相信后来在我偷偷地把它投寄到北京刚刚创刊的《班主任》杂志后，居然能被连载！

……

1997年的暑假，我从成都玉林中学调到成都石室中学，在搬家的过程中，我无意中又看到了那一捆尘封的教育手记。翻开我19年来所写的一本本教育手记，我禁不住被自己感动了：那一页页发黄的文字，化作一张张老照片在我眼前变得清晰起来，分别多年的学生们正跑着跳着向我拥来，他们纯真的笑声萦绕在我的耳畔……正是在那怦然心动的一刻，我做出了一个庄严的决定：我要把我和学生的故事写出来，让更多的人来一起分享这教育的幸福！

那年秋天的一个晚上，我打开电脑，拉出键盘，敲出了第一行字：《爱心与教育》。我完全没有写书的感觉，只觉得十几年来教育在我心中积蓄的思想感情如潮水一般在键盘上恣肆奔涌，敲键盘的手指禁不住也微微颤抖。

整整三个月，我的业余时间都是这样在阳台的电脑前度过的。也许在旁人看来，如此不停地敲击键盘是何等的乏味而枯燥，但我却感到这是一件多么幸福的事啊！我仿佛不是在敲电脑，而是在弹钢琴，是在演奏来自教育来自学生心灵的最美的乐章。眼前的电脑屏幕上是一页页很纯洁很动情的文字，而这些文字又很自然地幻化为一幅幅很美丽很鲜活的画面，那是宁玮善良而坚韧的面容，杨嵩纯真而调皮的微笑，岷江之滨的熊熊篝火，滇池湖面的灿烂阳光……我的整个身心再一次沉浸在和学生一起度过的被青春染绿的日子里！①

正因为胸中有着教育教学经验与故事的“成竹”，无论是写5000多字的《教育漫笔》，还是写作洋洋数十万言的《爱心与教育》，李镇西都是得心应手、一气呵成，甚至“完全没有写书的感觉，只觉得十几年来教育在我心中积蓄的思想感情如潮水一般在键盘上恣肆奔涌，敲键盘的手指禁不住也微微颤抖”。这种建基于教育实践经验基础上的写作，是对李镇西过去近20年工作的最好总结和提炼，从中我们既能看到他的心路历程和教育探索，也能与他一起思考，一起收获智慧的成果。

2. 写作是一种反思

马克斯·范梅南说过：“写作是一种反思活动，涉及我们的体质和思维。写作是要写自己，是深层的社会意义上的自己，不是自我陶醉。”②如果一味地“自我陶醉”，那么教育写作的意义和价值就会大打折扣。事实上，写作对于反思教育实践有着得天独厚的优势：教育实践总是在特定的情境中进行的，由于情境的限制，教育实践很难做到尽善尽美，存在着或大或小或显或隐的失误和瑕疵。写作与实践不同，它是超越实践情境的，是一种反观和审视，态度也要显得更加冷静，因此，写作往往能够将教育实践放在理性的聚光灯下加以检验，通过写作比较容易发现实践中存在的误区和失误。著名特级教师于永正在反思自己的教育教学经历时这样写道：

退休了，还不断吃润喉片，慢性咽炎要伴我终生了。不能怨天尤人，只怪自己40年来讲话太多。课改以前，讲课文里的字词的意思，讲段落大意和中心思想；课改以来，讲课文的人文性，深挖文字背后的蕴含。难怪慢性喉炎久治不愈。语文能力不是讲出来的，学习兴趣不是讲出来的，情感态度更不是讲出来的。讲，真的作用有限。

---

① 李镇西. 心灵写诗. 人民教育，2001，5.

② [加]马克斯·范梅南著，宋光文译. 生活体验研究——人文科学视野中的教育学. 教育科学出版社，2003：175.

现在看来，过去犯傻了。

如果我再教小学语文，我会引导学生多读书，好读书，读好书，读整本的书。不但多读，还得多背——在初知大意的基础上，多背点经典诗文。因为我明白了，学语文靠的是“童子功”——12 岁以前，是人学习语言的最佳期。这期间，人的记忆力最好而理解力弱，一定要多背。幼学如漆，小时候背熟的东西一般不会忘记。

我会引导学生在语文实践中养成读书读报和动笔写作的习惯。因为我明白了，教育说到底，是培养人的习惯，学语文是个慢功，是一辈子的事情。人一生以读、写为伴，才会有成就。

“讲之功有限，习之功无已。”（清・颜元）“导而弗牵”是教学的真谛。教师时代应该成为历史，取而代之的应该是导师时代。

人生是花，语文是根。在我的引导下，每个学生的“根”都会长得粗壮、有力。

做导师而不做教师，我恐怕也就不会患慢性咽炎了。①

显然，于永正意识到要“做导师而不做教师”，其价值不仅仅在于让他“不会患慢性咽炎”，更重要的意义在于，它向我们展示一个功成名就的特级教师自我反思、自我否定，并将之诉诸文字公之于众的勇气和胸襟。这种反思性写作无论对于于永正还是对于读者来说，都是非常可贵的。

3. 写作是一种提升

写作帮助特级教师总结与反思，为特级教师专业能力的提升搭建了平台。在此基础上，进一步的思考和写作能帮助特级教师实现新的跨越，进入教育教学的新境界。

著名特级教师王栋生说：“语文教师应当热爱写作。”尽管发表了杂文随笔近两千篇，出过 4 本书，但是王栋生认为：“我从来不认为自己是杂文家，我是语文教师，写作仅仅是我的习惯而已。我喜欢写作，是因为我觉得每次写作都是一次发现，一次创造。”“写作没有占用我多少时间，却给我的教学带来许多新的思路。因为毕竟写作需要发现，需要思想，需要锤炼语言，而这些正构成语文教师的基本素质。”②当然，热爱写作的不应该仅仅是语文教师，就像

① 于永正．假如时光倒退十几年……．江苏教育研究，2010，3C.
② 王栋生．我的教学之路．中学语文教学，2002，8.

“写作没有占用我多少时间，却给我的教学带来许多新的思路”也不应该是语文教师的专利一样。很多特级教师都和王栋生一样，在写作中享受发现与创造的幸福，收获成长与发展的果实。特级教师龚春燕这样写道：

21年来，我坚持每天把所感、所思、所悟、所得记下来，日积月累，形成了很珍贵的原始素材。多次整理，写了不少的文章。为了让大家更了解创新学习的内涵，我撰写了《创新学习：21世纪的学习观》《创新学习界定及特征》等文章，继后又写了《创新学习的方法》《创新学习研究与探索》《创新学习开展的有效途径》《创新学习的模式》等三十多篇论文，出版了《创新学习论》《创新学习：学习方式的革命》《创新学习论纲》等专著5部，主编了11部创新学习系列著述和13册从小学到高中的学生实验教材。在写作中，我梳理着思想，不断反省、反复思考，追求一种一定要与他人、与过去的我有所不同，反映自己独到的思想创新的境界。①

21年的思索，21年的写作，让龚春燕对创新学习实践与研究的道路越走越远，越走越宽，达到了“与他人、与过去的我有所不同，反映自己独到的思想创新的境界”。

总之，热爱、追求、实践、学习、研究，是特级教师专业成长与发展的个人因素或称内部因素。当然，这五个方面的因素在特级教师专业成长与发展中的作用并非完全同等。我们认为，在特级教师专业成长与发展的诸多个人因素中，“热爱”——对教师职业、教育对象的热爱，以及建立在热爱基础上的“追求”——崇高的价值与信念、坚定的目标与理想、不懈的坚持与超越，是居于基础和关键位置的，是特级教师专业成长与发展的“双引擎”，为特级教师的专业成长与发展提供了强大而持久的内在动力。如果用公式表示，即：特级教师专业成长与发展（个人因素）＝热爱[追求（实践＋学习＋研究）]。在特级教师的专业成长与发展中，“热爱”和“追求”与其他“个人因素”之间不是加法效应而是乘法效应。

---

① 龚春燕.读·思·悟——我的教育科研之路.人民教育，2005(15－16).

第四章
特级教师教学艺术风格分析

特级教师是中小学教师职业的最高荣誉，被称为中小学教师中的“院士”，是“国家为表彰优秀中小学教师特设的体现先进性与模范性、专业性与学术性的称号”①。作为“教学的专家”，特级教师之“特”主要外显在其具有鲜明、独特、富有影响和魅力的教学艺术风格上。

风格一词由来已久，其含义也随着时代的发展而发生了嬗变。汉语中的“风格”一词早在晋人的著作里就已出现，指人的风度和品格。在南朝时期刘勰的《文心雕龙》中，移指文章的风范格局。至唐代的绘画史论著作中，风格被用作绘画艺术的品评用语。后来这一概念又被逐步引入文艺理论，用来表示文学艺术作品的艺术特征，成为文艺美学的一个重要范畴，指艺术作品在整体上呈现出的具有代表性的独特面貌。

风格不同于一般的艺术特色或创作个性，它是通过艺术作品表现出来的相对稳定、更为内在和深刻从而更为本质地反映时代、民族或艺术家个人思想观念、审美理想、精神气质等内在特性的外部印记。风格的形成是时代、民族或艺术家在艺术上超越了幼稚，摆脱了各种模式化的束缚，从而趋向或达到成熟的标志。所以歌德认为：风格是艺术家所能企及的最高境界。雨果也多次论及风格，他说：“没有风格，你可以获得一时的成果，获得掌声、热闹、锣鼓、花冠、众人陶醉的欢呼，可是你得不到真正的胜利、真正的荣誉、真正的桂冠。”②由此可见，在艺术领域，只有具备独树一帜的艺术风格，才能产生积极

① 江苏省特级教师评选暂行办法(修订).2003.
② 李如密.教学风格论.人民教育出版社，2002：30.

的社会作用和不朽的艺术魅力。

区别于一般意义上的风格，教学风格具有教学活动的特殊规定性。对于教学风格的含义，学者们从不同的角度进行了探索，观点较为丰富。国外的学者大多将教学风格与教学方法、教学策略相联系，同时也强调教学风格的独特性和稳定性特点。在此基础上，国内一些学者又从教师的教学艺术技巧、教学个性、教学思想等角度加以解说，较为全面地揭示了教学风格的内涵。现在，普遍被接受的观点是：教学风格是教学艺术风格的简称，是指教师在长期教学艺术实践中逐步形成的、富有成效的一贯的教学观点、教学技巧和教学作风的独特结合和表现，是教学艺术个性化的稳定状态之标志，教学风格的形成和彰显是教师专业走向成熟、获得成功的原因和重要的标志。

作为中小学、幼儿园教师中的佼佼者，特级教师对教育教学充满了感情。他们把攀登教学艺术的高峰作为自己职业生涯中的自觉追求。许多优秀的特级教师在跻身特级教师行列之前就已经形成了自己独特的教学风格，而被评定为特级教师之后，他们又会进一步巩固和彰显他们的教学风格。可以说，特级教师的教学风格是在对教学艺术矢志追求的过程中，逐步形成的富有成效的教学理念、教学作风和教学技巧的独特结合。独特的教学风格既是特级教师教学理想的实现，也是他们教学思想的集中体现。

一、特级教师教学艺术风格的基本特征

（一）整体性

法国作家布封有一句名言："风格即人。"黑格尔对此作了进一步的发挥："风格在这里一般指的是个别艺术家在表现方式和笔调曲折等方面完全见出他的人格的一些特点。"[①]由此可见，教学风格是教师独特个性特征在教学中的全面体现，是教师个体气质、理想追求、人生境遇、生命体验的全息投射。因为任何意义上的教学艺术，都是内容和形式的完美统一。在纯粹形式上谈

① 成尚荣.当下教学改革发展的态势与教学流派产生的可能.教育研究，2008，3.

教学艺术风格是没有现实意义的。所以福楼拜强调风格是思想的血液，别林斯基也说风格是“思想的浮雕”。可以说教学艺术风格根源于思想内容而表现于外部形式。上海市特级教师钱梦龙在几十年的教学实践中，善把“金针度与人”，好在“碧波深处采珍奇”，寻找知识与智能的最佳结合点，因此而形成了“教师为主导、学生为主体、训练为主线”的“三主观点”和“自读、教读、练习”的“三种基本课式”的完整、系统的语文教学体系与独特的教学艺术风格。可以看出，教学艺术风格是一位教师教学思想的直接体现。正如德国文论家威克纳格所说：“风格并非安装在思想实质上面的没有生命的面具，它是面貌的生动表现，活的姿态的出现，它是由含蓄着无穷意蕴的内在灵魂产生出来的。”①老舍也说过：“风格不是由字句的堆砌而来的，它是心灵的音乐”。

特级教师的教学风格是多种因素化合于一的整体。教学方法、教学技巧、教学语言、教学情态等是其外部表现，而教学思想、教学观念、教学品质等则是其内在因素。教学风格正是由这些外部的和内部的诸多因素相互渗透、相互作用所产生的综合风貌特征。风格化的教学必有其特色，但是有特色的教学未必形成风格。“特色”可以是整体性的，也可以是局部性的；可以与整体相统一，也可以与整体不相统一。而教学风格一旦形成，就带有整体的和谐统一，它不是“散金碎玉”式的经验积累，不是斑驳杂乱的技艺组合，也不是摇摆不定的灵感闪现，它是一位教师的教学思想与教学艺术的和谐统一，是教师的人格要素与教学行为身心合一的和谐统一，是教学中各种教学艺术手段的综合运用与教学效果的和谐统一。

（二）独特性

席勒曾说，最理想的风格就是具有“最高度的独特性”。甚至有人断言，“没有独特风格的艺术就会消亡”②。教师作为一个具体的“人”，他从来不可能与另一个具体的“人”存在着等同性和重复性，其本身就是一个精神世界的独立体。每位教师都是一个世界——一个感觉的世界、一个知觉的世界、一个感情的世界、一个思维的世界。教学风格的核心是教学艺术的个性化。没有鲜明独特的个性，教学风格就会失去独特的面孔。正如杨再隋教授曾经说

① 歌德等.文学风格论.上海译文出版社，1982：15.
② 李如密.论教学风格的独特性和多样性.当代教育论坛，2003，7.

过的:“教学风格乃教师个人的心、性在教学中的投影,是教师的个性心理、教学特长在教学活动中的综合表现,是教师个人对学科独特感悟、体验之后,采用独特方式进行教学活动的特有概括,也是教师的文化视野、精神风貌、人格魅力、人生境界在教学中的反映。”[①]每位教师都有与众不同的生活、教育、师承、背景,都有不同的个性、学识,这些主体自身的独特性,决定了教学风格的独特性。这种独特性在教学活动中通常表现在这样几个方面:

首先,独特的内容组织。具有不同教学风格的教师在处理教学内容时往往各具特色:有的善于归纳与演绎,既能够整体把握,又善于化整为零,既善于概括,又深得具体化的要领;有的善于演绎分析,思维缜密,说理透彻,语言简明,逻辑性强;有的善于归类比较,上下五千年,纵横数万里,丰富多彩,引人入胜。

第二,独特的教法运用。教学内容的多样性、教学对象的复杂性、教师的不同个性决定了教师运用教学方法的多样性、灵活性和创造性。这种创造性,既包括对已有教学方法的创造性运用,又包括新的创造。

第三,独特的表达方式。有的教师语言层次分明,逻辑严密,具有雄辩力;有的教师语言优美动人,生动形象,富有感染力;有的教师语言朴实简洁,不事雕琢,不绕弯子;有的教师善于迂回,神态轻松,语言幽默诙谐;有的教师长于口才(包括肢体语言的运用),滔滔不绝;有的教师虽不善言词,却善于利用直观性的教学手段。

总之,教学风格的独特性影响着教师的教学活动,使教师以独特的身份和视角去观察、感受、认识和展现教学的内容、方法和过程,使教学过程处处留下个人的印记,使教学活动呈现出与众不同的风貌。

(三)稳定性

教学中的独特风格不是教师一时心血来潮的产物,而是在长期的实践中产生的较为完善的教学思想、掌握的富有成效的教学方法、形成的被实践证明了的行之有效的教学艺术后的定型化产物。虽然在具体学科的教学中,不同的教学内容、不同的教学对象、不同的教学要求会从不同方面、不同程度上影响教师教学艺术的发挥,但对于一个已经形成教学风格的教师来说,任何教学活动都必然会凝结着他本人的教学艺术修养和情趣。教师的教学风格

---

① 杨再隋.时代呼唤名师.中国小学语文教学论坛,2000,12.

一旦形成，就会在教学的各个方面表现出来，使所有教学活动都程度不同地打上其个人烙印。

对于同一个教师而言，教学个性一旦基本形成之后，就在一个相当长的时期内保持不变，这就是教学个性的相对稳定性。也就是说，教学个性是某些特点的一贯表现呈稳定状态的标志。教学个性的相对稳定性标志着教师教学艺术的成熟，它有利于促进学生的学习。任何教学个性只有被学生准确感知、快速理解，才能进一步融合互动、默契配合，最终被接纳欣赏、产生影响。

教学风格的稳定性也是我们之所以能够辨认每个教师独特教学艺术风格的基础和前提。如鲁迅先生在白色恐怖的条件下，为了斗争的需要曾频繁地变更笔名，但明眼人还是能从风格上辨认出他的作品来，因而他不无感慨地说："改变文体，实在是不容易的事。"[①]其实，作文如此，教学亦如此。一般说来，教师在教学艺术追求上的徘徊期愈短，追求的目标愈早确立，表现愈鲜明充分，特点愈稳定统一，就愈证明他的风格已臻于成熟。特级教师的教学风格更是如此。从学的一方看，学生要求教师的教学方式方法既不断创新又相对稳定。如果教学方式方法令人应接不暇、眼花缭乱，对学生的学习习惯养成是不利的。这种稳定表现为教师教学思想的基本科学、教学技巧的富有成效以及教学风度的定型成熟。但是，这种稳定仅仅是相对意义上的，因为教学风格的稳定并不意味着教师在教学艺术追求上的固步自封、停滞不前，更不是没有创造性可言的单纯重复。

（四）发展性

特级教师虽然在教育教学事业上已经取得了骄人的业绩，已经形成了自己的教学风格，但是，任何事物的稳定性都是相对的，发展性则是绝对的。教学风格虽然具有稳定性，但这种稳定性是建立在发展的基础之上的。越是成熟的特级教师就越注重自己教学艺术的完善和创新，"只有更好，没有最好"，特级教师永远"在路上"。因为教学艺术风格一旦成为固定的模式，无法突破，则反为其所束缚，容易失去教学的生命力。特级教师的教学艺术风格应在稳定中求发展。

首先，教学风格的形成不是一蹴而就的，它要经历一个探索、发展、完善、

① 鲁迅书信集.人民文学出版社，1976：371.

成熟的过程。一个教师只有不断学习，突破自己，完善自己，才能保持教学风格的活力，精益求精，达到更高的境界。

其次，随着教师自身的专业成长和发展，其教学观念和审美趣味也会发生深刻的变化，其教学个性也会相应地发生重大的转折和嬗变。在课程改革如火如荼的今天，各种教育思潮激荡碰撞，这样的时代风气为促进教学个性的发展、催生新的教学风格提供了契机。一个有着风格追求的教师不会让自己的教学陷于停滞，他会在“实践——反思——再实践”的基础上不断突破定势，保持教学的活力，推动自身教学风格的发展，为教学风格的园地增添丰富的色彩。

一个人的教学一旦形成某种教学艺术风格定势后，其稳定性往往发展为一种保守的惰性。死守一隅，固步自封，拒不接受新鲜经验，教学艺术风格会日趋老化，变得苍白无力。只有不断地学习别人，突破自己，完善个人教学艺术风格，才能有效地保证其教学的活力。教学风格的发展性，为人们显示了教学风格内在生命活力的顽强流动。

实践告诉我们，有时候突破自己比突破别人更难。因为一个人的教学个性一旦形成定势之后，其稳定性往往会发展成为一种保守的惰性，致使教学个性日趋黯淡，失去色彩，而沦落为“共性”。教学个性本身就是动态的，只有不断创新，突破自我，完善教学个性，才能有效地保证其教学个性鲜活的生命力。所以教学个性的稳定性仅仅是相对意义上的，稳定性并不意味着教师在教学个性和教学境界追求上的固步自封、停滞不前，更不是没有创造性可言的单纯重复。教学个性有基调并不意味着单调，但凡教学个性鲜明的教师总是基调明确而不固守基调，总是不断超越而拒绝重复的。所以所谓教学个性的相对稳定性，只不过是独特性在流变过程中的延续，发展性才是教学个性的根本。教学个性的生成过程是一个“发展——稳定——发展”的螺旋式上升过程，因为常教常新，才体现出教学风格的蓬勃生机和无限魅力。

二、特级教师教学艺术风格的形成因素

(一) 个体气质

综览诸多特级教师的教学风格，我们不难发现其教学风格与个体先天气

质紧密关联。丹纳在《艺术哲学》中说："我们不难看出一切风格都表示一种心境，或是松弛或是紧张，或是激动或是冷淡，或是心神明朗或是骚乱惶惑。"①俗话说：江山易改，本性难移。气质很大程度上是由遗传因素决定的，它归根到底是人脑的机能，与人的高级神经系统有着密切的关系。气质的天赋性虽然在后天生活实践活动中会出现某些变化，但具有相对稳定的性质，从而深刻影响着人从事工作时表现出来的风格特点。

不同气质的特级教师在教学上表现出来的风格有较大差异，虽然很难说某种气质与某种教学风格有着固定的联系，但它确实是形成不同教学风格的基础。特级教师的气质不仅影响其语言的气势、节奏，甚至会造成常用词汇、语法、修辞等方面的差别。经常使用关切询问语气教学的教师和经常使用判断命令语气教学的教师给学生感觉上的差异是十分明显的。

从教学风格来看，多血质的教师一般表现为热情乐观、感情充沛，与学生关系融洽，教学语言生动，富有文学味，教态具有艺术表演者的气质和风格等；胆汁质的教师一般表现为教学中思维敏捷，教学语言流畅顺达，而且语速快，滔滔不绝，对学生热情相助，感情外露，不容易抑制，教学过程按序进行，但缺乏灵活性和新颖性；粘液质的教师一般表现为教学逻辑严谨，说理能力强，对学生的情感真挚深沉但不轻易外露，办事认真，一丝不苟，教学扎实，一板一眼，富有实效；抑郁质的教师一般表现为重事实和推理，反应速度不快，但很少出错，喜欢使用抽象、概括的语言，教态稳重，给人一种信任感等。利斯在评论正规的和非正规的教学风格时，也注意到其心理学依据。他认为，那些选定了正规教学方法的教师具有认真尽责、注意细节、不受个人情感影响、善于组织管理的特点。而选择了非正规教学方法的教师却具有愿意改变注意并转向有直接兴趣的某些事情上去的特征，他们关心整体效果而不讲究精确的细节，不喜欢严格地组织、安排时间。

1. 多血质教师的教学风格

多血质的人感受性低而耐受性较高，无意反应强，具有可塑性和外倾性。情绪兴奋性高，外部表现明显；反应速度快而灵活，即平时所见性情活泼的人。这种人较容易兴奋，经常为新鲜事物所吸引，但也容易见异思迁。他们与人联系很广，但深交不多。脾气来得急也去得快，表情丰富。因此多血质

① [法]丹纳著，彭笑远译．艺术哲学．北京出版社，2004：486.

又称“活泼型”，是敏捷好动的类型，其最大特点是“活”。他们具有很强的耐受性、兴奋性和敏捷性，反映速度快，感受性弱。在行为上表现为热情、活泼、敏捷，适应能力强，精力充沛，善于交际，常常能够机智地摆脱困境。肯动脑筋，主意多，常常表现出机敏的工作能力和较高的办事效率，对外界事物有广泛的兴趣，具有明显的外向性特征。

多血质的教师在教学过程中常常具有创新性，善于博采众长，接受新思想和新观点。他们上课时富有激情和感染力，集爱恨于一身，融语言表情于一体，讲课有时如同演讲，肢体语言丰富，手舞足蹈，抑扬顿挫，非常具有吸引力。他们还善于处理突发事件，教学机智运用得当；但他们也常常因缺乏耐心和毅力，对基础差的学生和班级不能好好地辅导和教诲，对教材内容深度的把握有时不够。

2. 胆汁质教师的教学风格

胆汁质的教师感受性低而耐受性较高，无意反应强并且占优势，外倾性明显，情绪兴奋性高而抑制能力差，反应速度快但不灵活。这就是人们平时所见的脾气倔强的人。他们精力旺盛，经常精神振奋而较少沮丧。干什么事都倾向于干到底，一般的阻挠和打击不容易使他们消沉，性格上表现出一种坚韧性。但是胆汁质的教师的情绪变化较快也比较强烈，容易急躁，因此又称“不可遏止型”，属于兴奋而热烈的类型。这种类型的人感受性、耐受性、敏捷性和可塑性都很强，兴奋比抑制占优势，性格外向。在行为表现上常常是反应迅速、行动敏捷，在言语、表情和姿态上都有一种强烈的表现，在克服困难时有坚韧不拔的毅力。胆汁质的教师在教学上表现得热情豪爽，容易激动，喜欢标新立异，上课时情绪起伏波动较大。兴致高时口若悬河，如滔滔江水连绵不绝，博闻强记；情绪低落时则冷若冰霜。他们教学能力强，但脾气容易急躁，激情不易控制，因此常常会影响教学效果。

3. 粘液质教师的教学风格

粘液质的人感受性低而耐受性高，无意反应性和情绪兴奋性都低。这种类型的教师不容易被发动去做一件事，但他们一旦开始做了，也不容易放下手。工作很仔细但显得迟钝；情绪比较稳定，心理状态很少外露，因此又称为“安静型”，是一种缄默而且沉静的气质类型，其最大特点是“稳”。其感受性、敏捷性、可塑性和兴奋性都比较弱，但耐受性强，行为表现为缓慢、沉着、镇静、有自制力、有耐心、刻板与内向。不容易接受新事物，不能迅速地适应变化的环境，与人交往适度、性情平稳且起伏较小。

粘液质的教师认真、负责、勤奋、持久，讲课时从容不迫、态度持重、慢条斯理、以理服人、善于提问、富有耐心。他们讲课时性情随和、深入浅出、循循善诱，对内容处理得井井有条、条理分明、层次清晰，但也缺乏激情和教育机智，不够灵活，讲课中创新成分较少，反应较为迟缓，一旦碰到意外事件就会显得优柔寡断、瞻前顾后，有时还会表现得惊慌失措。

4. 抑郁质教师的教学风格

抑郁质的人感受性高而耐受性低，严重地内倾；情绪兴奋性高而体验深；反应速度慢，不灵活，即平时人们所见的遇事敏感而又多心的人。他们不够活泼，对外界反应也不强烈；经不起事，既容易激动，也容易消沉。由于这种人很敏感，常表现为羞怯、畏缩。情感的主观体验很强但表现很弱，倾向于沉闷，属于呆板而羞涩的类型，是气质类型中的弱性气质特征，其最大特点是“慢”。这种气质类型的人感受性很强，常常为一点微不足道的事情而动感情，耐受性、敏感性、可塑性和兴奋性都很弱。这种气质类型的人行为孤僻，不喜欢和陌生人交往，甚至还有意避免同陌生人交往。他们表现为在新情况下容易惶恐不安，在强烈和紧张的情形下容易疲劳，在熟悉的环境下表现得很安静，动作迟缓、软弱，具有高度的情绪易感性，情绪体验强烈而深刻、持久且不外露，容易察觉别人不容易察觉的细节。

抑郁质的教师在课堂教学中往往按部就班，细致而平板，讲课生气不足，语言平铺直叙，缺乏表情，举止迟缓、软弱。但他们富于想象，看问题比较深入，往往能够一针见血，为人老成持重、小心谨慎，办事有条不紊，不求速度只求质量，有一种坚韧不拔的精神。这种坚忍的性格更利于教师专业的发展。①

教师的兴趣、爱好、性格等个性特征决定着其教学艺术的个性，与教学风格有着密切关系。口头和文字表达能力的强弱、表达节奏的快慢、对课堂气氛要求的松严、创新能力的大小和教学观念的新旧等都会对教师的教学风格的形成产生影响。在课堂教学中，有的教师激情洋溢，有的教师娓娓细语；有的教师习惯采用一种教学方法，有的教师喜欢在教学过程中不断变换教学手段。而这些风采各异的教学风格都主要来自于教师的个性特征。正是由于这些个性特征在讲台上的表现才使教学风格呈现多样性，使教学成为一门多

① 肖耀根．教师气质类型与教学风格的关系．华中农业大学学报(社会科学版)，2008，2.

姿多彩的艺术。

（二）地缘因素

一方水土养一方人。特级教师的教学风格明显受地缘因素的影响。北方的教师教学风格粗犷大气，南方的教师教学风格婉约细腻。一个地区的地域文化传统也会影响教师的教学风格，这种影响主要表现在地域文化对教师的审美、个性及处事方式的影响和制约上。中国地域辽阔，地区间的差异表现在语文教学风格上就有了“南”“北”之分。这种差异从文化人类学和社会心理学的角度来看，就是地域差异对人的性格的影响。南方人的委婉和北方人的豪放迥然不同。北京的霍懋征、王秀云、叶多嘉、许嘉琦等诸位语文名师所体现的扎实、严谨、稳健、厚重的课堂教学艺术风格，透射着北京这一历史都城的深厚人文积淀和今日作为政治文化中心的那种雍容纯正的教育文化特色。而我们从上海的袁瑢老师以及贾志敏、左右仁、徐鹄、万永富等多位名家的教学艺术中，又不难看出其灵动、鲜活、婉约、秀美的共有特色，它与上海这个高度开放的经济大都会的地域文化也有一脉相承之处。综观全国各地小学语文教学风格的灿烂星空，可以看到不同地域文化的投射，齐鲁文化的雄奇厚重而风力遒劲，巴蜀文化的深邃大度而气质高妙，吴越文化的精致秀美而骨力非凡，岭南文化的明快刚健却又不失圆润有致……①著名语文特级教师于永正出生在山东，从小受到当地京剧文化的熏陶感染，在学校被同学和老师称之为“小梅兰芳”，走上教学舞台之后，于老师把京剧表演艺术巧妙地运用到了语文教学中。他常常巧妙地设计角色，以不同的身份走进课堂，使课堂更加生活化，形成了幽默谐趣的教学风格。再如出生在吉林的窦桂梅老师具有东北人的豪爽、直率的性格，无论是平常授课，还是公开教学，激动处，神采飞扬；感慨时，扼腕长叹。她总是以自己奔放的激情解放学生的思想和情感空间，引领学生跨越时空的界限，让语文学习过程成为学生情感生活、精神成长的过程。特级教师周益民出生在江苏省滨江傍海的小城海门，多水的家乡在他的性格中注入了大海般宽广的基因，也造就了他的课堂教学如水般灵动的风格，让他的课视野开阔而又如诗如画引人入胜。浙江自古就是富庶之地，浙江人精明能干、重商务实的特点影响着浙江省教师对教育事业的

---

① 周一贯.当前小学语文教学的风格、流派与主旋律.语文教学通讯，2008，8.

执著追求。浙江人口流动频繁，历史上大量的北人南迁，更是促进了浙江的文化交流，特别是南宋时盛行的“闲情逸致”，演绎了浙江的固有文明，更使浙江人具有了多才多艺的特质。所有这一切都造就了浙江不仅是“文化之邦”，也是“名师之乡”。从古时的历代师表范仲淹、心学首创王守仁、泰山北斗刘宗周……到近代的学界泰斗蔡元培、爱心大师夏丏尊……可谓书不胜书。当代的浙派语文名师，更是群星辉映、人才辈出，从朱雪丹、郑玲、罗云仙等到王燕骅、杨明明、张化万、王崧舟……不仅带动着浙江小学语文界，在全国也具有相当的影响力。浙派名师队伍的不断兴旺壮大，无疑与浙江地域文化的滋润、人文精神的恩泽是无法分割的。这种风格差异从文化人类学和社会心理学的角度来看，就是地域差异对人的性格与审美倾向影响的结果。

（三）阅读学养

除了个人气质、地缘因素外，特级教师的学养和个体经验是影响其教学风格的决定性因素。特级教师通常都具有较高的社会文化修养和专业修养。他们的职业道德修养水平、知识结构状况、教育教学能力构成了他们教学风格的文化基础。教师的职业道德修养，如人格境界、对教育事业的热爱和献身精神、对学生的挚爱与关心、对教学工作的热情与责任心等，对其教学境界的开拓与加深起着决定作用。风格是人格的外显，人格是风格的灵魂。人格是形成一切艺术风格包括教学风格的内隐要素之一，决定着一位教师的风格的品位和格调，影响着其风格的倾向。一位教师的知识结构，如知识的储存量、广度、深度、系统性以及各种知识的复杂而独特的联系，为他在教学中广征博引或深刻论证提供了基础条件。如有的教师自身文化素养雄厚，学识渊博，因而能把课文内容与课外知识穿插串讲，妙趣横生，使学生在学习中收获甚丰，乐趣无穷。所以教师的知识结构也决定了其在教学风格上有不同的优势及表现。教师教育教学的组织管理能力、认知能力、设计能力、表达能力、实验操作能力等，构成了其教学风格的一般能力基础。人的生命需要锻造，而阅读是最重要的一环。

持续而有计划的阅读是促进教师教育思想形成的重要原因，明确的教育思想又是直接催生教师教学风格的动因。人的气质先天形成，但后天勤奋努力的积淀却是教师专业成长的根本内因。特级教师大都和普通教师一样从师范毕业，而不一样的是特级教师往往更加自觉地通过持续的阅读不断地积累和丰厚自己的精神生命。俗话说“腹有诗书气自华”，“书到用时方恨少”。美国诗人狄金森用诗的语言指出了经典阅读之于人精神成长的重要：“没有一艘船能像一本书，也没有一匹骏马，能像一页跳动的诗行那样，把人带向远方。”一个人的阅读史，就是一个人的精神成长史。几乎没有哪个特级教师的成长不得益于书籍的滋养。陶行知先生有一句名言：“唯有学而不厌的先生，才能培养出学而不厌的学生。”综观自古以来的教育名家，没有不勤学的，也鲜有师长不好学而子弟自动上进者。教师唯有从古今中外的一切文明成果中汲取营养，才能成为学者，成为名师。不断读书，不断积累，特级教师们大多都是永远的“学者”，这不仅因为一种为学者的自觉，更因为一种为师者的自觉，是因为对教书育人这一崇高使命的真切领悟。

特级教师窦桂梅指出：“书籍是留给人类的遗产和礼物。一个不读书的民族是没有希望的民族。学校教育所承担的责任之一，就是培养终生的读书人。身为教师的我们，自己先读起书，再自然而然地带着我们的学生们读书，将人类文明珍贵的‘货物’经由书本，运送给一代又一代的学生，这是一种责无旁贷的义务，更是一种无以言说的幸福和美丽的事情。”①通过坚持不懈的阅读，特级教师在博览中收获着思想，积淀着智慧，汲取着力量，找到了自我。

特级教师华应龙出生在江苏苏中农村，他酷爱阅读，早年就被评为当地的“十大藏书家”。他坦言：“读书成就了今天的我。”他回忆说：“我的年历上没有星期天，没有节假日，有的只是一天五六个小时的睡眠，更深夜半，烛泪将尽，常常是和衣而睡。一觉醒来，踏踏步，暖暖身子，继续看书……”②华应龙爱买书，调到北京工作后，每月必去一次西单图书大厦，捧书而归，在办公室慢慢细读。出差在外，一定要逛书店。工作之余，他每每徜徉在书海里，碰到可心的书，不读完他吃不香、睡不着。他读书的时间大多是在深夜或凌晨，而且天天如此，年年坚持——正月初一的早上也不放过。华应龙说，从他的经历来看，不读书，他不会成为特级教师。他家里的书柜摆满了三种书：教育类书籍、人文社科类书籍和数学类书籍。而数学类书籍中，有许多与华罗庚有关。因为看多了数学大师的教育故事和生活经历，讲课时，华应龙会随口

① 窦桂梅.读书，教师必须的生活.新课程(综合版)，2011，1.

② 华应龙.华应龙课堂实录.华东师范大学出版社，2009：5.

溜出华罗庚的名言，或渲染课堂氛围，或启发学生思考，或画龙点睛。读多了名家的著作，华应龙对教育有了越来越深的理解。在一篇教育随笔里，他这样写道："应该像农民种地那样教书，要像农民那样不误农时，要像农民那样因地因物制宜，要像农民那样耐心等待，不做揠苗助长、贻笑大方的事，要像农民那样不责怪庄稼，而是反思自己，学生上课为什么不专心？作业为何总是出错？"[①]长年累月的阅读和思考，促使他形成了"容错"的数学教学艺术风格。

特级教师王崧舟是公认的最具学养的小学语文教学名家之一，深厚的教学底蕴造就了他的"诗意语文"。他的课深沉、厚重、诗意盎然，他的课堂教学被称为"作为艺术存在的课堂"[②]。王崧舟在一次演讲中告诫渴望成为名师的人们："底蕴是书堆起来的……文化底蕴怎么修？很简单，又很难。说它简单，因为只有一条路。说它很难，因为这条路要坚持走下去，非常困难。这条路是什么？这条路就是读书。"王崧舟是这样说的更是这样做的：

我读了大量的书，没有干扰，没有诱惑，心静下来，只要自己感兴趣的书都读，当时读书的动机也非常单纯，不是为了考试，也不是为了文凭，读书只是为了读书。我读什么书？读宗教类的书，读哲学类的书，读文学类的书，读美学类的书，读"老三论新三论"的书，读人物传记类的书，读种种红学的书甚至读中国古代素数类的书。什么奇门遁甲啊，周易看相啊，什么书我都读。而且这样读书不带任何功利，没有任何外在的干扰，纯粹是自己志趣所致，因为我从小就爱读书。

我的藏书大概有六千多册，我的书房里，顶天立地的都是书。我自己拟了一副对联挂在书房，上联是：明月一帘无心照。因为我书房的窗外是开阔的地带，有小河，有廊桥，流水淙淙，杨柳依依，风景这边独好。晚上能看到月亮从东边升起来。下联是：诗书半斋随意读。流行的书，我读，不流行的书也读。入世的书，帮助我更好地活在俗世的书，我读；出世的书我也读。教育类的书，我读；非教育类的书我也读。语文课程类的书我读；非语文专业的书也读。学术类的书我也读，国学经典类的书我也读，西方经典的书我也读，儿童

---

① 华应龙．读书成就了今天的我．中国教育报，2011－3－24．

② 王小庆．作为艺术而存在的课堂．小学语文教师．2007，1．

的书我也读……①

特级教师于漪回顾自己的成长经历时说："我一辈子工作当中始终觉得自己孤陋寡闻。我年轻时，读书条件艰苦，那时读书是要借的，读通夜，第二天还给人家。现在的孩子读书的客观物质环境不知道要好多少倍，关键是看他们的主观因素。年轻人读书印在心里，刻在脑子里，滋润心灵，受用一辈子。当然，我指的是读经典的、优秀的作品。年轻人就应该趁着精力旺盛、记忆力好，多读书，读好书。但是，文化是有层次的，有高雅的，也有低俗的。人要从善、从贤，就要从小接受好的东西，打下好的底子，否则就会影响辨别能力，让垃圾文化侵入孩子们的肌体，浸染一个灵魂。"②

深厚的阅读积淀丰富了特级教师的学养，净化了特级教师的心灵，使特级教师以一种坚定的"学者"姿态，不断完善着自身，从而成为真善美的象征和化身：真的品格——真得如老林硕大的山参，真得如冰山纯净的雪莲，真得如幽谷第一瓣兰花；善的心灵——博大得心空如海、心野如原，宽厚得灵山绵绵、灵水浩浩；美的情怀——拒绝诱惑，傲视丑陋，渴望奉献，追求一条险峻陡峭却步步登峰的小径。真正的学者拥有一颗自由的心灵，它超越了世俗偏见的藩篱，拒绝了名缰利锁的诱惑，真诚地全身心地投入和倾注在向前之旅，执著地追求人生的无限充实，收割着生命的一片锦绣。

丰富而开放的心智，是与读书、学习分不开的。周益民认为，他成长最为关键的因素是，对未知领域的新鲜感与热情。除了啃教育书籍，他还填补自己在文化、历史、哲学上的空白；他与中学、大学的老师接触，向他们求教学习，他"感到了自己的瓦解、崩溃，又有一种新的东西潜滋暗长"；他采访海内外 20 多位儿童文学作家，同多位文学理论工作者保持联系。他说："他们打开了我认识教育、认识语文的另一扇窗。"南京市琅琊路小学特级教师戚韵东认为，教师成长是漫长的心灵之旅，而这个旅程是从阅读开始的。想要在阅读中提升判断与思考能力，就要学会静下心来不断叩问自己内心发出的声音。心智的丰富和开放，与在读书吸收的同时又不断地写作输出思想也是很有关系的。特级教师闫学说："在我个人成长的过程中，读书与写作始终是成长的

---

① 王崧舟．王崧舟讲语文．语文出版社，2008：29.

② 于漪．一辈子学做教师．上海教育，2009，Z2.

双翼。我总是把读书与写作结合起来，并在读书与写作中寻找行走的力量。正是不间断的读书与写作让我开始了飞翔。”“不停地行走，奇迹就在未知的前方。”①

（四）经验积累

任何一种教学风格都来源于教学实践，教师自身的教学经验积累也是影响教学风格的重要因素。经过一轮教学周期，教师会对其中比较成功的教学过程留下满意而深刻的印象，对其中感觉不理想的部分也会记忆犹新。在下一轮教学周期中，通过对上一轮教学周期的总结及新的教学技术的应用，教师的教学水平必定有所提高。经过如此若干轮的教学周期，教师的教学艺术的个性会在教学实践中得到充分而有效的发挥，在教学中运用的教学模式和教学技术也逐渐熟练、成熟和富有成效。在教学实践经验积累的基础上，在不断进行教学技术创新的过程中，一种属于他自己的教学风格会逐步形成。在经验积累的过程中，一些偶然的经历往往会对特级教师教学风格的形成起到独特的作用。

1982年，15岁的我走出山村，走进吉林师范学校。4年后，我以优异的成绩毕业留校做文书工作。同学们羡慕，我却不情愿——既然学习了4年的师范，就该成为一名好教师。几经周折，终于改派我到吉林市第一实验小学。由于分配太晚，我被安排到教务处做辅助工作。在这个岗位，我一干就将近5年，先后教过语文、音乐、数学、美术、自然常识、思想品德几门课程。每一次代课，我都全力以赴。代数学课时，所带班级成绩名列前茅；代音乐课时，上过大型公开课。但我感觉自己还是喜欢语文，而且语文教学也能更好地丰富自己的底蕴。因此，几年里我没有停止过恳求领导，要求更换岗位——教我最喜欢的语文。1991年，我终于如愿以偿。“打杂”的5年，使我开阔了眼界，积累了经验，综合素质得以全面提升。我也会不自觉地把音乐、美术、多媒体、信息技术等形式整合到语文教学中。②

---

① 成尚荣．生活在规律中的主人．人民教育，2009，9．

② 窦桂梅．激情与思想：我永远的追求——特级教师专业成长研究．课程·教材·教法，2004，5．

这长达5年的代课经历非但没有磨灭窦桂梅对教育对语文的“激情”，反而让她在横向的多种学科教学的比较中，明晰了语文教学的“思想”，增强了她学科整合的意识，磨炼了她全面的教学技艺，“开阔了视野，积累了经验”，提升了自己的综合素质。无独有偶，特级教师王崧舟也有一段特殊的代课经历：

我分配到上虞的时候，不教语文，叫我干什么呢？叫我当大队辅导员。教什么呢？美术、音乐、地理、历史，等等，这些在别人看来都是“下三滥”的课，然后时刻准备为别人代课。哪个老师生病了，去；哪个语文老师生小孩了，去，代一个月的课。我就是这么个角色，但是那时候校长就是特别看好我。他说：“要参加教坛新秀评比，非你莫属。”就这么一步一步上来了，这是第一。第二，这个人（指王崧舟自己——引者注）教书时间一年也不到，却拿了绍兴市教坛新秀，而且在当时，百官师范附小还是比较差的学校。所以他们觉得不可思议，但是就是那一次教坛新秀的评比，却给了我工作成长中的一个激励，一个极大的震撼，使我猛然意识到教学经历、教学经验在教师成长当中并非一道不可逾越的鸿沟。你只要是有心人，只要你肯学习肯钻研肯思考……

王崧舟以风趣幽默的语言回顾了自己刚走上工作岗位时的这段特殊的“打杂”“代课”的经历。这段颇具“喜剧”意味的经历，锻炼了王崧舟的教学技能，同时也给了他崭露头角的机会，给了他职业的信心，增强了他职业的信念，为他后来教学风格的形成奠定了基础。

（五）学科特性

不同的学科具有不同的性质，不同的学科学习也有不同的特性。文科重情感重情趣，理科重思维重逻辑。学科性质的不同决定了教学内容、教学方法、教学手段的不同。学科本位要求学科教学具有相应的“学科本味”，即语文课要有“语文味”，数学课要有“数学味”，历史课要上出“历史味”，等等。以同是基础工具性质的语文和数学学科来说，差异便相当明显。语文是“重要的交际工具，是人类文化的重要组成部分”，语文与生活的密不可分要求语文是一门“实践性很强的学科”；数学是“思维的体操”，注重知识的关联、建构、迁移是数学教学的重要特点。

教师所教学科本身的性质和特点会影响其对教学方法的选择和教学语言的运用。教学方法和教学语言是教师锤炼教学风格时不能忽视的制约因素。学科教学风格的形成是以切实把握所教学科的性质、特点、具体要求和教学规律为前提和基础的。学科教学风格大致可以分为文科类教学风格、理科类教学风格、艺术体育类教学风格三种类型。①

文科所包括的学科具有相同或相似的特点与要求，其文科特性对于文科教师教学风格的形成具有一定的制约性。比如说，思想教育的鲜明性、文学教育的感染性等，要求文科教师具有相当的思想水平、合理的知识结构，注意课堂氛围的营造、社会经验的渗透、想象力的发挥，等等。小学阶段的文科包括了品德与生活（或品德与社会）、语文、英语等学科。教师应该注意深入研究所教具体学科的特性，使自己的教学风格更好地为具体的学科教学服务。

语文是一门比较特殊的学科，集工具性、人文性、言语性于一体，既是一门科学，又是一门艺术，带有教书育人的综合导向性、传道授业的职能目的性、说文解字的艺术欣赏性、言谈表意的深刻性、师表风范的强烈示范性、情感激发的直接感染性以及理解教材的独创再现性等特征。语文教学不同于自然科学，教师不能像做实验似的，按照操作步骤就能取得预期效果。每一位语文教师都是独立的个体，加之语文教学内容（特别是文学作品）具有多解性，“一千个读者就有一千个哈姆雷特”，因此语文教学千人千面，难以强求其全同。语文的这些学科特性，使语文比起其他任何一门基础学科，在教学上更需要体现教学个性和教学风格。风格的背后是思想，而思想有利于形成教育者的教学个性。一提起真正的教学大家和名家，我们首先想到的不是他们的哪一堂课，而是他们的教育教学思想或观点和他们的课堂折射出的独特教学风格。特级教师们形成的教学艺术风格，在长期的教学艺术实践中逐步形成的独具个性魅力的教学风貌，是他们在教学语言的运用、教学方法的选择、教学过程的安排及教学情趣、教学作风等方面所显示出来的较为成熟、稳定的教学活动特征的综合。

叶圣陶先生曾说：“语文教学特别强调情感活动，语文教育要努力形成教学风格，你只有渊博的知识还当不好语文教师，你必须学会传达，能绘声绘

① 季银泉主编.课程与教学论.南京大学出版社，2009：242.

色，以独特的魅力来感染学生，来产生感情的共鸣……”不过这丝毫不意味着所有语文特级教师的教学风格就趋向于同一，实际上，同样是语文特级教师，他们的教学艺术风格仍是各不相同：同是老一辈的特级教师，于漪和宁鸿彬的风格不一样；同样是年轻的特级教师，程红兵和黄厚江的风格不一样；同样是上海的老一辈特级教师，陈钟梁和钱梦龙的风格不一样；同样崛起于山东的年轻特级教师，程翔和韩军的风格不一样……既然“一个千个读者就有一千个哈姆雷特”，那么，一千个语文特级教师完全可能有一千种风格。语文的这些学科特性，使语文比起其他任何一门基础学科，在教学上更需要体现教学个性乃至教学风格。著名特级教师的教学风格精彩纷呈，如于漪的“人文教育风格”，钱梦龙的“三主四式风格”，张孝纯的“大语文教育风格”，魏书生的“民主加科学风格”，程红兵的“语文人格教育风格”，韩军的“新语文教育风格”……

理科教学与文科教学有显著的区别，它内置了定义、原理的讲解，公式的推导、验证，逻辑关系的揭示，图表的运用，实验的演示、操作，等等。这些教学活动的特殊性要求理科教师具备清晰流畅的思路、准确严密的语言、科学求实的态度，确保教学的科学性。小学阶段的理科包括了数学、科学、信息技术等学科或教学内容模块。教师应该注意深入研究所教学科的性质与教学规律，使自己的教学风格更好地为学科教学服务。

数学学科的特性决定了数学特级教师的教学风格特征。数学教学是一门主要运用理性，以理服人的科学，同时，它也是需要运用情感，以情感人的艺术。数学特级教师更注重在教学中表现出情感性的教态，创设出情感性的情境，挖掘出教学内容中的情感性因素，置学生于一种情感激发、陶冶的气氛中。情感不仅有动力作用，而且能消除疲劳，激发创造，使学生乐此不疲，思维敏捷灵活，富有创造性。另一方面，由于数学是一门科学，教学过程必须融进美的创造和追求，才能达到数学的情感意境。数学教学内容中的审美因素，正如庞加莱所说，就是各个部分之间的和谐、对称以及恰到好处的平衡，等等。井然有序、和谐协调是教师将教学内容进行整理与演化过程中所追求的目标。这种追求应包括仪表、体态、语言、风度和内在的品格。

数学还是一门严谨的科学，缜密性是数学思维的重要品质之一。数学特级教师在长期的教学过程中必然会形成缜密的风格特征。数学很多时候是作为工具运用到很多领域的，如航空、军事等，而这些领域是不允许有任何一丝偏差的，所以在教学过程中对学生进行思维缜密性的培养就显得尤为重要。

教师面对的是千差万别的学生，不可能用刻板的公式去解决课堂上出现的各种问题，无论是教案、内容处理、教法选择，还是教学手段的应用、教学过程的组织、数学解题的指导，都需要教师发挥自己的独特性和创造性。对于同一个教学内容，教学风格不同的人，其处理方式也会不同。对教学内容的不同处理，既是针对教学对象的差异采取的相应措施，更是教师教学风格独特性的表现。在教学内容结构方式上，教师有的注重学科本身的逻辑性，环环相扣，层层推进，严谨而细密；有的注重学生认知的顺序性，从事实入手，巧妙地联系实际经验，引导归纳，步步深化，灵活而有趣。有的采取直线推进式，有的采取螺旋上升式。在教学内容叙述的策略上，有的教师擅长单线叙述，条理清晰；有的擅长复线叙述，层次分明。有的善于开门见山、单刀直入地直接叙述；有的善于峰回路转、曲径通幽地叙述。在教学内容的把握视角上，有的教师喜欢化零为整、整体设计、谋划安排，从而优化整体效果；有的喜欢化整为零、解剖分析、各个击破，从而落实点滴到位。①

一位高明的数学特级教师，不仅应善于运用严密的逻辑，而且要善于运用生动、鲜明、具体的形象，通过直观性语言和感性化材料的辅助来展开数学问题的思维活动，能借助于语言、动作、表情等对所讲授内容给予形象表达；能借助比喻、类比、数形结合等艺术手法对感官材料作形象处理；能借助幻灯、投影、电影、电视、网络等电化手段，使学生通过视听形象学习。这是因为在中学阶段数学对于学生来说比较难学好，很多时候知识比较抽象，这个特征可以帮助学生更加轻松地学习好数学。

此外，艺术体育类的学科教学具有很强的直观性、技能性和艺术性，其课程目标首先指向技能的训练。而技能的训练如何展开，技能传授与知识教学的关系如何处理，教学中的人文性、艺术性、科学性如何兼顾与渗透，教师教学风格的追求如何与这些问题的解决结合起来等，都是值得特级教师们在教学实践中特别关注的。

---

① 杨艳. 中学数学教师教学风格的形成研究. 湖南师范大学学位论文，2009：13－14.

三、特级教师教学艺术风格的形成过程

教学风格是教师在长期教学实践中形成的，富有成效的一贯的教学观点、教学技巧和教学作风的独特结合和表现，是教学艺术个性化的稳定状态的标志，也是教师在教学艺术上高度成熟的体现，是教师人生追求的最高境界。教学风格的形成是一个漫长的不断选择、积淀、强化、推广的过程，是一个从模糊到逐步清晰的过程。综观特级教师群体，教学风格形成大体经历了从初显教学个性到形成独特教学风格再到形成较有影响的教学流派的过程。

近年来，部分学者根据对我国教师实际情况的研究对教师成长的不同情形进行过划分。连榕、孟迎芳（2003 年）在前人研究的基础上，结合我国教师的特色，主要以教龄和职称两方面为依据提出过三阶段论：新手型教师，熟手型教师，专家型教师。[①] 申继亮（2002 年）等在研究中发现关于教师成长的历程有两种不同的观点：一种是三阶段论，包括熟悉教学阶段、个体经验积累阶段和理论认识阶段；另一种是四阶段论，包括学徒期、成长期、反思期和学者期。[②] 周立耕（2002 年）等的研究认为，教师的成长一般要经历四个阶段：探索期、适应期、成长期和成熟期。[③] 柳夕浪（2005 年）认为，综观特级教师的成长历程，他们大都经历了从师范生期、新手时期、“蜜月”时期、“高原时期”等几个成长阶段[④]，最终从一名教学的新手逐步成长为优秀教师和专家型特级教师，教学的个性日渐鲜明，教学的风格逐步明晰，并在自己的影响下形成一定的教学流派。

（一）教学个性

教学个性是一个古老的命题。我国春秋时期孔子的启发式教学和古希腊苏格拉底的“产婆术”可谓是开了教学个性实践探索的先河。但是到了近

---

① 连榕，孟迎芳．专家—熟手—新手型教师教学策略与成就目标、人格特征的关系研究．心理科学，2003，1.

② 申继亮，费广洪，李黎．关于中学教师成长阶段的研究．天津师范大学学报（基础教育版），2002，3.

③ 周立耕，严建成等．初中骨干教师成长规律研究．师资培训研究，2002，1.

④ 柳夕浪．回归本原的教师研究．北京大学出版社，2005：4.

代，由于科学主义的盛行和教育普及的现实，教学技术成了教师发展和课堂教学追逐的主流。后来随着人文主义思潮的兴起，教学个性和与教学个性相关的话题被重新提起，一度成为探讨的热点。

没有独特性就没有教学风格，这种独特性就是教学艺术的个性化，简称教学个性。教学个性是教学风格的准备和初步阶段，教学风格是教学个性的进一步明确和定格。教师的教学个性与教学风格是紧密相联的。教学风格是个性化教学相对稳定的状态，它包含个性化教学；个性化教学是教学风格的核心。特级教师教学个性的形成通常经历以下几个阶段。

1. 模仿

模仿性阶段是教学风格形成的初级阶段，这个阶段最突出的特点是模仿。教师个体通过吸收他人的成功经验，模仿优秀教师的教学行为，使用他人的教学方式和方法，试探性地进行教学，其目的是尽快地获得教学技能。没有模仿，也就无从创新。但模仿的一个很大缺点就是带有不成熟的“他人性”，缺乏教师自身的个性。模仿并不等于简单搬用，死板遵从，更不是依葫芦画瓢，而是要高标准、严要求，善于琢磨思考，得其精髓。特级教师王崧舟在回顾自己步入专业成长“快车道”的历程时说：

一方面是大量读书，一方面又是大量听课。出于教导主任的职务之便，我得以有大量沉入课堂的机会。各种各样的听课，听各种各样的课，每年累计不会少于200节。绝大多数的课，我都小心翼翼地做了记录和反思。我现在能一边听课一边写反思，就是那时养成的习惯。十几本听课笔记摞在那儿，随便翻翻都成了一种莫名的享受。就在随便翻翻中，那些感人的、迷人的、烦人的教学场景和课堂细节再次勾起我的探究欲望，我开始了不知微格研究的微格研究。没有人逼我这样做，纯粹是出于一种满足好奇、探究这类生命原欲的需要。于是，导入、点拨、板书、提问、训练、结课、延伸、情境……一项一项地梳理，一项一项地琢磨，又一项一项地被当时的《浙江教育》印成了散发着墨香的铅字。我沉迷其中，陶醉其中，大有庖丁解牛、踌躇满志的味道。

但长期沉醉于微格研究的自然结果是对听课的“审美疲劳”。于是，我就变着法儿避免自己的感觉被“石头化”。“实录还原”是我最先尝试的招式。我会心甘情愿地将上万字的课堂实录还原成上千字的教学设计，又会将上千字的教学设计还原成上百字的课程意图。把课读薄后，我又逼迫自己往回走，将课程意图重新还原成教学设计，再将教学设计重新还原成课堂实录，把课重新读厚。这种来回还原的折腾，无疑是治疗微格研究中“审美疲劳”、“感觉石头化”的最佳偏方。

如果说实录还原让我洞悉了隐藏在课堂现象背后的另一种教学逻辑、另一种课堂的深层语法结构，那么，情境填空则极大地刺激了我无中生有的精神诉求和创造智慧。在我看来，课堂实录并非一个真实的教学世界，而是一个有着无限教学可能的空白世界。所以，琢磨教学实录最好能避免一览无余、一泻千里，必要时应该遮遮掩掩、断断续续。

当某一课堂突变进入我的视野时，我会毫不犹豫地将记录后续事件的文字遮掩起来，让自己迅速置身于这一特定的课堂情境，设想自己可能做出的一切反应、一切行动。

我让自己活在了那个虚拟而又真实的教学世界，我会调用自己的全部教学经验、教学激情和教学智慧去填上那个假想的空。正如曹文轩所言：“这个世界不是归纳出来的，而是猜想演绎的结果。”当既成的课堂事实大白于眼前的时候，我会为所见略同而惊喜，为超乎其上而得意，为自叹弗如而沮丧，为别有洞天而激动。一次又一次的情境填空，不仅让我猎取了丰富的课堂语汇，也因此复制下千姿百态、千变万化的鲜活课像。

就这样，六七年的沉潜，肚子里装进了上百本书、上千堂课，这些书和课慢慢发酵，慢慢溶解，慢慢注入我生命中的每一根血管、每一个细胞。表面看来确乎平静，没人知道你在干什么、想什么，但是平静的底下，生命的能量却在不断贯注不断蓄积不断膨胀，它终有一天要喷发。

形成成熟的、具有个性化特征的教学风格，单凭自己的教学经验是远远不够的。鲁迅先生说过，如果单凭自己的经验，“一条暗胡同，一任自己去摸索，走得通与否，大家听天由命”。[①] 对绝大多数教师而言，没有一个模仿学习的过程，独创几乎是不可能的。因为人类心理中的联想、类比，从科学意义上说就是思维的模仿。科学上的仿生也可以说是模仿带来的创造。可见，模仿并不必然导致没有创见。恰恰相反，模仿往往诱发创见，因为任何一个有主

① 鲁迅.二心集·做古文和做好人的秘诀.人民文学出版社，1981：269.

体意识的人，其模仿决不会也不可能像复印机。所以关键在于辩证地模仿。其一，“取法乎上”，得其精髓。对成熟的教学风格要有鉴赏力，因为教学风格的内部结构是多层次的。其二，模仿要适合自己的条件。国画大师齐白石有句名言：“学我者生，似我者死！”说的就是模仿要得法，不要照搬。因为最好的方法，在某种情况下可能是最坏的方法。其三，不拘一家，博采众长。不同的教学风格有各自不同的特点。因此，去粗取精，适当运用，模仿才能恰当。

教师要形成自己鲜明的教学个性，需要从三个方面下功夫。首先要勤奋并广泛阅读。综观特级教师的成长之路，我们发现几乎没有哪个特级教师不是博览群书的，没有一个不以嗜读为乐的，他们和普通教师显著的区别之一就在勤奋阅读上。诚如史建筑所说：“我近乎苛刻地规定着自己每天的阅读量和写作量，起初极不适应，自己经常和自己打架，后来竟磨合得非常默契，到了欲罢不能的地步。单是2005上半年就读完了季羡林、冯友兰、李泽厚、周国平、沈致远、朱永新、肖川、海德格尔等人的十几本书。”[①]著名特级教师程红兵“文史哲样样爱看，唯独不爱看教学参考书”；以勤奋著称的清华附中特级教师、首都师大兼职硕士生导师赵谦翔说他“所能做的只是笨鸟先飞，一个劲地飞，硬背《古文观止》，死抠《说文解字》，穷翻《辞源》《辞海》，朝朝暮暮沉浸在古今诗文的鉴赏里”；张家港高级中学校长高万祥的书房陈列着人类古今中外文明的思想精华，他踌躇满志地在自己的书橱前走过，宛如一个拥有百万精兵的将军，而他的每一个“士兵”，几乎都是人类的思想大师。[②] 其次，要保持独立的人格。只有人格独立的教师，在阅读与鉴赏中，对文本的感悟和体会才更接近生命的本真，才有可能进行再创造，才能在教学中找到“我自己”。如果一位教师迷信权威，盲从模式，囿于教参，精神上不能独立，思想上成为奴隶，则肯定无教学个性可言。再次，要勤于写作。“我思故我在”，“我写故我在”。“语文教师应当热爱写作！”著名特级教师王栋生说出了千千万万名师们的心声。王栋生一直热爱写作，到中学工作后写过近百万字的教学杂记和工作随笔。他从1988年开始给报社写专栏杂文，十几年间发表了杂文随笔近两千篇，出过4本书，其中《中国人的人生观》与《中国人的用人术》出了台湾版，又被译成韩文，在汉城出版。他说，这些都是当初没想到的。他还

① 袁洪涛.怎样做一个优秀的语文教师.语文教学与研究，2006，26.

② 侯晨雨.著名青年语文特级教师成长关键词点击.教育实践与研究，2006，5.

说:“我从来不认为自己是杂文家,我是语文教师,写作仅仅是我的习惯而已。我喜欢写作,是因为我觉得每次写作都是一次发现,一次创造。同样,在我的作文教学中,我也把这种发现与创造的乐趣告诉学生。如果一位教师自己不爱写作,他的学生会爱写作吗?写作没有占用我多少时间,却给我的教学带来许多新的思路。因为毕竟写作需要发现,需要思想,需要锤炼语言,而这些正构成语文教师的基本素质。”①教师只有在不断的笔耕中才能找到自己,发现并发展己之所长,进而形成教学个性。

学习他人的经验是为了更好地创新,教师在教学中要敢于“走自己的路”。既要虚心向他人学习,博采众长,为我所用,又要根据自己的特点大胆探索、创新,独辟蹊径,独树一帜,切忌邯郸学步,故步自封。教师在教学实践中,必须超越简单的模仿,那种“依葫芦画瓢”的做法,只能适得其反,弄巧成拙。

2. 创造

教学终究是一门艺术,课堂教学中一味的模仿终究成了不自己,模仿达到熟练的程度后,特级教师们总会经过自己的思考、加工,悟出其中的奥秘,开始用自己的语言、表达方式进行探索性的教学,从而进入独立阶段。独立是形成教学艺术风格的关键阶段。要达到独立,必须做到两点:一是多思考,领悟别人教学艺术的真谛,使自己豁然开朗,这是思考与理解的本质。二是把模拟与自己的实际教学相结合,做到学以致用,不生搬硬套。大多数教师从教几年后,都可进入独立教学阶段。教师进入独立教学阶段,就自觉不自觉地建立了自己的教学形象。这是一个教师全面素质的展现,也是教学风格形成和发展的基础,由普通的教学形象到独特的教学风格之间,尚需教师不懈努力,完成自我的超越。所以对于教师来讲,必须始终保持清醒的自我意识,来监控自我形象的塑造。

特级教师的成长大都是在课堂教学的磨炼中实现自己创造的飞跃。“教师的生存方式往往是重复的,日复一日、年复一年的课堂教学极易造成教师新鲜感的消退,创造激情的淡化,以至造成课堂教学的厌倦及不负责任。”特级教师许卫兵说:“我觉得最基本的方式就是‘教学＋研究’。这二者中,‘教学’是基础,而‘研究’恰恰可以让日复一日的平淡教学变得鲜活、充满张力。”

---

① 侯晨雨.著名青年语文特级教师成长关键词点击.教育实践与研究,2006,5.

为了驱赶重复感，追求创新的活力和张力，他每天吃完晚饭就到办公室批作业，备课，看老教师的备课笔记，记录教学中的得失案例，并结合自己的工作尝试着写文章，对教学中的思维进行整理。经过5年左右的时间，许卫兵渐渐从一起毕业参加工作的同行中脱颖而出。对名师来说，每一堂课都是新的，每天的太阳都是不同的。用张齐华的话来说，就是“要把每一堂课都当作公开课来上。这使日常课一开始便具有了淡淡的研究基质，而这一弥散性、日常化的教学研究，为自己积累了对数学、对儿童、对课堂、对教育的十分丰富的感性经验与素材，无形中构成了自己专业成长的资源库。”

特级教师的创造尤其表现在公开教学的创新上。张兴华常说：“不加思考地上一个学期的课，不如扎扎实实地上好一堂观摩课、研究课。”张齐华认为，自己“是一个典型的由公开课成长起来的教师”。他说：“从一节观摩课的打磨中，你会收获很多，这种收获又会对其他课的教学产生一种迁移。”这种打磨，可以让你有从未有过的经历，让你有从未有过的体会，让你在教学的全过程中有几个来回，让你走进课堂教学的深处，探寻到教学的奥秘。所以公开课的最大价值，不在课的本身，而在备课和研究的全过程。名师正是在公开课的洗礼中成熟起来、成长起来的。这是不可回避的事实。[①]

特级教师尤其注重在反思中成长，持续的教学反思是教学创造的动力。叶澜教授说：“一个教师写一辈子教案不一定成为名师，如果一个教师写三年的反思，有可能成为名师。”反思一般是指行为主体立足于自我以外的批判地考察自己的行为及其情景的能力。教师的反思是指教师在教育教学实践中，对自我行为表现及其依据的“异位”解析和修正，进而不断提高自身教育教学效能和素养的过程。如果一个教师仅仅满足于获得经验而不对经验进行深入的思考，那么即使有20年的教学经验，也许只是一年工作的20次重复。一个教师必须善于从经验反思中吸取教益，否则就不可能有什么改进，永远只能停留在一个新手型教师的水准上。

特级教师华应龙就是一个反思的高手。让我们看看他是怎样反思自己的教育教学实践的：

走进华应龙老师的课堂，你会发现一个很奇怪的现象：他的教室后面总

---

① 成尚荣.生活在规律中的主人.人民教育，2009，9.

是架着一台摄像机。一问才知道，为了课后的反思和研究，华应龙老师要把自己的课录下来。他常常对刚走上讲坛的老师说："不妨听听自己的课。"看华应龙老师的备课本，好像也没有什么特别之处，但当你看到他的教后记时，便会明白他的课为什么如此精彩。华应龙老师的备课本写满了反思，他的成功之处就在于反思，不断地反思，不断地改进教学，不断地超越自己。

2004 年 11 月 13 日上午，在安徽省蒙城县实验小学，华应龙老师借班讲授《初步认识分数》。在讲完分数各部分的名称、分数的历史和写法以后，华应龙老师让学生写一个分数，并说一说这个分数的意义。

一个看上去胆子很小的男孩用一张长方形的纸片表示出 3/5 的意义。华应龙老师问："3/5 表示什么意思?""表示 5 份中的 3 份。""这 5 份是怎么分的?""平均分。""对了!"华应龙老师示意他坐下。

在交流的时候，华应龙老师有意让他锻炼一下。华应龙老师说："这位同学说得很对，并且特别强调了'平均分'！你能把两句话合成一句吗?"那男孩有些激动，声音明显高了许多："把 5 平均分成 3 份。"同学们笑了，华应龙老师也惊讶地张开了嘴。一名同学在底下纠正道："把一张纸平均分成 5 份，3 份就是这张纸的 3/5。"华应龙老师佯作嗔怪，其实心里挺感激那位快嘴的孩子。要知道快下课了，男孩的发言是很打击课的效果的。"我们应该让人家自己改过来。"华应龙老师示意那男孩重说。男孩说对了，老师和同学们一起鼓掌。在总结阶段，华应龙老师强调："谢谢那位同学，是他提醒了我们，3/5 不是把 5 平均分成 3 份，而是把一个东西平均分成 5 份，取其中的 3 份。"

后来，华应龙老师深刻反思了课堂教学，明白了那男孩说的"把 5 平均分成 3 份"，也许是他潜意识里分数的真正意思，而不是鹦鹉学舌的话语。那么，这是什么原因造成的呢?

华应龙老师想：一是在教分数的意义时，过于重视表示分数的三要素——平均分、分几份、取几份的归纳，而忽视了单位"1"的渗透，以致学生头脑中搞不清把"什么"平均分。二是教材中和板书中对分数是这样写的——四分之三。这种读法一开始就容易使学生以为："3/4 是把 4 分成 3 份。"

因此，华应龙老师在其后的教学中，非常重视单位"1"的渗透，以避免这种错误认识的发生。今年年初，华应龙老师在人民大学附小再次讲《初步认识分数》。新课伊始，华应龙老师就把 3/4 的读法板书成"四'份'之三"。一写完就有学生在下面说了："噢，是四份中的三份!"

教师应成为反思性实践者，这是新时期教育教学改革的需要，也是实现教师专业成长的必经之路。有学者指出：对教师而言，能否以“反思教学”的方式化解教学中发生的教学事件，这是判别教师专业化程度的一个标志。华应龙认为，在反思的过程中，不论对自己的每一次否定是不是正确，置身其中，首先能感受到的是一种执著和专注的精神，一种永不满足、不断进取的精神。

华应龙老师对自己的要求是，同是一节课，今天讲的要与昨天讲的不一样，每一次备课都要生成一些新的东西。他很欣赏叶澜教授的一句话：“一个教师写一辈子教案，不一定成为名师，如果一个教师写三年反思，有可能成为名师。”

有志于教学反思的老师，常会被这样两个问题所困扰：反思什么和如何反思。对这两个问题，我们不妨从华应龙老师的案例中寻找答案。华应龙老师的教学反思告诉我们：教学中的任何疑难问题都可以成为反思的对象，对教学中任何困惑的思考、探索都有可能成为教学智慧产生的源泉，而每次反思都会有助于提高自身的教学能力。此外，实践是检验真理的唯一标准。反思之后当再用实践来检验，再实践以后再反思：为什么有的方法是行的，有的方法是行不通的？以寻求新的解决方法，而这也是增强教师反思能力必不可少的环节。①

华应龙的笔记本电脑里有一个系列的学习研究“文件夹”，而每个文件夹下面，又有“教案”文件夹、“课件”文件夹、“反思”文件夹、“后记”文件夹……这每个文件夹里面，又有他一次一次思考与修正的教案及全国其他名师上这一课的教案，有他一次一次修正的课件，有他一次一次所作的反思，有他每次上课后的记事。对每一节课，都研究到这么深入，恐怕想不做特级教师都难！

任何一个教师要形成自己的教学风格并非一朝一夕就能实现，而要经过一个漫长的教学磨炼过程。这个过程是有志于形成自己教学风格的教师由模仿到创造，由合乎规范到显示特色，由必然王国到自由王国的发展过程。

3. 个性

自17世纪夸美纽斯提出班级授课制以来，人们普遍接受这样一种教学理

① 李建平. 华应龙教育教学艺术系列报道之六：不妨听听自己的课. 中国教育报，2005－5－31.

念，即教学是充满规律的可预见过程，只要教师掌握一定的技能技巧，并遵循规律去教，则教学必然会获得成功，于是赫尔巴特的“五段教学法”长期被奉为经典。无可否认，逐渐细化了的教学原则、教学方法、教学模式可以极大地提高现代教学的效率，但我们也不能不承认，一味依靠教学原则、教学方法、教学模式有可能使教师在不断完善的程式化课堂教学实践活动中漠视了课堂的动态性、生成性和复杂性，而一味埋首于短期内既定目标的达成。由此，工具理性使教师专业发展背离了原初的发展轨道，走向了一种技术的偏执，使教师沦落为教学活动被动执行者的尴尬境地，逐步丧失了教学的主体性和创造性。理想的教学本应是一种彰显个性的创造性活动。

乌申斯基曾说过，只有个性才能影响个性的发展和定型，只有性格才能影响性格。苏霍姆林斯基也认为，一个无个性特色的教师，他影响的学生也不可能有任何特色。个性化意味着自己的教学艺术与他人不同，来自艺术家而异于艺术家，同时意味着“青出于蓝而胜于蓝”，是对模仿对象的超越。

（二）教学风格

“面壁十年图破壁。”著名作家孙犁说过：“风格的形成，带有革新的意义。”因为“新”是风格美学要素中起决定作用的要素。教学风格的形成阶段的主要特征是革新成分较多，教师不断突破别人，突破自己，教学的独创性不断地表现出来。

教师要想在长期的教学实践中形成自己独具特色的教学，就必须具有鲜明的个性。教师个性的张扬对个性化教学的形成、丰富和发展起着举足轻重的作用。但是个性并不排斥共性，任何教师的个性化教学都是在遵循一般的教学规律、原则和方法的基础上发展起来的，不能为了“个性”而打破一切教学规范，这是对“个性”的曲解。教师要想让自己的教学上升到个性化教学，就必须具有鲜明的个性，在教学上做出卓有成效的贡献，使教学融入自己独特的个性特征并呈现独特的人格魅力。

教师个性化教学需要在稳定中求发展，因为只有不断地学习他人，突破自我，完善自己的教学方法，才能永葆个性化教学的生机与活力。教师要想在个性化教学上不断完善自我，需要对教学进行不懈的追求与探索，需要不断地与时俱进，超越自我。个性化教学是在发展中形成，又在发展中不断完善的。小学数学教育专家和教育改革家邱学华个性化教学风格的形成过程就是这样。他从16岁起，就在一所农村小学开始了教学生涯，从未读过教育学、心理学。后来经过艰苦努力，他以优异的成绩考入华东师范大学教育系，几经波折，历尽坎坷，但是他始终坚持小学数学教学法的研究工作。邱学华在长期的小学数学教学理论与实践的探索中，逐步形成了具有中国特色的、独具教学风格的“邱学华教学法”体系。由此可见，个性化教学的形成是一个逐步探索、不断成熟的过程，是不断自我优化的过程。一个教师从初为人师到成长为教学艺术家，需要具有坚强的毅力和敢于为教育事业奉献自己毕生精力的精神。个性化教学的优化发展，有赖于教师自我教学追求的不断提高，有赖于整个社会、整个学校对教师个性的充分尊重。①

上海特级教师庄起黎是一位在艺术教学领域不断开拓、不断创新的老师。他的座右铭很有独创性：肩膀上长着自己的脑袋。庄老师的课崇尚对学生思维能力的培养，他指出：“现在最难的是创新精神，它很难在一门学科中就培养出来。创新思维是一种形象思维、发散思维、联想思维，这是我们所缺乏的。因为我们一直都对音乐、美术等课不大重视，对没有正确答案的东西不大重视，所有学科都围绕着逻辑思维、记忆思维，连蒙学的东西也变成死板的、有确定答案的了。”所以他始终让学生在教师引导下自主探究，并总结出“思维引导”的教学方法。正因为庄老师“肩膀上长着自己的脑袋”，所以他能拾级而上，步步见效。随着教学经验的日益丰富，他的教学风格也日趋鲜明、完善，终于形成了自己独特的教学风格。

著名特级教师顾泠沅曾对另一位特级教师于漪的教学艺术风格的形成进行过总结，他说，于漪第一年是撇开任何教参逐字逐句写教案，第二年是搜罗所有教参改教案，第三年整合新的体验再度重写教案，三年就成为语文骨干教师，她的成长过程很好体现了“实践＋反思＝成功”的教师发展公式。教学风格的形成，是教师在教学艺术上成熟的重要标志。这一阶段的特点是风格定型化。它是教师本人独特的创造力和审美价值稳定地定向在教学领域中的个性特色，是教学所追求的最高境界。这一阶段，教学处处闪烁着创造的火花，教学中刻意追求的痕迹越来越少，内化了的个性特点表现为由不随意性转化为随意性，真正到了言为心声、收放自如的境地。而且这种教学的风格特色得到学生的欣赏、同事的赞同，并具有了社会影响力。那些著名的

① 姜淑颖. 教师个性化教学的形成. 山东师范大学学位论文，2009.

特级教师，正是因为有了自己独到的教学风格特色，才赢得了学生和社会的一致认可。

由此可见，教师教学风格的形成是教师个人锐意进取、博采众长和自我成就高度结合的过程。但须注意，教师形成了自己的风格后，不等于对教学风格的追求就可以停止。因为时代在前进，教学对象在不断变化，教师本人也会由青年时血气方刚、朝气蓬勃，变为中老年的沉稳持重。为自己的教学风格不断注入新鲜的内容，让其保持旺盛的生命力是特级教师终生追求的动态目标。独特的教学风格是教学艺术的最高境界，它的形成对教学效率的提高和学生个性化学习起着不可估量的作用。

（三）教学流派

从教学个性到教学风格再到教学流派的发展轨迹是一种历史的必然。《现代汉语词典》对“流派”的解释是“学术思想或文艺创作方面的派别”。教学流派是指一些教学主张相近、教学风格相似的教师在教学艺术实践中自觉或不自觉、正式或非正式地结合在一起并在一定范围内产生影响的教学派别。

教学流派的形成方式是多样的：既可以是自觉的，也可以是不自觉的；既可以是正式的，也可以是非正式的。所谓自觉的结合，是指用一定的组织形式加以固定，发表共同的教学宣言，开辟共同的活动阵地，出版共同的教学刊物，等等。而不自觉的结合，是指有的教学流派并没有一定的组织形式，也没有发表过共同宣言，只是因为这些教师有共同的教学见解或艺术风格，别人对他们进行总结，或他们自己进行总结，给予一定的称号。前者往往是正式的，后者往往是非正式的。教学流派会产生一定的影响。教学流派能否被人们认可，关键在于它究竟有没有明显的教学效果，有没有在一定范围内产生实际影响。教学流派若缺乏足够的影响力，则难以名副其实，久而久之只能自行消亡。①

教学风格是形成教学流派的基础和先决条件。没有教学风格，就没有教学流派。只有相当数量的教师首先拥有了某种教学主张，形成了某种相似的教学风格，才能具有创立某种教学流派的基础和条件。换句话说，离开了教学风格，教学流派就仿佛是无源之水、无本之木，就不成其为教学流派。可见，教学风格是教学流派的核心。同一教学流派中的不同教师的教学，在教

① 李定仁，李如密. 教学流派初探. 教育理论与实践，2004，1.

学风格上总有这样或那样的近似、一致，才能形成特定的同一教学流派。所以不同教师教学风格之间的近似、一致是形成流派的决定性因素，正是在这一意义上，我们才说教学风格决定教学流派的形成。但是，教学流派和教学风格二者之间又有明显的区别，不能相互混淆。教学流派主要指一个具有相似的教学理论和实践主张构成的教学研究共同体，而教学风格则主要指具有某种教学个性、审美情趣的教学理论家和教师个人。不能说具有相同的和相似的教学风格的教师就一定可以形成教学流派，但是同一教学流派之中的教学理论家和教师的教学风格基本上是一致的。当然也有可能同一教学流派中不同教师和教学理论家的教学风格有较多差异，但这也是同一教学流派中的不同教学风格。因此可以说，教学风格是属于个人的特性，而教学流派是属于集体的共性，是某种教学风格趋于成熟的凝结物。或者说，教学风格闪现着教师个体的创造精神，教学流派集结着教师群体的创造力。

成尚荣先生认为：教学流派“一定有一名或数名领袖式的核心人物或代表人物。流派是人的集合，更是人的创造。教学流派的形成，不是一个人‘单枪匹马’，还需要一批合作者，他们是核心人物的响应者、追随者、继承者”。教学流派“一定要有共同的教学主张，它是主导教学流派发展的核心思想，是教学流派的支撑性理论”。最重要的是，教学流派“一定要有重要影响，被同行、专家所公认和赞许。它有独特的魅力吸引人、凝聚人，以显著的成果为别人所借鉴、所学习，其影响有较大的范围和可持续性”。①

以一些特别优秀的特级教师为中心，在他们既已形成的教学风格的影响下，各个学科都形成了一些影响力不等的教学流派。例如邱学华的“尝试教学流派”，魏书生的“六步教学法”，李吉林的“情境教学流派”，王敏勤的“和谐教学派”，张思中的“十六字教学法”，倪谷音的“愉快教育”，刘京海的“成功教育”，等等。

语文教学研究领域一直异常活跃，在流派建设中显现出生机勃勃的喜人景象，其中有代表性的教学流派有：

1. 情感派

情感派的特点是十分重视语文教学中的情感因素，重视通过熏陶感染塑造学生心灵。该派以于漪、欧阳代娜、程翔为代表，重点区域在上海、辽宁等地，代表著作是于漪的《语文教苑耕耘录》、程翔的《语文课堂教学的研究与实践》等。

---

① 成尚荣．苏派与苏派研究．江苏教育，2010，5．

2. 导读派

导读派在中学界以钱梦龙、蔡澄清、黎见明为代表，在小学界以靳家彦为代表，其特点是强调教师指导下的学生训练，把语文教学过程当作能力训练过程。该派的重点区域在上海、安徽、四川等地，代表著作是钱梦龙的《导读的艺术》、蔡澄清的《中学语文点拨教学法》等。

3. 思维派

思维派以宁鸿彬为代表，其特点是用创造理论指导语文教学改革，培养学生的创造素质。该派主要区域在北京、河南等地，代表著作是宁鸿彬的《面向未来改革语文教育》《宁鸿彬文选》等。

4. 管理派

管理派以魏书生、张富为代表，其特点是将控制论、管理学运用于语文教育，把教育管理和语文教学结合起来，强调培养学生的自学能力和自我教育能力。该派主要区域在辽宁、江西、广西等地，代表著作是魏书生的《魏书生文选》《班主任工作漫谈》等。

5. 情境教学派

情境教学是由著名特级教师李吉林倡导的。李吉林有独树一帜的主张：在追求真善美的统一中实现儿童发展的理想目标；在活动与环境的统一中确立儿童发展的主体地位；在激活与塑造的统一中开发儿童的生命潜能。她从语文的情境教学方法入手，不断开拓创新，由“情境教学法”到“情境教学论”，再到“情境教育论”，发展出一套旨在促进儿童生命整体发展的教育理论体系。她强调在情与境的融通中实现人的整体发展的先进理念，旨在促进儿童生命的整体发展。在她的影响下逐渐形成了影响遍及全国的情境教学流派。

6. 识字教学流派

小学教学中涌现出诸多影响深广的识字教学方法，逐渐形成了识字教学流派。公认的识字教学流派有二十多个，其中最有影响的是集中识字流派与分散识字流派。集中识字的特点是“先识字再读书”，注重充分运用汉字构字规律，注重在学汉字的同时培养学生的思维能力、识字能力。集中识字于1958年由辽宁省黑山北关实验学校首创，1960年北京景山学校运用集中识字法取得了很大成绩，改革开放后由中央教育科学研究所继续此项研究。由此，形成了“两山一所”的集中识字教学流派。分散识字是1958年由江苏南京的斯霞老师实验成功的一种注重音、义联系，以“字不离词、词不离句、句不离文”为主要特征的识字教学方法。它与集中识字以字形为核心不同，强调在具体的语言环境中识字，把生字词放在特定的语言环境中来感知、理解和掌握。其影响力遍及全国，成为与“集中识字”并重互补的识字教学流派。①

除上述教学流派外，有影响的语文教学流派还有以洪镇涛为代表的语感派，以武镇北、王文延为代表的目标教学派，以杨初春为代表的快速写作派，以程汉杰、晏茂心等为代表的快速阅读派，等等。这些教学流派各具特色、各有千秋，它们与上述教学流派共同构成了改革开放 30 年来语文教苑百花齐放、流派纷呈的繁荣局面。

进入新课改，教育工作者理论视野的开阔和教学思维的活跃都是空前的。在这样的背景下，许多优秀的语文特级教师提出了他们对语文教育各自的主张，主要有：王崧舟的“诗意语文”，张伟的“球形教学”，孙双金的“情智课堂”，薛法根的“智慧教学”，孙建锋的“享受语文”，李卫东的“感悟语文”，盛新凤的“两极之美”，刘云生的“滋育心根”，陈建先的“本位语文”，吉春亚的“爱在语文”，等等。从各自教学理念的确立到个人风格的形成，再到与此相应的教学模式、教学方法的创生，在被公众认可、社会悦纳的前提下，他们都已经具备了成为一种教学流派的潜质和可能。②

邓小平说：“不同的学派之间要互相尊重，取长补短。”教学流派的互相吸收与补充，有益于教学流派的发展和完善。文学上“梅塘派”的重要成员莫泊桑说：“我怎能奢望属于哪一个流派呢？一切时代的、一切体裁的、在我看来最完善的东西，我一律欣赏。”他又说：“艺术的流派是可以各不相同的，艺术的崎岖途径也可以是多种多样的。”因此，他很注意向各种流派学习。从国外教学流派的发展趋势看，存在着各流派之间思想、理论互相吸收的情况；在学校教学中，各流派的教学方法、形式等也是互相补充的。我国教学流派的发展，已经或将会出现这种趋势，因为这种趋势是合理的。

四、特级教师教学艺术风格的主要类型

“风格即人”，因为每个教师都有与众不同的师承、教育、个性、学识、习惯

---

① 李冲锋. 30 年中小学语文教学流派的形成与发展. 基础教育课程，2009，1.

② 周一贯. 当前小学语文教学的风格、流派与主旋律. 语文教学通讯，2008，8.

以及生活际遇等，这种主体自身的独特性，决定了教师教学艺术风格的多样性。席勒曾说，最理想的风格就是具有“最高度的独特性”。老舍也说：“风格是各种花的特有的光彩与香味。”作为“文化—艺术”过程的课堂教学，本身就是丰富多彩的，特级教师在教学实践中创造的教学风格异彩纷呈，不胜枚举，争奇斗妍，各领风骚。甚至可以说，有多少位特级教师就有多少种教学风格。这就给教学艺术风格的分类研究造成了困难。对众多的教学风格进行分类研究不是一件容易的事，却又非常必要。目前国内教学理论界在对教学风格的分类研究上，尚未达成共识，还没有统一、明确而严格的分类标准，有的失之粗略，有的失之繁琐。综合诸家的研究成果，侧重从课堂教学的美学典型风格层面，我们把特级教师的教学艺术风格分为以下四种：诗意诗化型（唯美）、清新简约型（清简）、情绪情感型（激情）和机智幽默型（智慧）。

（一）诗意诗化型

基于对语文教学中功利、技术和效率至上等理性思维的深刻批判和持续反思，走进重建后的新课程，我们欣喜地看到课堂教学的百花园中一派诗意盎然。在这里，我们观瞻着人文大旗在猎猎长风中高高飘扬，领略着诗情画意在小桥流水里轻轻荡漾。走进一些特级教师的课堂，人们都会不由自主地感叹：“诗意！”

所谓“诗意课堂”，就是教师用诗样唯美的语言演绎着课堂，用诗样的精巧锻造着课堂，用诗样的意蕴营造着课堂，用诗样的激情澎湃着课堂。诗意的课堂充满了浓浓的诗意：涌动着诗的灵性，洋溢着诗的浪漫，弥漫着诗的芳香，勃发着诗的激情，流淌着诗的旋律，演绎着诗的精彩。诗意的课堂是追求美的课堂，也是迸发智慧、传递真知、彰显人性的课堂。诗意的课堂具有新课程的一切特征，它关乎生命、生活、生存和生态，关注体验、感悟和对话，注重培养学生的语感、灵性、情感和思维，以促进学生生命的发展和心灵的成长为旨归。

1. 诗意的课堂是情感的课堂

语文教学是一门塑造心灵的艺术，因此语文教学理当以情动人。语文特级教师尤其深谙此理。教师应是性情中人，是对生活对生命充满了挚爱的人，是善于体悟世情、发现良善、拥有一颗敏感心灵的人。语文本身就是充满感性和人文色彩的学科，一篇篇文章由充满浓厚情感的字符组合而成。刘勰说："缀文者情动而辞发，观文者披文以入情。"苏霍姆林斯基说："没有一条富有诗意的感情和审美的清泉，就不可能有学生能力的全面发展。"诗意课堂的最大魅力就在于情和美。诗意语文的倡导者特级教师王崧舟说："语文用形象作词，用感情谱曲。语文看上去是一幅幅多姿多彩、形象鲜明的画，读出来是一首首情真意切、感人肺腑的歌。"[①]语文教学就是要营造情感氛围和审美空间，调动学生的阅读情感，使学生处于一个有血有肉的精神世界中，领略作品的艺术情感，提高人文素养和生命品质。

特级教师王崧舟在课堂里淋漓尽致地实践着诗意语文的教学理念。情感，是他课堂的标识。在课堂上，他激情投入，以情会文，以情激情，用自身的情去激发学生内心的情。置身于王崧舟的课堂，我们感受到的是涌动着的浓浓的诗的情感，或高亢激昂，或悲婉凄清，听课者、学生、老师一起融入了文本，激动着、愤怒着、自豪着、悲伤着、兴奋着……每一个身处其中的人都沉醉并被深深感染。

师：同学们，长城是古代劳动人民血汗和智慧的结晶，是我们中华民族的骄傲和自豪。想看看吗？（出示课件：展示长城各方位的视频影片）

师：（深情地）同学们，这就是我们的万里长城；这就是我国古代最伟大的建筑物——万里长城；这就是气魄雄伟的万里长城；这就是建筑年代久远的万里长城；这就是工程浩大的万里长城；这就是施工艰难的万里长城；这就是用古代劳动人民的血汗和智慧凝结而成的万里长城；这就是令中华民族骄傲和自豪的万里长城；这就是永不低头、永不流泪的万里长城；这就是象征着中华民族百折不挠、坚强不屈的万里长城；这就是我们的万里长城！（掌声）

师：同学们，面对这巍然屹立的万里长城，此时此刻，你最想说的是什么？请把你想说的话写下来！（生写话，师巡视）

师：同学们，把心中的歌，把笔下的情，通过你的读表达出来。来！

生：长城是个奇迹，是一个由一个伟大的民族创造的气魄雄伟、建筑年代久远、工程浩大、施工艰难的伟大奇迹。

生：我爱我们伟大的长城，更爱我们伟大的中华！

生：长城是我的骄傲，我们的骄傲，我们中华民族的骄傲。正如美国前总

---

① 王崧舟.王崧舟教学思想与经典课堂.山西教育出版社，2005：319.

统克林顿所言:“长城是一个奇迹,一个伟大的民族创造的伟大的奇迹。”

生:刚毅、庄重的万里长城,是我国劳动人民血汗和智慧的结晶,是我们的骄傲,我为自己是一名中国人而感到自豪。

生:万里长城下的一砖一瓦、一土一石,都蕴含、渗透着古代劳动人民的血汗和智慧。

生:我爱长城,我爱中华,我为我是一个中国人感到无比自豪。

生:我为我是个中国人、为劳动人民智慧的结晶而感到骄傲和自豪。

生:啊!万里长城,你果然是中华民族的骄傲!

生:这万里长城,不是石砖建的,而是由千万个生命、千万滴血汗组成的。坚强、刚毅、庄重的万里长城不是风风雨雨、电闪雷鸣所杀得了的。(掌声)

生:万里长城,你是我国人民的骄傲!你代表了中国坚贞不屈的精神!你象征着一条正在腾飞的中国巨龙!(掌声)

(学生每次回答后教师的评价语言略)

师:全体起立!让我们一起为我们的长城,为我们的民族——预备!读——

> 长城啊长城!
> 你向人们描绘着中华山河的锦绣,
> 你向人们诉说着中华文明的悠久,
> 你向人们展示着中华民族的智慧和力量。
> 今天,我终于登上了长城!
> 我站在崇山峻岭的高峰之巅,
> 我站在气魄雄伟的城楼之上,
> 向着群山,向着大海,纵情高呼:
> 我爱长城!我爱中华!

师:真好!同学们,老师相信长城的故事一定会世代传唱;长城的美句一定会千古流芳;长城的精神一定会永放光芒。下课!(掌声)①

正如有人指出的:“无论是学生还是教师,在聆听他(指王崧舟——笔者

① 王崧舟.王崧舟教学思想与经典课堂.山西教育出版社,2005.

注)的课时,都会凝神屏息:不仅课堂中享受到了'美',而且在课后忍不住要去'思'。"[①]王崧舟的课堂为什么具有如此的魅力?这是因为"王崧舟从来都不仅在进行课堂教学,他更在进行一种'艺术创作':在这个过程中,他以自己对人和世界的理解,以一种艺术性的行为去解读文本的生命意义;同时,用他的教学思想,激活课堂参与者的精神追求。我们或者可以说,他的课堂,是一个对内凝聚、对外辐射的'艺术作品'"[②]。王崧舟老师说:"语文教育的最大魅力就在于她的'情'和她的'美'。营造情感氛围和审美空间,调动学生的阅读情感,使学生置身于一个有血有肉的精神境界之中,领略作品的艺术情感,提高语文素养和生命品位,这才是诗意语文的终极关怀。"

2. 诗意的课堂是审美的课堂

诗意的课堂也必然是审美的课堂。闻一多先生在新格律诗运动中提出的"三美"的诗歌美学规范——音乐的美、绘画的美、建筑的美,同样对构建诗意的课堂有借鉴意义。课堂教学追求的绘画美,是追求课堂教学有良好的色调,创设美好的课堂情境和课堂意境,让课堂有整体的画面感;音乐的美指课堂教学要注意情感节奏的调控,做到明暗有序、疏密有致、张弛有度;建筑的美是要求教师对课堂教学结构的把握如行云流水,注意课堂教学起、承、转、合各环节之间的衔接和变化。

特级教师盛新凤的课堂就是审美的课堂,她的课如行云流水般优美流畅,如画卷般绚丽多彩,如音乐般抑扬顿挫。

师:同学们,春回大地,春意盎然!在这春光明媚的日子里,盛老师常常想起自己在学生时代学过的著名作家朱自清爷爷写的一篇文章,叫《春》,写得非常美,我想背几句给你们听听,好不好?

生:好!

师:春天像刚落地的娃娃,从头到脚都是新的,它生长着。春天像小姑娘,花枝招展的,笑着,走着。春天像健壮的青年,有铁一般的胳膊和腿脚,领着我们上前去。(幻灯片出示,配乐朗诵)

师:写得美吗?

生:美!

---

①② 王小庆.作为艺术而存在的课堂.小学语文教师.2007,1.

师：你们想不想来读一读？

生：想！

师：好，春天……（师引读）

生：春天像刚落地的娃娃，从头到脚都是新的，它生长着。春天像小姑娘，花枝招展的，笑着，走着。春天像健壮的青年，有铁一般的胳膊和腿脚，领着我们上前去。

师：这几句话赞美了春天万物复苏、繁花似锦、生机勃勃的喜人景象。今天这节课，老师和同学们一起来学习两首宋朝诗人写的古诗，咱们看看古人眼中、笔下的春天又是什么样的！请大家打开书，翻到138页，请你们先把《春日》《游园不值》这两首诗念一念，看看能不能把它们念得很通顺、很流利！①

语文本来是美的：美的词藻、美的音韵、美的意境、美的意蕴。语文教学也应是美的：美的朗读、美的语言、美的情感。好的语文课如画、如诗、如歌，给人以审美享受。盛新凤的语文教学婉约雅致，清新秀丽。在课堂上，或重锤轻敲，举重若轻；或因势利导，顺水推舟；或穿针引线，左右逢源；或巧点妙拨，游刃有余；或巧布疑阵，柳暗花明……学生则在平等的对话中，放言高论，自由发挥，喜怒哀乐，流露无遗。学生的"自由"是想象、思维和言语的"自由"，是无拘束的生命潜能的释放，是自由自在的内在情感的宣泄，是无所顾忌的言语的交流。美学家的关于"美在自由"的重要命题在这里得到了完满的诠释。教师以轻松愉快的方式把美的对象显示给受教育者，使学生在接受教育时，完全出于自觉，出于对美的渴求和向往。儿童专注于美的观照之中，精神上处于一种自由状态。在这种氛围之中，学生心情舒畅，情绪昂扬，任想象驰骋，任思路开展，任感情激荡。

3. 诗意的课堂是"诗"和"思"的课堂

置身在诗意的课堂，我们每每获得的绝不仅仅是视觉和情感上的审美享受，更打动我们的，是在课堂和文字当中充盈着的思想的力量，那种有着温润质地的、浪漫而不张扬的、馥郁而不凌厉的思想的力量。特级教师周益民的课堂，就是一种由思抵达诗的境界，又对观者发出了由诗返回思的召唤的课堂：教师以诗的方式解读着文本，以诗的语言展开着对话，从而让平凡的语文

① 盛新凤.盛新凤讲语文.语文出版社，2008：155.

课堂远离了琐碎、平庸和乏味，师生之思抵达了本文的灵魂深处，使教师与文本、教师与学生、学生与文本的对话有了一种震撼人心的力量。

这是一个凄美动人的故事，为了与一株蔷薇的美丽的约定，一只蝴蝶逆风而行，至死不渝，用生命践行了对爱、对忠诚的誓言。经周益民老师的精心演绎，孩子们和台下近千位“长大的孩子们”完全沉浸其中了。

“来做做蝴蝶的代言人吧——”这个带着明显周氏特色的邀请，轻轻地，拨动了孩子们的心弦——

——蝴蝶，蝴蝶，是谁给了你力量，让你如此的坚强？

——那儿有一棵蔷薇，我们去年相约，今天是我和她相会的日子。

——蝴蝶，蝴蝶，看风这么大，我们到那边的亭子里歇一会儿，等风停了再赶路？

——我可不能等！真的不能等！我不能让她失望！

——为什么，这约会那么重要吗？

——今年她只为我开放；如果我今天不能和她见面，她就会凋谢。

——那是怎样高贵的一朵花啊！

——在别人看来，她也许是一朵普普通通的花，但对我来说，她是独一无二的。

——来吧，来吧，快来避避风，刚才多危险啊！

——我不该呆在帽子里，让您带着我走。我要自己飞到她的身边。即使这大风阻挡我飞到她那儿，我的灵魂也会飞去见她。

对！仿佛是对灵魂的叩问，但一只只“小蝴蝶们”经受住了这叩问，经受住这灵魂的洗礼。在风起云涌、步步紧逼的追问中，“小蝴蝶们”毅然选择了勇敢，选择了爱，也得到了爱的力量。

还不满足于此，周老师——这位课堂教学的工艺师——接着更进一步引领着学生进行了一场更“有意义”的追寻：“静静地想一想——蝴蝶和狂风，到底谁更强大？”显而易见，对于这弱小的蝴蝶来说，肆虐的狂风是多么强大，你看蝴蝶的翅膀已经被风吹得像秋叶翻卷了。然而，仅仅如此吗？眼睛见到的就是世界的全部吗？这位深谙教育之道的智者知道“冥思”将能开掘出何等的智慧：

“我认为蝴蝶的力量大，狂风虽然可以吹走蝴蝶的身体，但是吹不走他的信念。”

“蝴蝶爱的力量是无限的，而狂风的力量是有限的。”

“我觉得蝴蝶比狂风更强大。狂风的强大只是外表，他再强大，也吹不散蝴蝶的期望，吹不灭他想见蔷薇的心愿。”

对！“你尽可把他消灭掉，可就是打不败他。”就是这么神奇，或许人性就是相通的，亦或许儿童本身就有一颗最为纯真的心。然而还是不能不让人惊叹，是什么力量，让刚上小学的孩子有了与海明威那部不朽的作品所表达的主题惊人相似的感悟？

还不仅止于此。“同学们，你们觉得，这一路上他孤单吗？”一石激起千层浪，孩子们纷纷找到了认为蝴蝶并不孤单的理由。突然，一个孩子动情地说：“他不孤单，因为还有我们！”聪明的老师随即应道：“对呀，蝴蝶，还有我们，有我们这一双双眼睛在注视着你……”读书的最高境界是什么？是人物两忘，孩子已经完全融进了这故事中，孩子们在为蝴蝶担忧，在为蝴蝶鼓劲，在为蝴蝶动容。那被风吹裂的翅膀的伤痛，何止疼在蝴蝶的身上，也疼在了孩子们的心上啊！在刹那间，我分明看见了，一个女孩的小手轻轻地拂过自己的脸庞，拭去了眼角滑落的光华。

在课的最后，悠悠地，老师说：“同学们想想，蝴蝶和蔷薇，他们谁更幸福？”这是一个多有深度的问题啊。然而，此时，让学生来思考这样的问题，却是水到渠成——

“我觉得蔷薇更加幸福，因为她的心里有蝴蝶点燃的爱的火焰，那是永远不灭的。”

“我认为蝴蝶更幸福，他在思念中获得了快乐。”

“我认为他们都很幸福，因为他们心中有一个同样的约定，这个约定就像一根红绳，把他们拴在一起，即使天各一方，彼此都会心心相印。”

“我认为蔷薇更幸福，虽然她不能走动，只能等待，但是她有一个为自己可以不惜生命逆风前行的朋友。”

是的，爱无需理由，爱与被爱都是如此的幸福！

“让我们一起去追寻，蝴蝶你在哪里？风息了，你看枝头飘落的最后一片秋叶，那就是蝴蝶；天蓝了，你看拂过头顶的一片浮云，那也是蝴蝶。仰望静静的夜空，你觉得什么是蝴蝶……”

如史诗般的吟唱，就在极远又极近的地方悠然地响起，这是人性的呼唤，这是纯真的澄明，这是心窗的敞亮！至此，我深深地感到，温情的种子已经完全在孩子们的心房中萌动。①

4. 诗意的课堂是文化的课堂

诗意的课堂，并不都是语文的专利。数学是一门理性十足的学科，数学语言本身的准确、概括、凝练自然制约着数学教学语言的风格。然而，从小喜好文学，博览群书，对朗诵、表演等又颇为爱好的张齐华老师，无形中成就了那种既有数学教师的准确、凝练，又有语文教师的激情、诗意的教学语言，加上在课堂上快捷的反应与准确的判断，又使其教学语言多了一份特有的敏锐与智慧。从最初课堂上蹒跚学步的"丑小鸭"，到如今众多数学教师心目中追随的"数学王子"，青年名师张齐华一路走来。张齐华老师以一种古典、审美的情怀，关注学生数学思维方式的培养，关注数学精神品质的有机渗透，不仅丰富了数学文化的内涵，更为今后开展数学文化的理论探索和实践研究，开掘出新的思路，展现了新的契机，描摹着新的未来。特级教师张齐华认为，一个真正意义上的情境应该能激发学生乐于参与、关注和活动的"情"，并引导学生浸润于探索、思维和发现之"境"，它固然需要以具体的场景作背景、载体，然而，场景的呈现能否有效唤起学生的认识不平衡感、问题意识以及认知冲突，场景本身是否能吸引学生主动参与到问题的探究、思考中来，等等，还都有待进一步探索。

基于这样的数学思考，执教"分数的初步认识"一课时，张老师出示了自己1周岁时直立的照片。他让学生猜照片上的孩子是谁？一名学生激动地说："我觉得是张老师。"

师：真有眼力！这是1周岁时的我。仔细观察。（动画演示：身高约是头高的4倍）

师：发现了吗，1周岁婴儿，头的高度约是身高的几分之一？

生：1/4。

师：长大后，情况又会怎样呢？

教师出示现在自己的直立照片，并动画演示：头高约是身高的1/7。

① 曹春华.一扇温暖的人性之窗.语文教学通讯，2006，4.

师：现在，头的高度约是身高的几分之一？

生：1/7。

师：其实，不同的年龄阶段，相应的分数也不一样。同学们现在10岁左右，那么，一个10岁左右的儿童，他的头高又约是身高的几分之一呢？想知道吗？

生：（激动地）想！

教师随即邀请一个学生上台，其他同学一起现场估计。

学生有的猜头的高度约是身高的1/5，有的认为是1/6，有的说比较接近1/7。张老师告诉大家：估计时出现误差很正常。至于10岁左右儿童头的高度究竟大约是身高的几分之一呢，课后同学们不妨去查一查资料。那名学生回到了座位上，其余孩子仍兴趣盎然。①

以上由一张照片创设猜想分数的教学情境，其“醉翁之意不在酒”。题材的新颖、活泼且不说，关键是学生在看一看、比一比、估一估等一系列的操作活动中加深了对分数的认识。这一引入，有机拓展了学生的认识视野，使他们真切感受到分数在日常生活中的广泛应用，切实体验到学习分数的价值。

在“因数与倍数”新课导入部分，张齐华老师创设了操作情境，巧用模型来建构知识，揭示概念内涵；“交换律”课始又创设了故事情境，为新课学习搭建思考平台；“简单统计”中，创设了让学生现场调查的情境，增进学生对统计方法及价值的理解；教学“认识整万数”时，又从拨数游戏开始，在拨数过程中，唤起了学生对计数器、计数单位、数位等相关经验的回忆。

教学“圆的认识”一课时，张老师借助大自然中美妙的水纹、向日葵、光环、电磁波以及人类社会、生活、文化、艺术领域中美轮美奂的圆，充分展示圆的美丽和内蕴的文化气息。“轴对称图形”一课，又从剪纸中的对称、建筑物中的对称、著名标志中的对称、桂林山水中的对称现象来展示轴对称图形的美妙。或许刚开始帮助学生理解数学的文化之美时，需更多地依赖数学以外的一些东西，依托媒体的精彩演示，把自然、科学、社会、文化等诸多信息加以整合，而在“因数和倍数”一课教学的诸多环节，却折射出张老师对于数学文化的深度思考与文化张力的高度关注。他把教学看作生命中的一部分，在课

① 陈惠芳.一路诗意地追寻数学文化.中国教育报，2007－9－14.

堂上为孩子搭建了一个个展示自我的舞台，动手折折、剪剪、拼拼，小组说说、议议，让孩子在体验的过程中去经历审美、想象，去感悟数学的自然美。这样的师生交往意味着对话，意味着参与，意味着心态的开放和个性的张显，教学过程变成了一种分享、理解的过程，课堂里时时闪动着师生生命的灵光。

（二）清新简约型

刚刚开始新课程时，课堂教学一下子热闹起来，在一定程度地焕发出课堂生机的同时，人们也发现过多的课堂学习之外的元素，过度的解读、过度的拓展、过度的媒体、过度的表演、过度的交流严重消解了课堂教学的有效性和学生学习的主体性。因此，简约型教学应运而生。简约型教学是指教学设计与教学实践的高度概括性。简约，并不是简单的压缩和简化，相反，它寓丰富于简单之中，是一种更深广的丰富。课堂教学的简约化，是指对课堂教学的语言锤炼、目标定位、情境创设、素材选择、活动组织、结构安排、媒体使用、课堂评价等教学要素的精确把握和经济妙用，使课堂变得更为简洁、清新、流畅、凝练、深刻，以实现课堂教学的审美化、艺术化、高效化。走进简约的课堂，你就会发现简约的课堂是一种别样的美。

1. 简约，是对学科本体的回归

数学之本质在于化繁为简，在于用简单明了的方式表征复杂的自然与社会现象。教学之本质在于深入浅出，从纷繁复杂的事物中为学生揭示出简单的道理与规则，使学生感受学习之美。特级教师许卫兵的“简约数学”，让我们真切地感受到数学学科特有的简约气质。他从理论层面建构了基于数学学科教学特质的简约教学体系。简约数学教学试图让我们的教学能够走出“形式化”的误区，追求有效性，从而更好地促进数学教学自身任务的完成，在课程改革进入深度反思期的今天，这显得更为迫切。许卫兵用实践提出了对课程改革和数学教学艺术的深入思考：

《认识分数》一课，是苏教版三年级下学期的教学内容，是学生第二次认识分数。三年级上学期学生第一次认识分数时，主要是将一个物体平均分成几份，本节课教学内容是将几个物体平均分成几份。

在这节课上，我们清晰地看到许老师简约而不简单的课堂风格。

在分各种各样物体的过程中，都用“小小虚线来帮忙”。简单的虚线，使得学生准确把握“儿子说再见”——分母的大小。通过简简单单的虚线，学生看到了“份”。

虚线在这节课的教学过程中，从无到有，又从有到无。没有虚线时，虚线的出现给学生带来了很多方便。从小小的虚线，从小小的数学符号中，学生看到了数学的简约美、凝练美。当学生深深喜欢上了虚线这位朋友时，虚线又可有可无。因为它已经成为即使不出现，学生也会时时想起的挚友。

从分1个苹果开始，分出四分之一；继而用8个苹果分出四分之一；用12个苹果分出四分之一。变化的是苹果的数量，不变的是四分之一这个神奇的分数。通过比较的方法，使学生感受到，基于不变的变化更具魅力，基于变化的不变更为坚定。

将变与不变的哲学思考继续发展，引出了孙悟空，不论纵排还是横放，不论个数变化多少，学生仍能穿过迷雾把握住不变。通过类比的方法，学生对分数本质的认识更为清晰。

简简单单的12个小正方体，学生从中分出各种可能。一个个分数带着各自的形象与意义活灵活现，既有二分之一、三分之一、四分之一、十二分之一这样的几分之一，也有跨越雷池的四分之三这样表示几份数的分数，甚而更有奇妙而重要的整体“1”。①

许卫兵老师提出数学课堂教学的“简约”，并不是彻底否定现有的教学而另起炉灶，恰恰相反，他是凭借已有的教学改革的成功经验，以先进的课程理念和教学思想为指导，对数学课堂教学进行反思、调整、提升，使其能除去臃肿的堆积，剥离繁琐的多余，从而达到优质和高效的课堂教学境界。在这里，“简约”既是操作要领，又是理想目标，还是一种教学理念。理想状态下的简约化的数学课堂应该是课堂结构清晰、明快、整体感强；教学素材经济、高效、少而精练；时间控制匀称、舒缓、恰到好处；活动展开层层推进、环环相扣、要言不烦；教师上课轻松、自如、胸怀全局；学生学习愉快、主动、学有成效……

简约教学之路也符合数学学科的本质特征。数学自身的发生、发展、丰富和体系化的历史演变过程，也是人们追求数学理性精神和用数学的方式来表达世界上的各种关系的过程。有学者指出“数学风格以简洁和完美的形式

① 范存丽.简约而不简单的课堂[EB/OL].http://blog.ntjy.net/my_blogs/38406/.

作为其目标”，因此，“作为理性精神的化身”，“作为高度的抽象化、概括化”，数学知识原理、数学符号语言等本身就蕴含着简约之美，而融入数学知识和数学语言之中的数学思想方法、数学思维方式、数学逻辑抽象、数学理性精神更需要通过与数学学科自身特点相匹配的简约教学思想来关照和组织实施。

2. 简约，是对儿童心灵的守护

简约是课堂的返璞归真，是向学科本质的本体回归。但简约并不是简单意义上的“做减法”，而是来源于教者独特的匠心，来源于对教材精心的加工，来源于对教育生活深刻的发现，来源于教师丰厚的修养和高超的教学技艺，来源于对儿童心灵真切、真诚、真实的守护——在有限的课堂教学时间里让孩子的精神得到最优化的成长。只有在简约的课堂中，才能把更多的时间、更多的空间、更多的自主权还给学生，让孩子们得到更多的解放，也把教师从繁琐的教学步骤中解放出来，让教师在课堂中有更多的“闲暇”去关注孩子们的思维，去关注孩子们所说的每一句话、每一个词，使教师真心地“牵挂”着课堂上的主人——我们的孩子，让师生共同收获更多的美丽和精彩。

著名特级教师薛法根说：“如果我们的语文课真正是为学生所想的话，就一定要让学生学有所得，一堂课只要让学生在某些方面有所长进，就足够了，千万不要期待一堂课把所有的东西都教给学生，这样我们的语文课就能干净一点，语文课目标就能简单一点，从而让学生学得更轻松一点，更有效一点。”

在《螳螂捕蝉》两课时的教学中，薛法根老师“组块教学”的理念展现得淋漓尽致。第一课时，简简单单的几个教学环节：(1)生字词的教学，特别注意几个多音字的正音(弹弓、转来转去、大王)，为读通、读顺课文扫清认读障碍；(2)读书思考，课文主要讲了一件什么事，注意讲清事情的起因、经过、结果，既明确了读书的要求，又指明了学习方法；(3)指名分节读课文，相机正音，夯实了第一课时的读书；(4)细细品味故事的起因即第一节，要求用心体会关键词句，重点引导学生体会最后一句话：“吴王固执地说：‘谁敢来劝阻我，我就处死他！’”联系课文内容说说吴王怎样才叫“固执”。结课时，薛老师留下一个问题：“要劝的都劝了，没人敢劝了。这时有个侍奉吴王的少年，他是怎样劝的呢？最后，吴王又是怎样打消攻打楚国的念头的呢？”为下节课的学习埋下伏笔。

第二课时的教学依然是简简单单的几个环节：(1)默写四组词语(分别是：①蝉悠闲自由自在；②螳螂拱着身子举起前爪；③黄雀伸长脖子正要啄

食；④侍奉吴王的少年拿着弹弓瞄准），然后听老师讲“螳螂捕蝉”的故事并进行复述，最好能用上默写的几组词语；（2）课文表演，先自由练习对话，同桌分角色读对话，再每个人就当时情境写台词，两名学生上台做“吴王”和“少年”，其他人做导演；（3）教师总结引出“恍然大悟”，引导学生联系上下文理解意思，学生质疑后讨论一个问题：那个少年为什么不在大庭广众之下对吴王讲这个故事？由此感悟到少年是智劝——注意选择时机。

从两节课的教学来看，简洁精当的板块避免了纷繁复杂的头绪扰乱学生的阅读视线，干净利落地完成从初读感知到熟读成诵再到读有所悟。第一课时的教学着力于“读熟”，了解故事的主要内容，朴实无华而又扎实有效，既让学生充分接触文本，整体把握文本，又训练了学生的概括能力。将“课标”中所提及的“能初步把握文章的主要内容，体会文章表达的思想感情”、“阅读叙事性作品，了解事件梗概”落到了实处。第二课时的教学不囿于文本，大胆地对文本进行“重组”，别具匠心的教学设计有效地推进了文本的学习。从词串到故事，由听故事到讲故事，步步深入，层层推进，完成了复述故事的教学目标。而对于表演这个环节的设计更是语文味十足，薛法根老师没有急于让学生去表演，而是先让学生练习对话，并明确地提出要注意提示语，注意神态、语气、动作，先想一想再读一读。这种将想象与感悟糅合在一起的方法，有效地刺激了学生学习的兴奋点，让学生饶有兴致地走进文本，穿行于语言文字之中，去品味、涵泳。

3. 简约，是对学生主体的尊重

有的课堂教学在理念上追求先进，在手段上追求新潮，在流程设计上追求新亮，表面上似乎将课堂交给了学生，是以学生为主体的，实际上还是教师“强势”，精心预设一切，这种过度预设封闭了学生的空间，让学生成了教师的配角，使学生的主体地位得不到确立。真正优秀的课堂应该是顺学而导的课堂，在课堂上学生应该能充分地发出自己的声音，能听到学生智慧碰撞的交响。全国著名特级教师孙建锋的课堂设计总是很简洁，总是以“蹲下”的姿态尊重、呵护学生，因而他的课总是很美。孙老师在执教《只拣儿童多处行》这篇课文时，扣住“童心”——文本中的童心、作者的童心、学生的童心，通过以疑促读、探究中解疑、超越释疑，与学生进行了心灵的对话。

师：同一课题，有不同的读法；同一课题，也有不同的疑问。

生:“拣”是什么意思?

师:谁愿意帮助他?

生:“拣”,就是“挑选”,有个词语叫做“挑挑拣拣”,还有个词语叫“挑肥拣瘦”。

师:你会思考,善于把未知的与已知的勾联起来思考!

生:为什么要“只拣儿童多处行”?

师:你会问,问的问题很有思考价值。

生:冰心写“只拣儿童多处行”干什么?

师:这个问题有质量!这些问题的答案就在文章的字里行间。请打开课文,端正书本,自由朗读。要求字字入目,句句入心。努力读正确,读流利。

(生练习朗读课文。……)

师:能不能说说这篇散文的意思?

生:只拣儿童多处行,就能找到春天。

生:春游的时候,儿童多的地方就是春天。

师(投影仪出示):在作家冰心奶奶的眼里,儿童就是……就是……就是……就是……请你们带着问题仔细阅读课文。时间五分钟。

(学生边阅读,边圈画)

生:在作家冰心奶奶的眼里,儿童就是小天使。

师:可以补充。

生:儿童就是太阳,儿童就是花朵,儿童就是春天。

师:儿童是小天使,请看课文第一节。哪个小天使愿意读一读?……

(生读课文,老师指导)

师:在冰心的眼里,儿童不仅是天使,而且是春花。请读课文的第五六两节。

生:“走进玉澜堂的院落里,眼睛突然一亮。”

师:停!大家注意他的眼神。再重来一次。

生:“走进玉澜堂的院落里,眼睛突然一亮。”

师:看到了吗?他的眼睛猛然一睁,瞬间来了神光。到底是什么一下子让你的眼睛闪亮?请往下读,看你能不能读得使听课的老师和同学,心头一震,眼睛一亮。……

(生读课文,师生互动评价)

师："花也和儿童一样，"让我们齐读第八节！

生："花也和儿童一样，在春天的感召下，欢畅活泼地，以旺盛的生命力，舒展出新鲜美丽的四肢。这时候，自己感到快乐，别人看着也快乐。"

师：读书，不仅要读进去，还要跳出来。所谓跳出来，就是以自己的"火眼金睛"看课文，产生自己的想法，使得想了和不想完全不一样。请你们默读课文，抓住自己感兴趣的地方，写写自己的阅读感受，然后交流。时间六分钟。

师（六分钟过后）：这是交流的时间，也是共享的时间。交流没有唯一的答案，只有"缺席"的遗憾，请大家各抒己见！

生1：诗曰："儿童不解春何在，只拣游人多处行。"冰心奶奶说："游人不解春何在，只拣儿童多处行。""儿童"与"游人"的换位，看出冰心奶奶的心里有"儿童"，笔下才有儿童。

师：是呀！心里有儿童，眼里才有儿童，笔下才有儿童。

生2："颐和园门口，就像散戏似的，成千盈百的孩子，闹嚷嚷地从门内挤了出来。"在一般的人看来，这群孩子是顽皮的、令人讨厌的，而冰心却把他们看成活泼、可爱的小天使。

生3：太阳是光明的、温暖的，冰心奶奶说孩子"小小的身躯上喷发着太阳的气息"。

生4：冰心奶奶说我们是天使，是太阳，是花朵，是春天。我们感谢她的比喻，感谢她的提醒。是天使，我们要释放可爱；是太阳，我们要释放光明；是花朵，我们要释放美丽；是春天，我们要释放明媚！（众人热烈鼓掌）

师：你正在释放着可爱、光明、美丽和明媚，不仅是我，在场的每一个人都感觉到了。

生5：读了课文我知道了"一年之计在于春，一生之美在儿童"。

师：在这句话的下面画上线，签上你的姓名。记住，这就是你的读书格言。（鼓掌！）

生6：花是美丽的，也是柔弱的；花是美好的，花期却是短暂的。生命柔弱似花，生命短暂如花，我们应当怎样延续美丽的花期呢？

师：了不起的是你从正反两个方面谈花期，谈人生。你的问题值得包括我在内的每一个人珍视与探究。我愿意把你的话记在心里，时时警策！①

---

① 曾扬明. 以疑促读　探究释疑　解读"童心". 青年教师，2005，9.

"疑是思之始,学之端;读书贵在多疑。"孙建锋老师不是自己提出问题让学生思考,而是通过课题让学生读出了"为什么要'只拣儿童多处行'"、"冰心写《只拣儿童多处行》做什么"等这些有价值的问题,形成"阅读期待"。在学生读书的过程中,老师引导学生字字入目、句句入心。面对这篇较长的文本,孙建锋化繁为简,抓住"在作者冰心眼里儿童是什么"这一主线问题引导学生进行探究,牵一发而动全身。探究的过程是老师、文本、学生、作者之间的对话过程,是学生内化文本的过程,是学生在交流中感悟的过程。学生通过探究阅读感悟到了冰心奶奶对儿童的喜爱,"儿童是花朵;儿童是春天;儿童是小天使",这是学生在阅读中独特的感受,是学生心灵的体验。"阅读是一种被引导的创造。"孙老师让学生"无声地"读书并指出读书不仅要读进去,还要跳出来,这实际上是让学生静心体验,鼓励学生运用自己的想象对文本的语言作出个性化的反应,是对学生学习的真正尊重。

(三)情绪情感型

课堂教学,原本就是人与人情感交流的意义场所。没有情感投入的课堂,必然是乏味而低效的。特级教师总是会以饱满的情感、积极的情绪投入自己的课堂,课堂艺术可以说是特级教师以生命的方式所创作的艺术作品。而激情是强烈情感的喷发,是高涨情绪的传达。充满激情的课堂,犹如洒满七彩阳光的绿地,犹如浩荡前行的江河。激情的课堂是奔放有力的。著名特级教师于漪说:"激情是艺术家头上的光环。"英国著名诗人拜伦称激情是"诗的粮食,诗的薪火"。赞可夫认为智力活动是在情绪高涨的气氛里进行的。高效的课堂需要师生焕发出生命的激情。富有激情的课堂能激起学生渴求知识的动力,调动学生探究的欲望,激发学生无穷的想象。激情,使我们如春水般平静的课堂多了几道波纹,也使我们平凡的人生增添了几抹光彩。美国学者威伍在《激情成就一个教师》中有这样一段精彩的话:"想要教好的教师可能在大多数情况下都是志向更高和激情奔放的。伟大至少一部分出自天赋,这是无法传播的。然而,伟大的教师一定是激情的教师。"

1. 激情,是特级教师个体生存的一种状态

全国著名特级教师窦桂梅曾经坦言,激情是她的一种状态。只要站在讲台上,窦桂梅立刻激情四射,犹如一团烈火迅速点燃学生心中求知和学习的热情,整个课堂变得热情滚滚。她全身心地投入,讲到激动处,神情飞扬;讲

到愤慨处，扼腕长叹。每一次的课堂教学，都是她和她的学生一次又一次充满激情的心灵共振。

如果说课堂教学是乐，那么窦老师的教学无疑是气势恢弘的交响合唱；如果说课堂教学是水，那么窦老师的教学无疑是激越澎湃的黄河长江；如果说课堂教学是画，那么窦老师的教学无疑是洒脱从容的泼墨写意。是的，她的率真，她的投入，她的一颦一蹙，都在深深地感染着每一个学生、每一位听课者。

窦老师具有极强的课程意识，数年前即已自觉介入课程的创生之中。她自编的《朋友》主题教材，由《记住的和忘却的》《管鲍之交》《胖子和瘦子》《皮斯阿斯和达蒙》四篇短文组成。教材通过四则生动的小故事，从不同的侧面解读了"朋友"这一主题。

教学中，窦老师紧紧围绕主题，采取了"粗线勾勒"和"工笔细描"相结合的策略。在学生通读四则故事后，引导学生结合其中的任意一篇交流自己对"朋友"的认识。随后的大部分时间，她指导着学生探究精读其中的《皮斯阿斯和达蒙》。最后，再让学生回到整组教材，交流各自对"朋友"的感悟。

师：如果你就是达蒙，你会不会来？请实话实说。

生1：我不会来，因为我还小，许多事还没有经历。

生2：我老了会来的，因为我也快死了。

生3：我要看看实际情况，看看朋友是不是骗我。

生4：我要回忆皮斯阿斯以前的所作所为，如果他一贯是真诚的，我就来，而且毫无怨言。

生5：我肯定去，因为生命只有一次，能够为朋友做一件有意义的事，也不枉这一生了。

师：你们说的这些其实就是达蒙的内心斗争。他也是活生生的人，他也懂得生命只有一次啊！

就是在这种角色体验中，孩子们的心融入了文本，原本遥远的人物贴近了，鲜活了。

窦老师出色的个性化教学还充分体现在朗读指导上。

师：就在这千钧一发的时刻，在淋漓的风雨中，皮斯阿斯飞奔而来，他高喊着："我回来了！我回来了！"我们怎么读，才能把当时千钧一发的感觉读出来？由远而近，怎么读？

生：“我——回——来了——！我——回——来了——！”

师：累得上气不接下气怎么读？

生：“我……我……回来了！我……我……回来了！”

生：（边挥手边说）“停下！停下！我回来了，我已经回来了！”

师：皮斯阿斯强调自己回来了，放下达蒙吧。怎么读？

生：“我回来了！我回来了！”

师：皮斯阿斯强调已经回来了，怎么读？

生：“我回来了！我回来了！”

师：也许皮斯阿斯根本没有朗读技巧，他心里着急，这么喊（急切地）：“我回来了！我回来了！”（笑声、掌声）

师：就请你们带着自己的认识，想着你心中的皮斯阿斯的形象，读吧。

可以看出，窦老师的朗读指导完全摒弃了技术化的痕迹，而是着眼于挖掘人物的内在心理，引导着学生在跟人物形象作跨越时空的对话后，进行恰当的个性化的朗读外化。学生似乎觉得自己幻化成了心中的人物，文本的语言成了自己内心的抒发。

在学生、教师、文本间经历了一番深刻的对话后，窦老师把学生引向了另一番广阔的天空：让学生现场采访听课的教师，请他们谈谈各自对“朋友”的认识。多彩的人生本就是厚实的书籍，而关于“朋友”的这种心灵篇章更是其中的华彩乐段。孩子们倾听着、交流着、感受着：老年教师的厚重哲学，青年教师的青春诗语；催人泪下的真情故事，不曾留意的凡人小事。——孩子们读懂了，“朋友”不是抽象的，它就在自己身边，就驻在我们的心间。

“善于学习的人会把人家的情感变成自己的情感。现在，你们心中最想跟谁诉说？”看，窦老师又将学生的视线带入更为辽阔澄远的心灵之境。且听听孩子们的心声吧：“前一个星期，我跟你（指一名同学）吵了一架，我们打得天昏地暗。现在想想，那只是为了芝麻大的事。我真诚地说声对不起，让我们洗去怨恨吧！”

“我想对全班同学说，我们已经是六年级同学了，即将毕业分别。一想到这些我心里就难受，我舍不得老师，舍不得同学，舍不得大伙！”

“我终于找到自己六年来为什么人际关系不好的原因了。我明白了，只有自己愿意付出，才会得到真朋友。”

动情的泪花在学生，在窦老师，在每一位听课者的心间泛起。都说语文是人学，是精神之根，此时此刻，在这种既广远又深沉的超越了教材的学习中，孩子们在认识获得推进的同时，灵魂不也得到了洗涤吗？

就这样，窦老师犹如一位向导，更像一位朋友，伴随着孩子们经历了一次深刻的心灵之旅。关于“朋友”的感悟，乃至关于诸多美丽人生的话题，都将伴随着大家一道慢慢走远。——这就是语文的力量！①

2. 激情，是特级教师教育交往的一种方式

感情只能用感情去触摸，感情只能用感情去领悟，感情只能用感情去交融。教育是爱的艺术，是带着爱与学生交往的一段特殊的旅程；教育也是感情的艺术，是凭着感情与学生交往的一段难忘的生活。

苏霍姆林斯基指出，有激情的课堂教学，能够使学生带着一种高涨的激动情绪从事学习和思考。著名特级教师吴正宪创设的课堂是一个有生命力、充满活力和激情的课堂。激发学生乐学的情感是吴老师课堂教学的生命线。吴老师的课堂教学是教师与学生、学生与学生思想碰撞和情感交流的过程。吴老师在课堂上关注学生的成长与发展，让每个孩子都感受到学习的快乐。她把全部的情感都投入到了孩子的身上。

“你们挺起胸膛坐得真神气！此时，你们真像一棵棵茁壮的小树苗。茁壮的小树苗，你叫什么名字？”她运用形象的比喻激起了学生的学习兴致，引发了学生的情感潜势，使学生为之所感，为之所动。她对学生称“小朋友”，让学生感到师生心理上的和谐平等；她精神饱满，充满激情与活力的语言，让学生感到教师的真情。吴老师在课上说得最多的语言是“好、真好、棒、真棒、好极了”，在这样的课堂上，学生听得津津有味，学得轻松有趣。学生感受的是老师的真诚，获得的是创新的动力。

吴正宪老师总是这样，以热切的鼓励、殷殷的期待、巧妙的疏导与孩子们思维共振，情感共鸣。她用那真诚的爱心感染了孩子们，贴近了孩子们的心。在先进的教育思想引导下，她以自己独特的教学艺术，把学生推到自主学习的舞台上，使他们真正成为学习的小主人。

《平均数》一课上，在吴老师让学生估算平均数这一教学环节中，当一名

① 周益民．留存在心底的感动——分享窦桂梅老师的教学艺术．小学教学设计，2003，9．

女同学估算出2000张时，只见吴老师来到那名女同学身边摸着她的头亲切地说："请你问问同学，听听其他同学是怎样估计得准确的。"被采访的是一个小男孩："你估计的2000张比最大的数还多，这是不可能的，平均数要比最大的数少，比最少的数要多。"吴老师转过身来，摸着小女孩的头说："听了这位同学的发言，你想说什么？"小女孩不好意思地说："我估计的数跑到最高的数外边去了。"一个"外"字表现出了孩子对平均数的认识和理解，体现了孩子对自己学习的反思。吴老师心中的感动再次溢于言表："我非常佩服第一次估计比较准的同学，你们思考问题有根有据。但我更佩服身边的这位小姑娘，虽然第一次她估计到'外边'去了（有意识地用了儿童的语言），但是她学会了和同学们交流，还能接纳别人的意见，能够修正自己的意见，这是很好的学习方法，我们都应该向她学习。"吴老师紧紧地握住小姑娘的手，小姑娘甜甜地笑了。

吴正宪老师善于激发每一名学生积极发言，对每一名发言的学生都给予积极、肯定的评价。她鼓励学生认真倾听，大胆发言；鼓励学生求异思维，勇于创新。在她富有激励性语言的鼓舞下，学生思维活跃，个性得到张扬，兴趣盎然，积极主动地参与探讨、质疑、创造等教学活动。这就让学生在思考、交流、倾听、争论和发现中学习了数学知识，充分发挥了学生的主体作用。吴正宪老师的激情课堂教学的最大特色是善于巧妙地创设各种问题情境，最大限度地激发孩子的求知欲，做到以情促情。

在《商不变性质》课上，一开始吴老师就给大家讲述了"猴王分桃"的故事：花果山上风景秀丽，气候宜人。一天，猴王给小猴们分桃子。猴王说："给你6个桃子，平均分给3只小猴吃。"小猴听了连连摇头说："太少了，太少了！"猴王又说："好！给你60个桃子，平均分给30只小猴，怎么样？"小猴子还得寸进尺，试探地说："大王，再多给点行吗？"猴王一拍桌子，显得很慷慨大度地说："那好吧！给你600个桃子，平均分给300只小猴，你总满意了吧？"小猴子高兴地笑了，猴王也笑了。听完故事，班上的孩子们也情不自禁地笑了。此时此刻，吴老师意味深长地问大家："你们说，谁的笑是聪明的笑？为什么？"抓住契机，恰到好处地引导学生自己去"发现"商不变性质的奥秘。

吴正宪老师还善于把一些枯燥的数学内容变为情趣多而意味深的故事或游戏，做到以情导知，以知促情。作为教师，没有对事业执著的爱，没有对学生真诚的情，是不会取得教学的成功的。教师的情感具有强烈的感染性，教师丰富而真诚、纯洁而高尚的情感可以影响学生的思想感情。用吴正宪老师的话来说，教师走进教室就像演员走进摄影棚，应立刻进入角色，用自己的满腔热情和对学生的关心、对知识的酷爱、对事业的追求以及对工作的责任感，去激发学生相应的情感体验，使师生的情感产生共鸣，从而使学生更好地接受教育。

学习“圆的周长计算”一课，当学生通过观察、操作、思考，发现了“圆的周长总是它直径的 3 倍多一些”这个规律时，吴正宪老师充满激情地来了一段配乐朗诵：“同学们，你们的发现很了不起，但是你们知道吗？早在一千四百多年前，我国古代的数学家祖冲之，就精密地计算出圆的周长是它直径的 3.1415926和 3.1415927 之间。这是当时算得最早最精确的圆周率值……这是我们中华民族的骄傲。……你们发挥自己的聪明才智，重新走了一番当年科学家的发现、发明的道路，你们就是祖国的希望，很有可能未来的科学家就在你们中间！”学生激动了，眼睛里充满了对知识的探求渴望，坚定了攀登科学高峰的勇气。

“在漫漫教学生涯的长河中，我始终扎根课堂，情系学生。正是充满创造潜力的学生以及那丰富多彩的课堂生活，为我的教师职业生命增添了亮丽的风采。你看课堂上同学们时而紧锁双眉，沉思不语；时而各抒己见，主动质疑；师生交流发自肺腑、真诚感人。你看教学过程跌宕起伏，忽而满目荆棘，紧张得令人透不过气来；忽而又曲径通幽，豁然开朗，让人置身于‘柳暗花明又一村’的境界。同学们独立思考，积极探索，合作交流，体验着用智慧解决问题的价值与愉悦。置身于这充满智慧的课堂中，让你忘却了时空！忘却了自我！你不得不融入其中。我以为这正是课堂教学的艺术所在！这正是知识的价值所在！这正是教师人格情感魅力之所在！”吴正宪老师如是说。

特级教师的教学激情来源于他们对教育事业和教育对象的真爱。激情是师爱的具体体现，只有对学生充满爱，才会满腔热情地投入课堂；激情是一种积极向上的精神状态，只有全身心的投入，才会真心诚意地把自己的生命奉献给课堂，才会以自己的激情激发起学生对学习、对生活的热爱。

（四）机智幽默型

一位特级教师与一位普通教师的显著区别，主要在于他拥有高超的教学艺术和独特的教学风格。英国学者 M. 鲍门指出：“理想的教师应当达到艺术化的教学水平，善于利用幽默来激发学生的兴趣，使学生学得更好。”前苏联教育家斯维特洛夫指出："教育家最主要的，也是第一位的助手是幽默。"还有人说："幽默是一种优美的、健康的品质。"①正如药丸外面因裹上糖衣而变得不苦口一样，幽默给枯燥的知识也裹上了一层"糖衣"，使学生乐于接受。幽默是一种"柔化剂"，可以消除紧张；幽默是一种"强化剂"，可以亢奋思维；幽默是一种"催化剂"，可以化解矛盾。幽默为课堂带来了春的暖流，让课堂充满了欢笑和活力。激趣、启悟、固知、纠错，一切尽在笑声中。在课堂上适度适时进行幽默调侃，是唤起学生注意，避免学习疲劳的有效方法，同时能让学生享受到课堂学习的快乐和幸福。

1. 机智幽默优化教学效果

"幽默是一门艺术，教学幽默更是一门高超的艺术。教学幽默在语文课堂的运用是教师个性智慧的闪烁，是寓教于乐的机智。"②的确，幽默是教师个人风格的展现，是理趣与情趣的统一。幽默的教学风格不仅是教师个性使然，更是建立在教师对教育、对学生的理解之上的。笑语中包含着深沉的思想、独特的智慧、高超的技艺。越是知名的特级教师，越没有教师的"架子"，往往用一个表情，一个动作，一个眼神，一句简单的话，他们就拉近了与学生的距离，让自己成了"派往儿童世界的精神使者"。

于永正老师可谓是课堂教学的"幽默大师"，他的幽默带有强烈的喜剧色彩，他不仅仅用语言，而且用眼神、动作等身体语言来制造诙谐幽默的学习氛围，让学生在快乐中学习。有人说他是"老顽童"，这正说明他童心不泯，爱心透明。正如李吉林老师所说，教师就该是"长大的儿童"。

教学《狐假虎威》后半部分时，为了帮助学生通过读了解狐狸如何借老虎的威风在百兽面前神气活现的样子，领会寓意，于老师独具匠心，抓住"狐狸和老虎谁在前谁在后，为什么"这个不起眼但极富启发性的问题，借助模拟表演这一形式，引导学生研读。学生如临其境，抽象的语言文字顿时"活"起来了，儿童的思维也"活"起来了。

师：下面两节就是写它们到森林去的情景。这两节写得非常精彩。请仔细读一读，过一会儿，我请几个小朋友把这两节写的事表演一下。要想演好，

① 王北生.教学艺术论.河南大学出版社，1989：53.

② 林健美.让幽默教学走进语文课堂.课程教材教学研究，2004，5.

必须读好。

(学生认真读书。之后，老师找了5名小朋友，一名戴上老虎头饰，一名戴上狐狸头饰，另外三名分别戴上小鹿、兔子、野猪头饰)

师：其余同学都来当导演，导演更了不起。各位导演看看狐狸和老虎谁在前，谁在后，为什么？请读书，根据书上的要求来指导他们表演。

生：狐狸在前面走，老虎跟在后面走。因为书上说："再往狐狸身后一看，一只大老虎。"

生：图上画的狐狸在前，老虎在后。

师：这两位导演读书很认真……小兔啦，野猪啦，应在什么地方？

生：他们在森林深处，要站得远一点。

师：(问"老虎")你东张西望什么？

"老虎"：我看看动物们是不是怕狐狸。(众笑)

("狐狸"、"老虎"继续往前走。"小兔"、"小鹿"等一见"老虎"，"呀"地一声，撒腿就跑)

师：(问"小鹿")你为什么跑？害怕谁？

"小鹿"：我怕的是老虎。

师：不是怕狐狸？

"小鹿"：谁怕它呀！(众笑)

高林生先生称赞于永正老师的教学艺术："从心所欲而不逾矩。""从心所欲"，赞的正是上面提及的于永正课堂教学的"活"——出神入化，收发由心；但"活"是形式，是手段，其目的是为了学生学得"实"。"不逾矩"，夸的就是于老师课堂教学的另一面——实。外"活"内"实"，常使他的课赢得满堂喝彩，赢得高潮涌动。

师：小朋友，放学回家谁愿意把诗背给妈妈听？(学生纷纷举手，于老师请一名小朋友到讲台前)现在，我当你妈妈，你背给我听听好吗？想想，到了家里该怎么说？

生：妈妈，我今天学了一首古诗，背给你听听好吗？

师：好！(生背)

师：我女儿真能干，老师刚教完就会背了。(众笑)

师：谁愿意回家背给哥哥听？（指一名学生到前边来）现在我当你哥哥，你该怎么说？

生：哥哥，今天我学了一首古诗，我背给你听听好吗？

师：哪一首？

生：《草》。

师：噢，这首诗我也学过，它是唐朝大诗人李白写的。

生：哥哥，你记错了，是白居易写的！

师：反正都有个"白"字！（众笑）我先背给你听听：离离原上草，一岁……

生：一岁一枯荣。

师：野火烧不尽，春……春……哎，最后一句是什么来着？

生：春风吹又生！

师：还是弟弟的记性好！（众笑）

师：谁愿意背给奶奶听？（指一名学生到前边来）现在，我当你奶奶。你奶奶没有文化，耳朵有点聋，请你注意。

生：奶奶，我背首古诗给你听听好吗？

师：好！背什么古诗？什么时候学的？

生：背《草》，今天上午刚学的。

师：那么多的花儿不写，干吗写草哇？

生：（一愣）嘿，因为……因为草很顽强，野火把它的叶子烧光了，可第二年又长出了新芽！

师：噢，我明白了。背吧！（生背）

师："离离原上草"是什么意思？我怎么听不懂？

生：这句诗是说，草原上的草长得很茂盛。

师：还有什么"一岁一窟窿？"（众笑）

生：不是"一岁一窟窿"，是"一岁一枯荣"。枯，就是干枯；荣，就是茂盛。春天和夏天，草长得很茂盛；到了冬天，就干枯了。

师：后面两句我听懂了。你看俺孙女多有能耐，小小年纪就会背古诗，奶奶像你这么大的时候，哪有钱上学啊！（众大笑）好。今天的课就上到这儿，小朋友们，放学回家后请把《草》这首诗背给家里的人听。①

---

① 雷玲．好课是这样炼成的．华东师范大学出版社，2006．

于永正老师寓教于嬉，寓庄于谐，把课堂教学戏剧化了。其实，师生不断变换角色交流，绝不是玩花样、哗众取宠，而是为了加大言语交际表达训练的力度，加深学生对作者的记忆，对诗句的理解，对诗理的感悟，这节课的教学很扎实。

于永正老师曾说："教育事业说到底是爱的事业。教学过程是一个认识过程，而在认识过程中必须有良好情感的参与。如果课堂上师生关系是不平等的，没有和谐的、宽松的氛围，别说创造性思维的火花不会迸发出来，就连书本上的知识也难以掌握好。我关爱每一个学生，在我的词汇里没有'差生'这个词。"说得多好啊！可以说，爱，就是于老师机智幽默课堂的"基石"。

2. 机智幽默激发学生潜能

幽默是智慧的表现，幽默常常具有化腐朽为神奇的力量。机智幽默是特级教师把课上"活"的"绝活"。许多不苟言笑的优秀教师都会在课堂上不失时机地"幽默"一把。薛法根老师也是一位幽默的高手。他的课从容、淡定，简单中不失情趣，朴实中不乏幽默。特别是他和学生那些"家常式"的闲聊，更是让人拍案叫绝。那些轻松愉悦的对话细节，乍看无奇，细品有味，犹如一杯淡淡的茉莉花茶，历久弥新，令人回味无穷。下面是薛法根老师执教的一节人物"素描作文"课的情景：

师：同学们，你们认识我吗？

生：不认识。

师：那用你的眼睛看看今天来的老师有什么不同？要善于观察，发现什么不同了吗？发现三个不同说明你有一双睿智的眼睛，比如长相、言谈举止，不管是美的还是丑的，看到什么就说什么。用自己的眼睛看，实话实说。

生：老师的牙齿有点奇怪——是兔板牙。

师：嗯，有缺点的人才可爱。（生笑）

生：我从看到你，你就一直在笑。

师：你有什么感觉？

生：很可爱。

生：老师人比较高。

师：你猜猜我有多高？

生：1.75 米。

师：差不多，我 1.77 米。稍稍有点驼，看上去矮了一点。

生：老师的手动作很多。

师：能说具体点吗？

生：手一直动来动去。

师：这就是特点，说明还活着。（生笑）

生：老师脸上有酒窝。

生：老师很幽默，每说一句话都让我们笑。

师：老师还有一个显著的特点（师做抬眼睛的动作）。

生：老师心地非常善良。

师：你怎么看出来？

生：我感觉出来的。

师：对，要有独特的感受、感觉。现在能发现特点的同学是了不起的。

生：老师脑袋小。

师：脑袋小智慧多。

生：老师长得有点像相声演员大兵。

师：来，握握手，好多人这么说。应该说大兵像我。这位同学很会联想。

生：老师很会反驳，说牙齿是龅牙是可爱，说脑袋小就是智慧多。

师：说明老师怎么样？

生：自信。

师：对，这是性格特点。还有什么特点？

生：老师戴眼镜。

师：刚看出来呀？（笑）

生：老师很有分析力。

师：举个例子。

生：老师穿西装，戴领带，有绅士风度。

师：来，握握手，第一次有人这么说。①

……

英国《新卡克西顿百科全书》中指出："幽默还含有宽恕、调和与均衡之

① 屈太侠.趣味横生　余音绕梁——薛法根老师的幽默艺术.青年教师，2008，8.

意。”由幽默引起的笑声能缩短师生心理上的距离，消除师生之间心理上的隔膜，建立起亲密、平等、和谐的师生关系。初次见面，薛老师就拿自己开涮。薛老师长得的确很有特点，不过让学生来评点，那是需要胆识和勇气的。俗话说：童言无忌。学生能找到老师的优点，肯定也能看到老师的缺点，搞不好弄巧成拙，把自己置于尴尬的境地。这需要有宽阔的心胸、厚实的底蕴和敏锐的机智。面对学生布下的“天罗地网”，薛法根老师不温不火、不急不躁，谈笑间，一切尴尬化为乌有：当学生说他牙齿是龅牙，老师说有缺点才可爱；学生说脑袋小，老师却说智慧多……的确，换个角度看缺点，缺点就是优点。“横看成岭侧成峰，远近高低各不同。”当我们“山重水复疑无路”的时候，换个角度思考，就会化险为夷，步入“柳暗花明又一村”的佳境，在轻松活泼的课堂氛围中最大限度地激发起学生学习的热情和潜能。

步入特级教师精彩纷呈的课堂，真让人叹为观止。但是，精彩的教学，高超的技艺绝不是凭空而来，它们都源自特级教师们对教学对象全面的了解，源自对教材深入的把握，源自对教学规律灵活的运用，源自教师的机智幽默的个性。幽默是一门艺术，教学的即兴幽默更是一门高超的艺术，能化腐朽为神奇。幽默的课堂教学风格是教师个性智慧的闪烁，是寓教于乐的教学机智的彰显。

第五章
特级教师专业成长的比较研究

特级教师是我国中小学优秀教师的典范。总结特级教师成长的规律，给广大教师更好地学习特级教师，促进特级教师的专业成长与发展，是“特级教师研究”的重要目的。本章以江苏省 1978 年—2010 年评选出的 2085 名特级教师为例，对特级教师专业成长与发展的若干因素进行统计、比较和分析，便于人们更深入、更充分地了解特级教师专业成长与发展的方方面面。

一、地 域 比 较

任何人的成长都离不开他赖以生存的地域环境，特定的地域文化往往决定着特级教师成长速度的快慢和成长数量的多寡。从 1978 年的第一批到 2010 年的第十一批，江苏省共培养出 2085 位特级教师。这些特级教师在江苏各地处于什么样的分布状态呢?

(一) 苏南、苏中、苏北特级教师分布数量的比较分析

苏南、苏中、苏北三地的特级教师的数量分布存在着什么样的差异? 导致这些差异的原因是什么? 我们从中能够获取哪些有益的启迪?

基于这样的思考，我们对 1978 年—2010 年 30 多年来江苏省评选的十一批特级教师分布情况进行了比较研究。苏南、苏中、苏北三地的地域界定为：苏南(苏州、无锡、常州、南京、镇江)，苏中(扬州、泰州、南通)，苏北(徐州、淮安、盐城、连云港、宿迁)。

1. 分布情况

1978 年到 2010 年江苏省十一批特级教师人数分布情况统计如下：

表 1　江苏省十一批特级教师人数分布情况统计(共 2085 人)(单位:人)

城　市	数　量	所占比例	城　市	数　量	所占比例
南　京	239	11.42%	南　通	205	9.84%
苏　州	217	10.41%	盐　城	198	9.50%
常　州	141	6.77%	淮　安	131	6.29%
无　锡	168	8.06%	徐　州	212	10.17%
镇　江	110	5.28%	连云港	124	5.95%
扬　州	133	6.38%	宿　迁	79	3.79%
泰　州	128	6.14%			

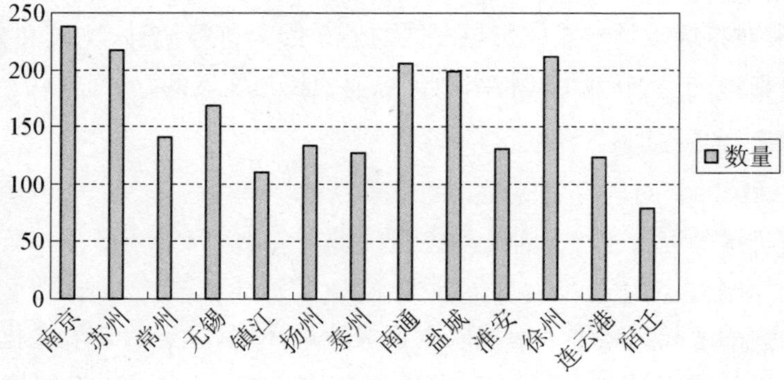

图 1　江苏省各市特级教师分布情况统计图

从表 1 及图 1 数据中可以看出，南京、苏州的特级教师的人数居全省第一、第二位，徐州、南通居第三、第四位，宿迁最少。可以看出，苏南在特级教师数量上占有绝对的优势。相对于连云港、宿迁而言，苏北的盐城和徐州特级教师的分布也比较多，已基本接近苏南的发展水平。

表 2　苏南、苏中、苏北特级教师人数分布统计(单位:人)

地　区	人　数	比　例	地　区	人　数	比　例
苏　南	875	41.94%	苏　北	744	35.70%
苏　中	466	22.36%			

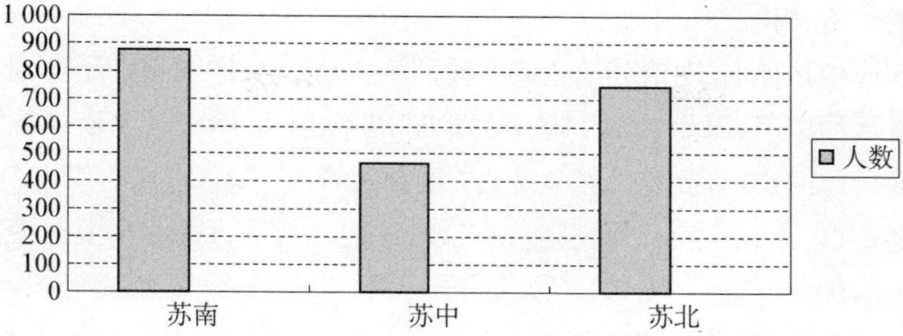

图 2　苏南、苏中、苏北特级教师人数分布统计图

按照苏南、苏中、苏北三地划分，从表 2 及图 2 中可以明显地看出，苏南地区（南京、苏州、常州、无锡、镇江）人数最多，其次是苏北（徐州、淮安、盐城、连云港、宿迁），苏中（扬州、泰州、南通）人数较少。但苏中区域较小，只有三个市，苏南和苏北都是五个，而且苏北的五个市发展还不均衡，其中徐州和盐城特级教师人数比较多，宿迁最少。

2. 结果分析

由于地域的差别，苏南、苏中、苏北各地特级教师的数量一直处于不均衡的发展状态，原因是多方面的。

（1）经济因素对教育资源配置的影响

教育资源的配置主要包括教师队伍、教育经费、办学条件三个方面。我国的教育体制，目前主要采取分级办学、分级管理的模式，这种模式直接导致了教育资源配置的不均衡。教育投入随当地经济情况不同而出现很大的差距，富裕的地区教育投入较多，经济欠发达的地区教育投入较少。表 1 显示，南京、苏州、南通、徐州、无锡五个市的特级教师人数较多，而这几个市中，南京、苏州、南通、无锡的经济相对较强，在全省处于前列。当然，这也不是制约特级教师发展的唯一因素，比如徐州、盐城的经济状况一般，但特级教师的数量也比较多。

（2）良好的传统对人文环境的影响

苏南历来是商贾云集之地，具有良好的人文环境，居民文化素质较高。苏南历史悠久，人文荟萃，在漫长的历史发展中，形成了自己特有的苏南水乡文化传统，如尚学崇教、求真务实、诚信重义、谦逊平和等。俗话说一方水土养一方人，同样道理，一个时代会造就一种新的文化，传统的苏南文化正是在新时期的实践中完成了它新的提升，逐步形成了它具有苏南特点、现代特征的新的苏南文化。

江庆柏在他的《明清苏南望族文化研究》一书中，详细叙述了苏南望族形成与发展的原因，深刻总结了苏南的地理因素、社会环境对苏南望族文化性格形成所起的作用，提炼出重视人才、重视教育是苏南望族有别于其他地区望族的特点。[①] 从中可以看出，重视人才、重视教育一直是苏南及苏中的大部分地区的优良传统。

(3) 历史文化对教师素质的影响

苏南地区的几个市都拥有独树一帜的“城格”（人有“人格”，城有“城格”）魅力。人杰地灵的苏州，在两千五百多年的发展过程中，涌现出来的人才灿若繁星，尤其是明清以来更是“人才渊薮”，状元之多为史所罕见，素有“郡甲天下之郡，学甲天下之学，人才甲天下之人才”之誉。这些名人才士为苏州孕育了深厚的文化底蕴，苏州也因他们的丰功伟业或才华横溢而闻名中外。南京、无锡、常州、镇江、扬州等市也都有丰厚的历史文化积淀，相继出现了很多历史文化名人，包括很多的教育先行者和对教育有着突出贡献的人。

(4) 政府的行政支持对教师成长的影响

各级政府对教育的重视程度很大程度上决定了地方教育的繁荣程度。政府为教师发展设计各类保障、奖励制度，提高了教师工作的积极性；教育行政部门牵头开展各种教育科研和教学研讨活动，为教师的成长提供了重要平台，促使一大批教师快速成长起来，成为各个时期优秀教师的代表人物。

(5) 任职学校对教师成长的影响

任职学校提供的资源条件对教师成长起着很大的作用。特级教师任职的学校，绝大多数都是各市的实验学校，或者是当地的重点学校，这些学校无论从硬件还是软件上来看，都为特级教师的成长提供了一个良好的环境：学校教育教学质量上乘，学校的师资力量强大，学校的教育科研氛围浓厚，有较多学习交流的机会，在研讨、交流中能够互相促进，共同提高。

(6) 原有优质教师资源的辐射影响

老一辈特级教师对后来的特级教师成长起到了很好的推动作用。南京的斯霞、王兰、袁浩，南通的李吉林、李庚南，苏州的庄杏珍，无锡的顾美云、

---

① 江庆柏.明清苏南望族文化研究.南京师范大学出版社，1999：1.

丁谷怡等有影响力的特级教师带动了本校以及当地的教师快速成长，他们所在地区的特级教师数量也一直处于全省前列。这些老一辈的有经验的教师起着模范带头作用，比如李吉林的“情境教育”不光影响了南通、江苏，甚至全国都在学习。徐州的于永正老师潜心于语文教学的实践与研究，他所倡导的“重感悟、重积累、重情趣、重迁移、重习惯”的教学主张，得到了广大一线教师及众多专家的高度认同和追随。他不光带动了所在学校的教育教学的发展，整个徐州的教育教学活动氛围也在他的引领下，更活跃，更有生机。

（二）苏南、苏中、苏北特级教师成长周期的比较分析

1978 年，江苏省评出第一批特级教师。到 2010 年止，全省共评出了十一批特级教师，总人数达到 2085 人。从一名普通教师成长为特级教师，要经历多长的成长周期？苏南、苏中、苏北的特级教师的成长周期存在着什么样的差异？导致这些差异的原因又是什么？这些都是值得研究的。我们以江苏省评选的第一、二批特级教师为研究样本，对苏南、苏中、苏北特级教师成长的周期作如下比较分析。

1. 分布情况

表 3　江苏省十一批中小学特级教师成长周期情况统计

批次	第一批	第二批	第三批	第四批	第五批	第六批	第七批	第八批	第九批	第十批	第十一批
年份	1978	1984 1985	1990	1994	1996	1998	2000	2002	2005	2008	2010
人数	18	97	141	148	132	150	184	207	314	382	312
评选周期	0 年	7 年	5 年	4 年	2 年	2 年	2 年	2 年	3 年	3 年	2 年
平均每年增加人数	0	13.9	28.2	37	66	75	92	103.5	104.7	127.3	104

从表 3 可以看出，第二批特级教师和第一批特级教师评选周期为 7 年，平均每年增加特级教师 14 人左右；第三批特级教师和第二批特级教师评选周期

为5年，平均每年增加特级教师28人左右；第四批和第三批评选周期为4年，平均每年增加37人；第五批和第四批，第六批和第五批，第七批和第六批，第八批和第七批特级教师评选周期均为两年，平均每年增加特级教师82人左右；第九批、第十批特级教师评选周期均为三年，平均每年评出的特级教师均高达300人以上；第十一批和第十批特级教师评选周期又恢复至2年。从上述数据不难看出，评选特级教师的周期缩短了，而平均每年增加的特级教师的数量却越来越多。

表4　江苏省第一、二批特级教师成长周期情况统计

批次	年龄分布及数量					
	70(岁)以上	60—70(岁)	50—60(岁)	40—50(岁)	30—40(岁)	累计人数
1	1	3	8	5	1	18
2	0	14	33	48	2	97

表4数据显示，第一、二批特级教师的年龄主要分布在40—50岁，这个年龄段正是教师成长的成熟期与关键期，第一批中70岁的只是一个特殊的情况。此外，第一批还照顾到了各个年龄段，如30岁年龄段的有1位。

表5　江苏省第一、二批特级教师年龄比较

批次	平均年龄	平均年龄			最大年龄			最小年龄			累计人数
		苏南	苏中	苏北	苏南	苏中	苏北	苏南	苏中	苏北	
1	53.44	55.11	55.25	49	68	70	57	36	44	46	18
2	50.59	50.68	51.77	49.33	65	64	62	37	41	40	97

表5数据显示，第一批特级教师平均年龄是53.44岁，苏南、苏中、苏北分别是55.11岁、55.25岁、49岁，其中苏北相对年轻。第二批特级教师平均年龄是50.59岁，苏南、苏中、苏北分别是50.68岁、51.77岁、49.33岁。第二批比第一批在平均年龄上有了变化，越来越年轻化。两批特级教师中各地区最大的和最小的年龄在上表中也有清晰显示。

2. 结果分析

(1) 特级教师参评人数每期呈上升趋势

从1978年第一次评选特级教师以来，我省已经评选特级教师十一批次，共评出2085名特级教师。第一批只有18位，第二批97位，以后每期都呈上升趋势，第十批特级教师共382名，是第一批的21倍。

(2) 教师评上特级的年龄集中在40—50岁

第一、二批特级教师的年龄主要分布在40—50岁，这个年龄段正是教师成长的成熟期、成功期。第一批特级教师平均年龄是53.44岁，第二批特级教师平均年龄是50.59岁(近年来的平均年龄已经越来越年轻化)。特级教师的这一年龄特点对青年教师的专业成长和发展应该有所启发。教师的专业成长与教龄的长短密切相关。不同年龄阶段，教师的角色行为和心理特征也不同，同样，其成长的速度和程度也会有差异。

教师成长过程的复杂性突出表现为教师成长的不确定性和非线性。首先，教师成长为名师并不是必然的。实践证明，并不是任何一个教师都能经历成功创造期。每位教师入职后都有一个适应期。适应期、成熟期、高原期、成功期是四个差距较大的台阶，只有少数人才能超越前三个台阶跨入成功期。相当一部分教师甚至无法逾越适应期而进入成熟胜任期。这固然与影响教师成长因素的复杂性有关，更与教师自身的努力程度有关。其次，名师成长的方向并不是单一、线性的。名师成长的过程涉及数不胜数的因素。这些因素又构成错综复杂的相互联系，在这些因素、关系之间很难区分谁主谁次、谁重谁轻，它们之间的机制不是简单直接的因果规定，而是有着复杂的双向甚至多向的交互作用和建构方式。这些机制发生与否，还取决于具体的人、具体的时间、具体活动环境等随机出现的条件。

第一批和第二批特级教师中最大年龄苏南、苏北、苏中没有明显的区别，但这两批中最小年龄的都在苏南。这应该和苏南对于骨干教师、“准名师”的提高性培训培养的重视有关。无锡的顾美云老师35岁就评上了第一批省特级教师，成为这批特级教师中年纪最轻的。

(3) 各市特级教师的数量彰显着其经济实力

从各市第一、二批特级教师的数量来看，南京最多，有21位，占两批总数的18.9%，苏州、无锡、常州也有超过10位的特级教师，另外超过10位的就是苏中的南通和苏北的徐州。有的城市偏少，还有的城市为零。宿迁评选第一、二批特级教师的时候还没有独立成市，按照现在的行政区划，将它所辖的县区宿城区、宿豫区、沭阳县、泗阳县、泗洪县也作为统计的范围，遗憾的是，仍没有一位特级教师。

江苏是经济大省，也是教育大省。由于各地注重加强名师队伍建设，带动了教师整体素质的提高，培养出了一批在省内外知名的教育专家。特别是苏南各地经济发达，教育也发展迅速。

南通属于苏中，但教育在全国有名，这和南通近现代重视教育有关。以我国近代著名实业家和教育家、江苏南通人张謇为例，张謇创办的学校超过300所。他不仅是中国近代著名的实业家，同时还是中国近代教育事业的开拓者和奠基人之一。张謇致力教育30年，办学之多、种类之广、时间之长、影响之深远，在我国教育史上均属罕见。[①] 他丰富的教育思想及教育实践活动，颇具时代特色，直接推动了中国教育的近代化进程和南通地方教育的发展。

二、学 科 比 较

特级教师学科统计数以江苏省1978—2010年评上特级的中小学教师1911名为准，其中不包含幼教、特教、中师、中技等部门的特级教师，也不包括书法、劳技、德育、教育学、心理学、电子电工等学科的特级教师。

由于时代的发展变化，各个时期的课程名称有所不同，因此统一以现在中小学课程设置中的名称为准。例如，常识、自然、科学、综合实践等都纳入科学，政治、品德纳入思想品德，信息技术、微机、电子、计算机纳入微机，外语、英语归入英语，将一些学科进行了相对的整合。

1. 分布情况

表1　中小学考核学科和非考核学科统计表

（打"√"的为考核科目，其余为非考核科目）

学段	语文	数学	英语	物理	化学	思品	历史	生物	地理	音乐	美术	体育	科学	微机
小学	√	√	√											
中学	√	√	√	√	√	√	√	√	√					

从表1不难看出，中小学考核学科和非考核学科的科目数量，语文、数学、英语是中小学共同考核的科目，即我们通常说的主课。

① 崔薇圃.张謇与中国教育的近代化.齐鲁学刊，1996，05.

表 2　中小学特级教师考核学科与非考核学科的分布情况统计表

考核科目	语文	数学	英语	物理	化学	思品	历史	生物	地理
课时数量	667	506	122	186	124	84	42	44	34
百分比	34.90	26.48	6.38	9.73	6.49	4.40	2.20	2.30	1.78
位次	1	2	5	3	4	6	8	7	10
非考核科目	美术	音乐	科学	微机	体育	心理健康	合计		
课时数量	14	19	17	12	38	2	1911		
百分比	0.73	0.99	0.89	0.63	1.99	0.11	100		
位次	13	11	12	14	9	15			

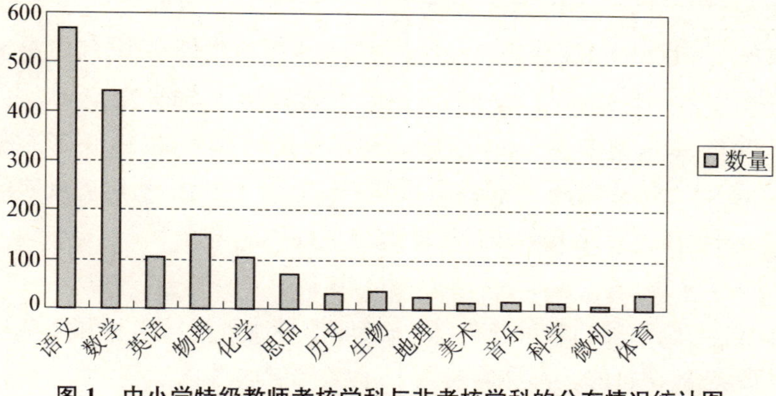

图 1　中小学特级教师考核学科与非考核学科的分布情况统计图

从表 2 和图 1 中可以看出，中小学考核学科中的共同科目语文、数学、英语学科的特级教师最多，位居第一、第二、第四，中学物理、化学、思品、历史、生物、地理等考核科目的特级教师的数量百分比位居中间。近年来，由于国家对青少年儿童体育的重视，把体育纳入中考考核科目，所以初中的体育教学得到了重视，体育特级教师的数量远远超过美术、音乐学科，位居第九。音乐、小学科学、美术、微机等非考核学科的特级教师的数量百分比远远落后于考核学科的特级教师数量百分比。

表 3　各批次的考核学科与非考核学科特级教师数量比较表

批次	合计	考核学科	百分比	非考核学科	百分比
1	18	17	94.4%	1	5.6%
2	91	87	95.6%	4	4.4%
3	126	118	93.6%	8	6.4%
4	140	134	95.7%	6	4.3%
5	124	113	91.1%	11	8.9%
6	137	129	94%	8	6%
7	161	152	94.4%	9	5.6%
8	176	171	97%	5	3%
9	289	277	95.8%	12	4.2%
10	357	337	94.4%	20	5.6%
11	292	271	92.8%	21	7.2%

从表 3 的数据中我们可以看出，从 1978 年第一批到 2010 年的第十一批中小学特级教师评选，考核学科的特级教师数量百分比都在 90%以上，最高的达到 97%，最低的也达到了 91.1%，平均起来，考核学科与非考核学科的数量比为 19∶1。并且，由于考核的科目基本没有多大变化，所以各批次的考核学科与非考核学科特级教师数量比基本趋于一致。

2. 结果分析

中小学特级教师的数量分布，从任教的学科属于考核学科和非考核学科的层面看，考核学科的教师在自身成长上远优于非考核学科，他们获得特级教师荣誉称号的可能性远远超过非考核学科。是什么原因让考核学科的特级教师与非考核学科的特级教师在数量上差距如此之大呢？

(1) 中小学课程设置的周课时数的不平衡性

目前国家中小学课程设置的周课时数语文、数学、英语学科所占的比例最多，即我们通常所说的主科，得到普遍的重视。比如，小学一二年级语文课每周 8 节，数学课每周 5 节，英语课小学每周 3 节、中学每周 4 节。从学校教师的学科比例看，语文、数学、英语教师的数量也远远超过其他学科的教师，符合条件参评特级教师的语文、数学教师的数量也远远超过其他非考核的冷门学科，因此出现上面的考核学科与非考核学科的特级教师数量比例失调现象。

（2）各学科的师资培训活动不均衡

教师的成长一方面离不开教师自身的素质和努力，另一方面也离不开教育行政和业务部门、学校组织的各级各类培训和继续教育。相比来说，语文、数学、英语、物理、化学等考核学科，教育部门组织的学科竞赛、观摩活动、研讨活动、培训活动形式多样，内容丰富多彩，为这些学科的教师成长搭建了众多的平台，使他们有更多的机会提高自己，促进了他们的专业发展。而非考核学科的培训和继续教育活动则少很多，给这些教师的专业成长带来了不利因素。

（3）多年的应试教育评价机制的制约

应试教育的主要特点是：以应付升学考试为主要目标，以考试科目重点教、要考的内容反复教为主要手段，从挤时间、扩大“运动量”上找出路，以反复灌输为方法，根据考试分数定质量，以“质量”高低论奖赏。

那些重点教的学科，就是考核学科。考核学科通常受到教育行政部门、学校、家长、学生的重视，同时也造就了许多地方上的考核学科的名师。应试教育评价机制对考核学科和非考核学科教师成长为“特级教师”有着重要的影响。

（4）各学科教师自身发展内驱力的差异

因为学校的课程设置有考核学科和非考核学科之别，所以就工作强度和工作压力来说，考核学科的教师的工作强度和压力远远大于非考核学科。在同一所学校工作，音乐、体育、美术、计算机、劳技、教育心理等学科的教师感觉较轻松，地理、生物、历史、思品等科目教师次之，而强度和压力最大的当属语文、数学、英语、物理、化学教师。有压力才能产生动力，适度的压力能激发进取之心，这也是考核学科的教师成为“名特优教师”的可能性大的原因。相对来说，非考核学科的教师成长为特级教师的难度较大。

三、性 别 比 较

自 1978 年教育部、国家计划委员会制定颁发《关于评选特级教师的暂行规定》之后，江苏在全省范围内先后评选了十一批特级教师共 2085 位。其中男性 1625 位，女性 460 位。性别的差距为什么如此之大？性别因素对优秀教师成长的影响在哪里？通过对中小学特级教师性别分布情况进行梳理和分析，也许能发现特级教师性别分布的一些规律及其原因。

1. 分布情况

江苏省十一批特级教师中男女性别差异还是比较明显的，对此我们进行了统计：

表 1　江苏省十一批特级教师性别分布情况统计

批　次	人　数	男性人数(比例)	女性人数(比例)
1	18	5(27.8%)	13(72.2%)
2	97	78(80.4%)	19(19.6%)
3	141	117(83%)	24(17%)
4	148	125(84.5%)	23(15.5%)
5	132	115(87.1%)	17(12.9%)
6	150	126(84%)	24(16%)
7	184	150(81.5%)	34(18.5%)
8	207	166(80.2%)	41(19.8%)
9	314	244(77.7%)	70(22.3%)
10	382	291(76.1%)	91(23.9%)
11	312	208(66.67%)	104(33.33%)
合计	2085	1625(77.93%)	460(22.07%)

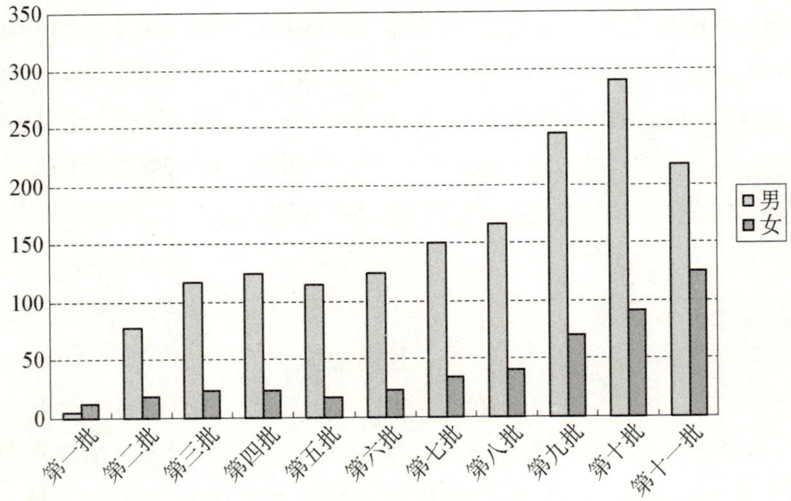

图 1　江苏省十一批特级教师性别分布情况统计图

从表 1 可以发现，江苏省的特级教师中，男女特级教师比例存在较大差异，从第二批开始，女教师评上特级教师的只占整个批次特级教师总数的

20%左右，平均为22.07%。从图1不难看出，除第一批中女性明显多于男性外，其他十批评选的特级教师中男性明显多于女性。其中，在2085名特级教师中，男性占了1625位，女性只有460位，男性基本上是女性的3.5倍。统计结果足以说明，性别因素对优秀教师的成长存在影响，男教师成为优秀教师、特级教师的机会明显要大于女教师。

2. 结果分析

从整个数据显示来看，男教师除了成为特级教师的机会、比率较大之外，其成长的周期、空间等也较女教师优越。分析其原因，有以下几点：

(1) 思想观念的影响

在学历等各方面条件相当的情况下，女教师对未来工作的期望和成就抱负仍然落后于男教师。美国心理学家霍纳认为，这种状况与社会性别文化密切相关。我国传统的性别意识中，男性注重事业、女性注重家庭的传统行为模式和观念对社会生活有重大影响，不可避免地也影响着女教师对未来工作和职业的期望。受这种观念的影响，女教师会主动调整自身的行为和预期，降低对成功的期望。因此，女教师的工作抱负不仅反映她自身的能力和特征，更是社会性别意识的反映。提高女教师的工作抱负和期望，需要社会、个人的共同努力。

在460位女性特级教师中，有很多都是全国著名的特级教师，如斯霞、李吉林等，她们是杰出的女性，是教育界的佼佼者，也是女性的骄傲。从她们的成功经验来看，她们身上所具有的很多品质和特点，是成功人士都具备的，并没有显示出更多的男女性别上的差异。首先，她们能够永远保持对工作的热情，热爱自己的事业。即使在获得了特级教师的荣誉后，她们也没有停滞不前，没有躺在功劳簿上休息。其次，她们在自身人格特性方面，都非常自信、自强，认为在工作中"男女平等"，她们都把自己事业的发展和孩子的发展紧密地联系在一起，有很强的社会责任感。第三，她们都热爱读书，在实践中寻找理论的支撑，热心于教育科研，有先进的教育理念。第四，她们都得到了家庭的支持。

(2) 女性在家庭中扮演的角色影响其事业发展

教师职业的成功需要大量的时间投入，而女教师因为要承担更多的家庭责任，必然会影响她们在工作上的投入程度，进而影响到职业的成功。特别是当下，由于子女教育问题越来越成为大家关注的热点，因此也占用了女教师很多的时间和精力，这就会在某种程度上影响女性教师的专业成长与发展。长期以来，女性多承担着生育、家务、抚养下一代等重要的家庭角色，"男主外”、“女主内”等传统性别角色定位对女性的事业发展可能会产生“约束”或“负面”影响。中国科学院研究员赵兰香表示，现在中国的经济虽然发展很快，但是“男外女内”的传统家务分担模式并没有改变。大部分家务劳动，包括教育子女这样一些事情，完全或者基本上是由女性来承担，这样情况的家庭比率达到了78%，由男性来承担的家庭只有12%。由此可见，女教师要取得与男性同样的业绩，需要付出更多努力。

为了促进特级教师的性别平衡，除了要提高女性教师的思想认识以外，还要提高女性优秀教师的评选比例，更为重要的是要提高女性教师的职业成就感。要想更大地发挥女性教师的潜能与作用，就要在政策和制度的层面上对女性进行适当的“倾斜”和“照顾”，制定与实施相应的政策与措施，鼓励女性为教育发展贡献智慧和力量。

四、学 段 比 较

1978年至2010年，江苏省在全省范围内先后评选了十一批特级教师。除去师范、特教、技校、幼儿园以及教科研部门的特级教师外，中小学特级教师有1911名，其中小学558人，中学1353人。我们试图对江苏省中小学两个学段历届特级教师进行学科分布情况的梳理和分析，希望能给广大一线教师的专业成长和发展带来启发，并给教育主管部门及时调整评选的细节和培训的方向提供参考。

1. 分布情况

为了便于分析，我们把整个学段分成小学和中学两个阶段，不包括师范、特教、技校、幼儿园以及教科研部门的特级教师。

表1　小学阶段特级教师各学科分布情况统计

学科	语文	数学	品德	科学	英语	体育	美术	音乐	计算机
人数	287	167	13	21	16	14	6	5	3
百分比	51.43	29.93	2.33	3.76	2.87	0.74	0.32	0.26	0.16

从表1数据可以发现，小学语文、数学两门学科的特级教师占到总数的80%，占有绝对的优势，其他每个学科虽然都有特级教师的分布，但数量都比较少，如计算机全省共3名，音乐共5名，美术共6名，可谓凤毛麟角。

表 2 小学阶段课程周课时量分布情况统计

学科	语文	数学	品德	体育	英语	美术	音乐	综合	科学	地方
节数	44	30	20	20	20	12	12	12	8	8
百分比	23.66	16.13	10.75	10.75	10.75	6.45	6.45	6.45	4.30	4.30

从表2数据不难看出，小学语文、数学和思品课程设置的周课时量比例仅占到总量的50%左右，远低于这三门学科特级教师占全部特级教师的比例，而体育、英语、美术和音乐学科的周课时量比例高于这几门学科特级教师占全部特级教师的比例，并且这种差异一直都存在。

表 3 中学阶段特级教师各学科分布情况统计

学科	语文	数学	物理	化学	英语	品德	生物
人数	340	339	186	124	106	61	44
百分比	25.13	25.06	13.74	9.16	7.83	4.51	3.25
学科	历史	地理	体育	音乐	美术	计算机	其他
人数	42	34	24	14	8	9	12
百分比	3.10	2.51	1.32	0.53	0.42	0.32	0.64

从表3可以看出，中学语文、数学、物理、化学和英语五个主要学科的特级教师占到总数的80%，其他每个学科虽然都有特级教师，但数量都比较少，与小学阶段的状况基本相似，如美术、计算机等学科都没有超过10人，而仅语文就有340名之多，比例相当悬殊。

表 4 中学阶段课程周课时量分布情况统计

学科	数学	语文	英语	历史	体育	物理	化学	政治
节数	31	30	27	16	15	12	10	9
百分比	15.3	14.8	13.3	7.9	7.4	5.9	4.9	4.4
学科	计算机	地理	品德	生物	音乐	美术	其他	
节数	9	8	6	5	3	3	19	
百分比	4.4	3.9	3.0	2.5	1.5	1.5	9.4	

表4数据显示，中学语文、数学课程设置的周课时量比例占到总量的

30%左右;通过与表 3 对比可以看出,这两个学科的特级教师的数量占到50%多,二者的差距比较大。而其他所有学科的周课时量比例都高于其特级教师的评选比例,特别是体育学科最为明显。

2. 结果分析

中学与小学两个学段历届特级教师学科分布情况不均衡的原因有很多。

(1) 不同学段特级教师学科比例与课程设置周课时量比例差异显著

通过表 1 和表 2 的对比可以发现,语文、数学和思品 3 个学科的特级教师的比例远高于这三个学科课程设置周课时量比例,而其他学科的特级教师比例都低于课程设置的周课时量比例,特别是英语学科和体育学科最为明显。造成这一结果的原因是:首先,早期带动。在特级教师评选的早期,如第一批和第二批,特级教师大多是语文、数学学科的,占到总数的 96%。这些特级教师的带动作用和效应非常大,他们带动了这些学科的教学和研究,使这些学科形成了较浓的研究氛围和较高的研究水平,学科的教学研究氛围和水平又带动了这些学科的教师的成长和发展。早期特级教师的辐射和带动作用相当明显。其次,资源优势。特级教师在教育主管部门工作的占到总数的13%,其学科分布主要为语文和数学学科,占到总数的 90%,因此,这些学科实际上拥有了另外一种重要的发展资源——来自教育行政和科研部门的更多关注和支持,使得这些学科的日常教研活动的实效性和学术性大大提高,增强了这些学科教师的科研意识,促进了这些学科教师的教学水平、科研水平和写作水平的提高。第三,人才集中。如泗洪县实验小学有 7 名语文特级教师;徐州市第一中学有 14 名特级教师,大部分为语文和数学学科的特级教师。这样的学校还有很多。这些特级教师相对集中,对地区和学校的学科发展和建设发挥了举足轻重的作用,带动和激励了一大批勇于探究的本学科教师,人才聚集的优势和效应十分明显。正是因为上述这些原因,导致语文等学科的特级教师数量占据了绝对优势。而英语和计算机学科在小学设置较晚,因此这些学科出现特级教师也较迟,如英语最早在第 4 批才有特级教师,计算机在第 8 批才出现,相应的,这些学科开展相关课程建设和教学研究的活动就较少、较迟。其他如体育等小学科由于学科教师人数相对较少,同时兼职教师较多,平时开展学科教学、研究活动较少,研究氛围较淡,造成被评上的特级教师数量很少,分布也不均衡,不能形成区域学科优势。

(2) 不同学段特级教师学科分布与区域分布不均衡

从苏南、苏中、苏北 3 个大的区域分布来看,小学阶段特级教师在数量上还是比较均衡的,但在每个区域内分布是不均衡的,像苏北徐州市特级教师的数量是宿迁的 2 倍多。但表现最为突出的是学科之间发展的不均衡现象严重,有些地方的特级教师在某些学科为零,最直接地反映出某些地区某些学科发展的弱势领域,这对地方学科建设和发展有着很大影响,如不及时做好相关指导工作和采取有效措施,会在以后的学科发展上产生更大的差距。这一点应当引起当地教育主管部门和学校的高度重视。

通过以上数据的分析和比较,我们发现以下特点:第一,特级教师的数量在一定程度上反映出地方学科发展的水平,地方教育行政部门要根据本地特点,有所侧重地发展弱势领域学科,加大对弱势学科的建设和培训力度,开展学科间横向交流活动和区域间纵向交流活动,加快提高相关学科教师的业务能力和教学水平,确保学科之间发展的均衡性。第二,在特级教师评选时应增加弱势学科的评选数量,提高弱势学科教师的积极性;同时分析并公布弱势学科存在的问题,以便地方教育主管部门和教师及时改进,提高弱势学科的发展水平。第三,加大区域间和区域外的学科人才引进和流动,创新特级教师的激励机制。特级教师要有序、有效流动,以使区域内相对均衡。要调控好特级教师的反向流动和无序流动,否则会受地方经济和社会发展水平的影响,造成某些发达地区特级教师过度集中,加大区域间在特级教师人才数量和质量上的不平衡。

五、年 代 比 较

特级教师作为教育战线的杰出代表,以其科学的教育方法和精湛的教学艺术,带动着中小学骨干教师队伍的建设,促进了我国教育教学质量的提高,积极推动着我国的教育改革与发展。我们对中小学特级教师年代分布情况进行梳理和分析,目的就是要发现与总结特级教师专业成长与发展的规律,给广大一线教师的专业成长与发展提供经验和借鉴。

1. 分布情况

主要统计江苏省 1978 年至 2010 年评上特级的中小学教师 1911 位,不包含幼教、特教、师范、教师进修学校及教研室等其他部门的特级教师。

表 1　中小学特级教师年代分布情况(单位:人数)

学段 年代	中　学	小　学	总　计
20 世纪 70 年代	6	11	17
20 世纪 80 年代	50	36	86
20 世纪 90 年代	332	138	470
21 世纪 10 年代	955	383	1338

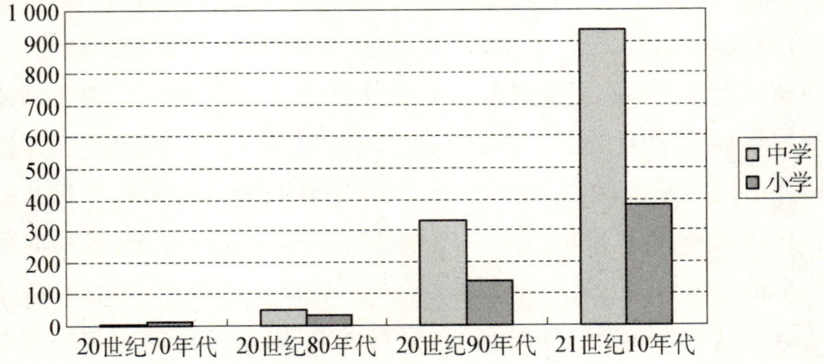

图 1　中小学特级教师年代分布情况统计图

从表 1 可以看出:20 世纪 70 年代第一批特级教师的人数相对而言还是比较少的,且小学特级教师的人数所占的比例要高于中学特级教师。但是到了 80 年代,中学特级教师所占的比例明显要高于小学教师。进入 90 年代,中学特级教师在数量上进入了快速发展期,甚至翻倍发展。到 21 世纪,中学教师的人数已经远远高于小学教师的人数。从图 1 的矩形统计图可以明显看出中学特级教师这一发展的态势。另外,从图 1 还可以发现,从 20 世纪 70 年代至 21 世纪 10 年代,中小学特级教师数量总体上呈现快速递增的趋势。

2. 结果分析

随着教育改革与发展的深入,江苏省在特级教师评选上每批都有新变化、新举措,中小学特级教师的数量也随着时代的发展呈现出快速递增的趋势。其中的原因和背景是多方面的。

(1) 国家宏观教育环境的变化为特级教师快速成长铺设了绿色通道

1978 年 12 月，中共十一届三中全会作出工作重点转移到社会主义现代化建设上来的战略决策，各项工作逐步走上了健康发展的轨道，教育工作也出现了前所未有的大好形势。在改革开放的时代背景下，涌现出大批富有实干精神和创造能力的优秀教师，他们形成了自己的教学思想、教学模式与教学风格。

进入 20 世纪 80 年代，我国相继颁布了《中共中央关于教育体制改革的决定》和《中华人民共和国义务教育法》，并于 1986 年成立了全国中小学教材审定委员会，同时制定了中小学教材审定标准，鼓励集体和个人编纂教材，这为课程改革研究提供了良好契机。在这种氛围下，教师积蓄已久的力量和热情逐渐释放出来，一大批教师在教学改革与实践中逐渐成长起来，教师队伍呈现出人才辈出的喜人局面。

20 世纪 80 年代末 90 年代初，国家开始提出“素质教育”，“素质教育”的理论和实践探索方兴未艾。1999 年教育部《面向 21 世纪教育振兴行动计划》中“跨世纪园丁工程”的重要项目之一——“特级教师计划”正式启动，从资助科研、组织讲学团、举办研修班到出版专著，全方位发挥已有特级教师的带动和辐射作用，造就了一批在教书育人和教育教学研究方面造诣高深的中小学特级教师，促进了更多优秀特级教师的脱颖而出。

21 世纪初，我国进行新一轮基础教育课程改革，为广大教师提供了更广阔的空间、更好的发展平台与发展机遇，许多教师在新课程改革的带动和促动下走上教学改革、教学探索之路，一批具有独特教学思想和教学特色的特级教师应运、应时而生。

(2) 多维互动的培训和研究活动为特级教师创设了良好的研究氛围

① 开展形式多样的培训。随着素质教育的不断深化和基础教育课程改革的不断推进，各地响应教育部提出的“积极地、主动地造就新时代的骨干教师”的号召，开展各种形式的加强教师教育、造就大批优秀教师的培训活动。师范教育的进一步规范和发展为特级教师的成长打好了基础；“跨世纪园丁工程”不断完善了教师培养培训体系，优化了教师队伍结构，提高了教师专业水平和教学能力，一批特级教师在这些培训计划和工程中得到了培养、锻炼和成长。

② 开展教育教学研究。近几年来，伴随着我国课程改革的不断深入，教育教学研究不断得到重视和加强，为教师的专业成长与发展创设了良好的氛

围、机遇和条件。多种形式的教育教学研究如课堂观察、校本研修、课题研究等，增强了教师参与教育教学研究的主动性、积极性和有效性，有效促进了教师的专业成长与发展。通过这些教育教学研究，水到渠成地成长起了一批批特级教师。

(3) 各种社会力量推动特级教师队伍的快速壮大

媒体对特级教师的成长与发展具有重要的促进作用。教育报刊发表大量的教师论文、课例，并对优秀教师的先进事迹和重要成果进行报道和展示；广播、电视等媒体对有影响的教学实验或研究成果进行报道；出版社出版优秀教师的著作。媒体的大力介入，传播了优秀教师的教学思想与教学方法，为教师的专业成长与发展起到了推波助澜的作用。

教育行政部门和教育科研部门是推动教师快速成长的重要力量。它们在推广优秀教师的经验和成果方面作用和成效巨大。无论是教育部对特级教师于永正教学思想方法的推广，辽宁省对魏书生教学经验的推广，还是江苏省对李吉林情境教学法的推广，都充分显示了这种强大力量。

第六章
特级教师的作用与影响研究

特级教师是我国中小学教师队伍中优秀的代表，他们是师德的表率、育人的模范、教学的专家，他们对所任教学科具有系统的、坚实的理论知识和丰富的教学经验；具有终身学习的理念和不凡的科研创新能力；具有显著的教学风格和非凡的人格魅力。充分发挥特级教师这一宝贵人力资源的优势，促进他们对基础教育教学和教师队伍的专业引领，是提高基础教育水平的有效途径，也是特级教师应当承担的责任和义务。

一、特级教师的主要影响与作用

从目前的现状来看，特级教师有的在一线教学，有的兼任领导职务，有的在教育科研部门从事教育教学研究或教师培训工作，有的退休后被返聘在教育教学第一线，发挥自己的特长，在相关部门或学校发挥余热，还有的特级教师著书立说、笔耕不止，不断总结自己的教育经验，传播自己的教学思想和方法。总的来说，作为教师中的优质资源，他们在各自的区域和领域发挥着多方面的作用，也产生着多方面的影响。

（一）引领示范作用

1. 精神引领

特级教师崇高的师德和人格魅力是他们身上最为宝贵的精神财富和教育资源，他们的精神力量对广大教师的引领作用，有时甚至超越了他们的教育思想和经验，也因此赢得各地中小学教师的敬重。20世纪80年代，有一位教育工作者带领一批校长和教师到上海南洋模范中学学习取经，已退休在家的名誉校长赵宪初早早地就在学校等候，亲自接待他们并一口气作了两个多小时的报告。在场的校长和教师无不为之感动，一为能够受到全国著名的特级教师、教育家赵宪初先生亲自接待而感到不胜荣幸；二是赵老师朴实的语言、丰富的教育经验使他们受益匪浅。此事已经过去了近二十年，可是大家回忆起来，仍然觉得是一生中最难忘、最有帮助的一次学习。这就是特级教师的精神力量所发挥的特殊作用。①

特级教师的精神力量具体表现为：

（1）坚定的职业信念

这种职业道德是一种对教育事业执著的信念和追求，是心甘情愿地把自己的全部心血灌注在培养下一代上，从而实现自己的职业理想和人生价值。特级教师魏书生为了当一名人民教师，费尽千辛万苦，在长达6年的奔波中竟然锲而不舍地申请150次之多，才夙愿得偿，走上了教师岗位。请看他1977年9月15日申请书中的一段话："看到各行各业特别是教育战线在党的领导下，走向大治的喜人局面，自己却没有机会献上一分力气，心里像有一团火一样熊熊燃烧。我无比焦急地请求领导能够体谅到我的心情，批准我的申请。只要是教书，不管是到农村一般学校，还是到更困难的偏僻山区的学校，我都会踏踏实实、勤勤恳恳、满腔热情地去干。"②正因为有了这份火一样的热情和坚定的职业信念，他才矢志不渝，勤苦自学，孜孜不倦，大胆创新，勇于实践，成为一名闻名遐迩的教育改革家，中国十大杰出青年之一。

（2）炽热的育人情怀

教书的根本目的在于育人。育人首先要爱人，教师要爱他的学生。师爱——教师对学生的爱是基于对事业的使命感和责任感而产生的，是一种忘我的崇高情感。教师的生命历程是伴随着学生的成长走完的。他们在讲台上送走了自己的青春岁月，又在讲台上迎来了自己的白发暮年。几十个春秋，埋首教案，驻足课堂，默默无闻，别无他求。是什么给了他们永不衰竭的原动力呢？不是别的，正是一种炽热的育人情怀，是他们对学生的深沉执著

---

① 应畏之.特级教师怎样才姓"特"?.教育发展研究，2006，8.

② 于月萍.魏书生评传.漓江出版社，2000：24.

的爱。许多人曾向特级教师毛蓓蕾请教教育孩子的“法宝”或“秘诀”，她回答说：“其实，我什么法宝也没有，只是像许多老师一样，有一颗炽热的心。我用这颗心去温暖孩子们，体谅他们的甘苦；同时根据他们的年龄特点，去引导他们，促使他们一步步上进。正因为我爱他们，所以我的精神生活始终是充实的，总感到浑身有使不完的劲。征途中我也碰到过各种各样的困难，有时甚至会为找不到恰当的方法而苦恼，但我一想到孩子，就有了力量。”①

从毛蓓蕾老师这段语重心长的话中，我们可以悟出这样的道理：没有爱也就没有教育。热爱学生是教师尽职尽责的力量源泉，是完成教育教学任务的首要条件，也是激发、支撑他们奋发向上的不竭动力。

(3) 执著的钻研精神

毛桂芬是北京市景山学校知名的特级教师。她虽然才 40 多岁，但在物理教学上已经形成了自己独特的风格，取得了显著的成绩。

1994 年 4 月，在上海举行的全国第一届物理青年教师教学大赛上，各路高手纷纷一显身手。毛桂芬讲授的是高中课程中的基础知识，难度比较大。当毛桂芬讲到学生最不容易理解的地方时，只见她轻轻地一点鼠标，一个“简谐震动”模拟情景便展现在与会者眼前，完美的课堂设计及生动清晰的教学，特别是恰到好处地使用 CAI，使这节课获得了极大的成功。毛桂芬的这节课使北京成为当年在全国物理教学大赛中唯一使用计算机辅助教学软件的市，毛桂芬也获得了一等奖。

这个令人羡慕的“第一”是来之不易的，究竟下了多大工夫，流了多少汗水，可能只有她自己才知道。1983 年，景山学校有了第一台苹果机。毛桂芬还清楚地记得，当时不仅懂行的人很少，而且资料也不多，仅有的一本中文繁体版的说明书在几个人手中传来传去都快翻烂了。毛桂芬下决心学习编制物理教学软件，提高物理教学水平。她首先选择了“抛体运动”这个课题。课题选好后，她边干边学。学校新装修的计算机教室四壁和天花板新刷了油漆，气味刺鼻难闻，又不能开门窗。那时她正怀孕在身，在这样的教室里一坐就是半天。有时到了下午两点，才想起还没有吃午饭，站起来两条腿都不会走路了。功夫不负有心人，经过半年多的时间，除了“抛体运动”以外，她还制

---

① 白金声. 我们向特级教师学习什么. 黑龙江教育，1997，9.

作了力、热、电、光一套物理教学软件。这些软件，在全国第一届利用计算机辅助教学研讨会上进行了交流，并获得北京市科协颁发的科学技术三等奖，北京市政府电子振兴办颁发的北京地区优秀软件三等奖。①

这样的情景，这样的精神，不只存在于毛桂芬一位特级教师身上。纵观我们周围的特级教师，哪一个不是在自己钻研的领域内挑灯夜读，殚精竭虑，笔耕不辍！也正因为如此，他们才具备了超越一般教师的精神力量和业务才能。

(4) 无私的奉献精神

特级教师往往是普通教师崇拜的人生"偶像"，这是因为特级教师身上具有一种常人难有的无私的奉献精神。这种无私的奉献精神体现在很多方面，其中一个很重要的方面，就是有时他们更像一位慈祥的长者、平易的智者，能与普通教师一起，无私地分享自己的教学智慧与人生经验。为一个年轻教师看一份教案，点评一节课例，也许特级教师并没有在意自己的付出，但对于普通教师来说却意义深远。特级教师的肯定和指导，会给他们莫大的信心和鼓舞。

2008年的圣诞节，我应邀参加"首届媒体看课之作文教学擂台赛"。带着一节未经试教的《畅想图书馆》踏上了上课之旅。到会场，方知此次活动竟然要评奖，首席评委就是于永正老师！

那一天的课，上得颇为顺畅。于老师听后握着我的手说："小张，最近进步很快啊！"活动结束后，《语文教学通讯》的裴海安先生让我把此课整理出来，杂志要帮我做一期封面人物。我冒昧地请于老师为此课点评，于老师当即爽快地答应了。

回杭后，我将课堂实录电子稿发至于老师女儿的邮箱。于老师答应在春节前将点评稿寄给我。农历腊月二十八那天，我接到了于老师寄自徐州的快件。打开快件，跃入眼帘的是于老师秀逸潇洒的圆珠笔手书。手书下方，是一叠课堂实录，里面密密麻麻地写满了红字。大部分是于老师对此课的评价，不不少地方是对我的课堂实录做得不规范之处的修正润色。句子、标点、

① 赵正元.走在教改的前沿——记北京景山学校特级教师毛桂芬.中国教育报，2000-8-1(2).

小括号，改得一丝不苟。我把于老师改动过的地方给妻子看。妻一读再读，深深赞叹："大师风范啊！"是啊，临近年关，于老师一定非常的忙碌，却在百忙中如此悉心、及时地为我点评，怎不令人肃然起敬?!

我常常琢磨，于老师的教学之"道"究竟是什么？这一瞬间，我似乎明白了许多。于老师，正是用自己的人格和学识，认认真真地对待每一节课，认认真真地对待每一个人。"真"，是于永正老师为人、治学、从教的根基。①

诚如鲁迅先生回忆恩师藤野先生对自己的影响时所言："每当夜间疲倦，正想偷懒时，仰面在灯光中瞥见他黑瘦的面貌，似乎正要说出抑扬顿挫的话来，便使我忽又良心发现，而且增加勇气了。"特级教师最可贵的，就是他们身上涌动于血液里的精神。那是在平凡岁月中对教育事业的执著追求；是教书育人的高度责任感；是在小课堂上做出大文章的敬业奉献；是刻苦学习，潜心钻研，不断积累的超人毅力；是敢于开拓、不断进取的精神和人格风范。无论人们赋予特级教师何种角色，这些精神力量都是他们身上最为宝贵的财富，也从最深的层面引领着其他教师的发展。

2. 教学示范

特级教师的生命在课堂。特级教师都是"学"有专长、"教"有特色、"研"有成果的专家，他们都有与众不同的教学风度、韵味和语言，以及表现形式迥异的教学机智。有人上课善"导"，巧于设疑；有人上课善"评"，议论风生；有人上课善"点"，发幽探微；有人上课重"精"，博中求约；有人上课重"情"，以情动人；有人上课重"趣"，引人入胜。这些不同的教学风格，是特级教师教学艺术炉火纯青的表现。特级教师的教学艺术往往会给其他教师很多启发，给许多普通教师起到示范作用。

一位教师在听完特级教师薛法根上《卧薪尝胆》一课后写道："如果薛老师不是以现代的眼光去看'卧薪尝胆'，他的学生最多只能联系上下文理解这个词的意思，不会总结出'中国足球需要卧薪尝胆'、'学校发展需要卧薪尝胆'之类的认识。教师是引导者，更是一位开路先锋，你自己得首先分清路该怎么走。看看我们周围的名师，为什么他们的课堂是那么轻松，他们的设计

① 张祖庆. 高山仰止——与于永正老师交往二三事[EB/OL] http://blog.sina.com.cn/s/blog_5b4571690100dhm4.html.

是那么与众不同，那么纯朴简单，学生在他们的引导下却成为了智者。这里很重要的一点就是作为教材的读者，他们首先能以一个‘富有个性的读者’的身份去审视、解读教材。所以当我们拿起笔要写教案时，当我们捧起书要上课时，请先放下你的设计、你的粉笔，请捧起书，带着一个读者的心态去真正读一回教材。”[①]可见，特级教师薛法根的教学艺术对这位老师产生了巨大的影响，从特级教师的教学行为中，他领悟到了语文教学的策略之一就是首先能以“一个富有个性的读者”的身份去审视、解读教材。

在日常教学生活中，特级教师的课堂教学艺术是最令其他教师钦佩的，也是普通教师最想学习的。因此，特级教师的课堂经常是众多教师观摩、研究的对象。这种示范，有时是在大规模的集中教学活动中进行，有时就是在日常教学的每一节课上进行。特级教师们的教学示范作用还常常通过点评课例、分析教材、共同备课等教学活动得以发挥。

3. 科研攻关

特级教师凭着丰富的教学经验、执著的钻研精神，往往在学校和一定区域内承担着教育教学研究的任务。他们的教育教学研究形式多样，有的表现为解决教师日常教学中的困惑；有的表现为总结教学中的有效策略；有的表现为推动学科教学乃至教育教学的理论建设。无论是以课题主持人还是“名师工作室”领衔人等身份出现，特级教师总以教师队伍中带头人的角色，带领着“同伴们”一起总结提升教学方法，提炼丰富教学经验，推广实践教育思想。

特级教师芮火才充分发挥自己在学校管理上的优势，瞄准诸多学校发展中的关键问题进行“学校发展教师”的探索和研究，带领一批热爱教育事业、关心教师发展、有一定的管理经验、具有良好的理论素养和一定潜质的小学行政管理人员开展研究。他们以“为教师发展服务”为理念，研究学校如何为教师的发展提供优质服务和帮助，以促进教师全面、和谐、持续和个性化发展，打造优秀的教师团队，进一步提升学校发展的品质。他将自己的名师工作室定位为“常州市学校发展教师研究的窗口，本地区小学校长和学校管理层交流学校发展教师体会、反思学校发展教师问题、解决学校发展教师困惑、创生学校发展教师智慧、形成学校发展教师思想的中心，令管理者向往的学习型组织，思想自由驰骋的学术团队”。力图通过工作室的运行，“努力探讨

---

① 钱明辉，汤春燕. 老师，请先把书读到你自己的心坎上. 教学与管理，2005，23.

学校发展教师的思路和策略，努力办出一批在省内外有一定影响的特色学校，努力培养出一批在省内外有较高知名度的个性鲜明的校长和教师”①。工作室的研究目标清晰、集中，具有较高的科研含量。

（二）孵化培养作用

有人说，特级教师姓“特”。特级教师之所以姓“特”，一是因为特级教师的教育教学都有较鲜明的特点、特色；二是因为特级教师对教育教学有“特殊贡献”。这种“特殊贡献”一方面体现在特级教师在师德、育人、教学等方面均有突出的表现并取得了突出的业绩，另一方面也体现在特级教师对普通教师的孵化培养作用。

1. 紧密型孵化

特级教师薛法根曾经深情地写下一段文字，回忆自己的恩师庄杏珍是如何指导自己上课的：

> 有人说，人的一生有“三幸”：出生时有个好母亲，上学时有个好老师，工作时有个好领导。在成长的道路上，能遇到庄杏珍老师，是我最大的幸运。她以自己严格的爱，纯粹了我的课品，引领我走上了语文教学的正道。
>
> 俗话说“台上一分钟，台下十年功”，此话不假。当初庄老师手把手教我备课、教我上课时，那种“煎熬”让人难以忘怀。每次备课，庄老师总让你详详细细地复述一遍教学过程，然后抓住你备课中的漏洞，一阵“穷追猛打”，问得你哑口无言，批得你体无完肤。所以我们这些弟子都“战战兢兢”，备每篇课文都不敢有丝毫的大意，一定要反复地琢磨教学的每一个细节，考虑课堂上可能发生的各种意外。庄老师逼我们想得更复杂一些，准备得更充分一些，于是，在课堂上就能更从容一些、更自如一些。课前的求全责备，正是为了课上的胸有成竹；课前的“煎熬”，正是为了课上的“轻松”。直到现在，我才领会庄老师那与众不同的带教方式，才明白庄老师的良苦用心。②

---

① 芮火才名师工作室方案.

② 薛法根.对我影响最大的一个人[EB/OL]. http://blog.sina.com.cn/s/blog_4eeee2770100hjub.html.

庄杏珍在自己成为特级教师后，对青年教师薛法根悉心指导、严格要求，使他在成长过程中不断反思，超越自我，在人格品质、教学境界、教学艺术方面都不断进步。这种俗称的“带徒弟”实际上就是特级教师“孵化指导”作用的重要体现。

不少特级教师还通过帮助青年教师备课、磨课，指导青年教师学会听课、评课等方式，“手把手”地引导青年教师入门，推动青年教师钻研思考，毫无保留地把自己的经验和智慧传授给青年教师。为了加强青年教师的理性思考，增强青年教师的文化底蕴，很多“师傅”会给徒弟开出必读图书和报刊目录，以奠定交流、对话的基础，提高交流、对话的质量和效果。有的特级教师甚至还帮助青年教师制订个人职业发展、专业提升的具体规划，“盯”着“逼”着，使青年教师获得更好更快的发展。在这样紧密型的带教方式中成长起来的青年教师，往往会直接习染、承继特级教师的很多精神品质、思考方式、教学理念甚至是教学风格，其专业成长和发展会大大超过自己独立的摸索和研究。

1998年，我成为当时江苏省最年轻的小学语文特级教师，一时颇为沾沾自喜，经常外出上公开课。一次，我在常州上《她是我的朋友》，课堂上一名女同学表现特别积极，每次提问都要抢着回答。一回，我的问题刚说完，其他同学正要读书思考，她却抢着举手，嚷着：“我知道，我知道！”我随口说了句：“我知道，就你知道！”那名女生赶忙放下了手，低下了头，似乎偷偷地流泪了。我曾想弥补一下自己的过失，大概是顾着上课进程吧，直到下课都没有抚慰她。精彩的课堂教学似乎也让人容易忘却课堂上曾经发生的不快，我很快就把这个课堂细节淡忘了。谁知，庄老师不知从哪儿知道了这个课堂上的“小插曲”，晚上突然打电话给我，询问我最近上课的情况，特别问了我那一个课堂细节。她严肃地对我说：“有的错可以改正，也可以原谅；有的错却不可以犯！课品如人品啊！”

人，有人品；课，有课品。人品有高下，课品有好差。一个语文教师的人格魅力奠定了他的语文课堂的品位，课品即人品。而美德，是衡量人品、课品的基本准绳！语文教学磨砺的不仅仅是教师的教学技艺，更重要的是锻铸教师的人格品质。[①]

---

① 薛法根.对我影响最大的一个人[EB/OL]. http://blog.sina.com.cn/s/blog_4eeee2770100hjub.html.

特级教师庄杏珍发现了青年特级教师薛法根在课堂教学中对待学生的一个细节，她及时地指出，严格地要求，悉心地点拨，让薛法根这个曾经的学生和“徒弟”从这个教学细节中悟出了“课品即人品”的真谛。薛法根后来之所以能形成“简简单单教语文，扎扎实实促发展”的语文教学的基本观点，不仅基于自己对语文教学的长期探索与深切认识，也与特级教师庄杏珍这样毫不留情的“外科手术”有关。紧密型孵化在两位特级教师之间留下了佳话，更促进了特级教师薛法根的专业成长。

2. 四周型指导

除了“手把手地带徒弟”以外，特级教师所在的教研组、学校乃至区域的青年教师也往往会不同程度地得到他们的指导，受到他们的影响。

李吉林老师的徒弟，早些年已被评为特级教师的施建平这样写道：“熟悉李吉林老师的人都说，李老师把爱心分成了两半，一半给了孩子，一半给了孩子们的‘孩子’老师。”李吉林老师一直把对青年教师的培养作为自己的一份责任，甘为人梯，为青年教师的成长倾注了心血，所以从某种意义上说，李吉林就是一所教师进修学校。

只要稍作盘点，就可以看出这所教师进修学校培养青年教师的工作量是多么饱满。

① 从 1980 年起，李吉林先后带吴云霞、施建平为徒，他们随堂听课 300 节以上。

② 20 世纪 90 年代初期，南通师范学校第二附属小学成立了青年教师培训中心，李吉林担任辅导员，培训 8 年以后，有些青年教师又转为徒弟。

③ 江苏情境教育研究所与南通师范学校共同成为小学语文骨干教师国家级培训基地。

④ 用谈话体对青年教师系统地传授情境教育，“与青年教师的谈话”共 18 讲，现已成为文集第 2 卷。

⑤ 20 世纪 90 年代初应约为《师范教育》撰写系列文章，主题为“与未来教师通信”，在师范生的心灵里洒下情境教育的种子。

⑥ 李吉林老师大量的实验课，是对听课老师最好的培训。

⑦ 李吉林老师关于情境教育的研究成果以及她发表的大量文章，为广大老师提供了很好的培训教材。

⑧ 李吉林老师为青年教师成才搭桥铺路，尽可能为他们创造展示才华的舞台。

一个有成就的小学老师，仅仅在对青年教师传帮带方面就做了这么多的工作，尤其可贵的是，李老师不是挂虚名，她是实打实地做，用青年教师培训中心老师的话说，她是“慈母”，更是“严师”。①

“一个特级教师就是一所教师进修学校”，同样是特级教师的杨九俊先生的这一概括，生动而准确地说明了特级教师在培养教师方面作用的巨大。特级教师李吉林从1980年带吴云霞、施建平为徒开始培养青年教师，随后担任了南通师范学校第二附属小学青年教师培训中心的辅导员，直至她担任所长的江苏情境教育研究所与南通师范学校共同成为小学语文骨干教师国家级培训基地，其辐射指导的范围不断扩大，影响也日益深远。

3. 松散型辐射

如果说“师带徒”是特级教师对普通教师直接的近距离的“紧密型孵化”，依托特级教师所在的学校、地区成立相应的培训研究组织使他们在更大范围内发挥作用是“四周型指导”，那么，通过上示范课、讲学、发表论文等方式不断传播、辐射自己的教学艺术和思想，对不同层面的教师产生积极的影响，使更多的教师在专业成长、发展方面获益，则可以称之为“松散型辐射”。

一名教师在观看了“全国著名特级教师教学展示活动”的录像后，对特级教师吴正宪执教的《相遇问题》一课留下了非常深刻的印象。之后，他静下心来在脑海里重温这些教学片段，不由得被吴正宪老师高明的教学设计所折服：

首先，吴老师是个高明的“猎人”，她抓住了大多数学生审题容易马虎、易受例题定势影响的特点，有意识地出现“纸花”“纸鹤”两种不同的事物，让学生在容易混淆的情景中自己去判断，去选择。果不出其所料，许多学生都掉进了“陷阱”，在错误的解法中真实展现了自己对题意的理解。其次，吴老师还是个高明的引导者，在学生出现错误后，她并没有像以往我们那样忙着组织学生一起来判断、改正，而是舍得让出时间和空间来组织辩论，给予学生最

① 杨九俊.人生的意义——试说李吉林老师对教育的贡献.人民教育，2006，19.

充分的权利，让学生通过自主的辩论去发现错误，纠正错误，使错误成为了课堂精彩生成的源头。最后，吴老师的高明还体现在对这道习题的“二次利用”上，她并没有就事论事、解决即止，而是引发学生对错误列式的再思考，使这道算式成为一个开放性问题。在开放的过程中学生不仅发现了问题同信息之间的紧密联系，而且再一次领悟到“认真审题”的重要性。①

在观摩了特级教师吴正宪的课后，吴老师高超的教学艺术给了这位教师很多的启迪，他领悟到：“课堂应成为师生、生生间智慧碰撞与心灵交互的舞台。教师在课堂上通过精心预设、细心捕捉，允许学生从自我个性多角度观察、发现问题，当学生的思维‘一头雾水’或是似懂非懂时，教师应是一个引路人，为学生‘拨开云雾’；当学生独具慧眼时，我们应不惜时间、精力，与学生的思维、情感等进行多元、立体的对话，实现师生间、生生间智慧的碰撞、心灵的互动和情智的共享，为学生认知的生成创造良好的环境氛围，成功激发起学生深入学习的欲望。”②

类似这样的一种特级教师对普通教师的影响，到底有多少有多深有多远，恐怕很难统计和估量。但是，特级教师大都深知，做一名特级教师，仅仅“燃烧自己”是不够的，还必须不断地在教育教学、教育科研、教师专业成长和发展等方面担当起“照亮别人”的重任。这是社会对特级教师的要求和期待，也是特级教师自我的要求和责任。

（三）探路创新作用

除了“引领示范”和“孵化培养”外，作为教育教学领域的精英和先进，特级教师最重要的作用是探索、发现、创新。特级教师要能结合自己的教育教学实践不断地捕捉、发现教育教学中的重要问题，要能够围绕教育教学中的实际问题进行全面、深入、持续、专业的思考和研究，并在此基础上或提炼出新的教育教学思想，或开发出新的教育教学案例，或总结出新的教育教学策略，或探索出新的教育教学模式。探路创新，对特级教师来说是巨大的挑战，也是他们所能发挥的最重要和最不可替代的作用。

①② 朱宏伟.高明的“陷阱”——吴正宪老师执教《相遇问题》片段赏析.江苏教育研究，2009，3.

1. 推动教学改革

在中学语文教育教学改革的园地里，曾经涌现出三位来自教学一线孜孜以求、不断创新的领军人物。他们就是著名特级教师于漪、魏书生和钱梦龙。于漪在浓化学习情趣、活跃学生思维方面所付出的艰苦探索，魏书生在以学生自学为核心的"六步课堂法"上所作出的努力，钱梦龙在"'三主''四式'导读法"上所体现的倾心追求，都是在当时历史条件下所作出的宝贵的教学创新。这三位特级教师以强烈的敬业精神和献身精神去拨动缺乏微澜的教学"死水"，在当时时代许可的条件下尽一己之力投身语文教改，在语文学科的性质、语文课程的目标以及语文教学观念、方法等方面作出了颇具价值的探求和创新。他们对当代中学语文教育教学改革的历史性贡献，使他们焕发出常人没有的光彩。①

特级教师在各自的学科领域里都是领军人物，他们在学科教学上的影响力和示范作用，他们对学科教学的所思所想、所作所为、所探所究，常常影响着学科教学改革的方向，推动着学科教学改革的发展，甚至推动着学科教学的建设。

2. 开发经典课例

特级教师往往都有自己的经典课例，如于永正老师的"赋得古草原送别"，窦桂梅老师的"晏子使楚"，贾志敏老师的"卖青蛙"，华应龙老师的"圆的认识"，等等。这些经典课例浓缩了特级教师对学科教育教学的理解，集中反映和体现了他们的教育思想和教学风格，凸现了他们的教学艺术，因此被认为是他们的"代表作"。由于这些经典课例经常在各地示范，并且通过录像、课堂实录等方式被广大教师反复学习、揣摩，因此流传很广，其影响超出人们的想象。这些经典课例是特级教师在教育教学改革上探路创新的重要体现和重要成果。

知道于永正老师的大名，是在20世纪90年代初。那时，我是一名懵懵懂懂的教学新兵，常在《小学教学》等杂志上看到于老师的交际作文课例，常常被他精妙的教学设计和幽默的教学语言所吸引，以至于情不自禁地抄了一篇又一篇他的教学实录。那时，于老师在我心头，是一个遥远而敬畏的存在。

---

① 潘涌．语文特级教师的历史贡献与局限．人民政协报，2004－10－13．

一个偶然的机会，听于老师上课，我起了个大早，端坐在主席台后排，眼巴巴地等待着于老师出场。那庄严而激动的神情，活脱脱一个“铁杆儿追星族”。

上课了，于老师和孩子们很随便地拉起了家常。于老师让孩子们观察他的外貌，猜他的年龄。记得有个孩子说于老师的嘴巴有点歪，于老师笑着告诉他，小的时候得过脸部神经系统的小毛病，孩子们开心地笑了。课就在这样极为轻松的氛围中拉开了帷幕。这是节素描作文课，题为《于老师印象记》。于老师显然是个调节课堂气氛的高手，孩子们一点都不感到拘束，写起作文来自然也得心应手。最精彩的是于老师对学生习作的现场点评，反应快，用词准，不时赢得听课老师的阵阵掌声。末了，他还为老师们展示绝活——清唱京剧选段。

台前的于老师宛然一位德艺双馨的艺术家，我不由得呆住了。在经久不息的掌声中，我竟然忘记了鼓掌！那时，我给自己许下了一个“愿望”——每个学期都能听一次于老师的课——这显然是不切实际的。

于是，我只好在字里行间追慕于老师的风采。他的文章，他的实录，凡是能找到的，一篇都不落下。《草》《小稻秧历险记》《狐假虎威》《月光曲》《猪八戒》《全神贯注》《梅兰芳学艺》《水上飞机》等课例，无不诠释着于老师高超的教学艺术。有些课堂实录，还被我画了一道又一道的杠，那是我认为于老师的课最出神入化的地方。每一次落笔成线，以及在波浪线后所加的几个重重的惊叹号，都是我敬叹之情的自然流淌。做一个像于老师那样让学生着迷的老师，成了我的梦想。

此后的四五年间，每年总有几次见到于老师。岁月在他额头刻上了道道皱纹，在他鬓间点染了缕缕银丝，但于老师依然精神矍铄，我和老师们经常能听到于老师的一节又一节新课。《考试》《听声音写想象作文》《第一次抱母亲》《长相思》《杨氏之子》等课，就是于老师此间的经典之作。于老师的课，朴实无华，渐臻化境。我深知，对于一个成名的教师，突破自我，何其之难！一节新课的诞生，凝聚着教师多少心血和智慧。不难想象，为了这些课，于老师要多少次尝受“望尽天涯路”的寂寞，经历“衣带渐宽终不悔”的考验，才能收获“蓦然回首，那课却在灯火阑珊处”的喜悦。①

① 张祖庆.高山仰止——与于永正老师交往二三事[EB/OL]. http://blog.sina.com.cn/s/blog_5b4571690100dhm4.html.

从张祖庆老师深情回忆自己作为特级教师于永正“粉丝”的心路历程中，我们不难发现特级教师的经典课例对普通教师的影响是巨大而多方面的。从最初被杂志上于老师精妙的交际作文课例吸引开始，张祖庆老师学习的第一步就是“情不自禁地抄了一篇又一篇他的教学实录”。我们不难想象，在抄写的过程中，他不断揣摩于老师的精妙设计，品味他幽默风趣的教学语言，浸润在于老师高超的教学艺术中。在一次听课活动中近距离欣赏于老师的教学风采后，张祖庆老师被于永正老师“德艺双馨的艺术家”般的风采折服了。

为了实现自己不切实际的愿望——每个学期都能听一次于老师的课，张祖庆老师只好在课堂实录中追慕于老师的风采。“他的文章，他的实录，凡是能找到的，一篇都不落下。”有些课堂实录，还被他画了一道又一道的杠，那是他认为于老师的课最出神入化的地方。“每一次落笔成线，以及在波浪线后所加的几个重重的惊叹号，都是我敬叹之情的自然流淌。”“做一个像于老师那样让学生着迷的老师”，成了张祖庆的梦想。

直至张祖庆也成为一名优秀的教师后，他更加深切地体悟出“对于一个成名的教师，要突破自我何其之难！一节新课的诞生，凝聚着教师多少心血和智慧。不难想象，为了这些课，于老师要多少次尝受‘望尽天涯路’的寂寞，经历‘衣带渐宽终不悔’的考验，才能收获‘蓦然回首，那课却在灯火阑珊处’的喜悦”。

特级教师于永正的经典课例引领、带动了一位青年教师不断学习，不断揣摩教学艺术，也引领着这位教师走进教学研究的殿堂，不断追求教育人生的更高境界。

3. 推出原创成果

特级教师最渴望实现也是最难实现的，是推出原创性的教学成果。原创性的教学成果有的体现为新的教育教学思想和主张的提出，有的体现为一种教育教学实践模式的诞生，有的体现为一些具体的教育教学策略的总结和概括。这些原创性教学成果的推出需要特级教师在自身精湛教艺和丰富教学实践的基础上，不断总结、反思、提炼、概括、抽象，从而催生自己的教学思想和主张，形成独特的教学特色和教学风格，直至建构起自己的教育教学理论体系，让自己成为有思想的行动者，成为从实践走向理论的桥梁。

特级教师许卫兵曾经以“生活数学”、“理性数学”、“人文数学”来统摄自己的教学研究，还提出了“简约教学”的构想。“但基本上是散点式的、随意化的，属于自由生长。总体上，感觉自己始终在高原平台上徘徊，难以超越。”

2006 年，许卫兵提出了“简约化数学教学”观，可是只有模糊的设想，怎么云界定内涵？如何去丰富？他全然不知。这时候，专家提示：多研究课例，从实践中去寻找灵感。2007 年，他对简约教学有了初步的理论解释和研究架构。接下来他又根据专家的建议，将研究的方向从针砭教学现实转向探寻数学学科的简约特质。2008 年，简约数学教学研究被立项为江苏省省级课题，许卫兵万余字的论文《简约：数学课堂教学的理性回归》在《课程·教材·教法》上发表。①

即使对于特级教师而言，要生成自己的教学主张，推出原创性的教育理论也是艰难的，因为其中的每一步，不仅是对特级教师思维方式、研究方法、理论准备的考验，也是对他们意志力和自信力的巨大考验。

一位教师成长为特级教师并非一日之功。作为学科教学的领军人物，特级教师是教育改革的引领者、课题研究的表率，是教育的稀有资源，并在多方面对其他教师起着示范作用。他们高尚的师德影响、感染着教师，精湛的业务水平引领、启迪着教师，卓著的功绩昭示、带动着教师。虽然我国特级教师只占全部专任教师总数的很少一部分，但他们所产生的社会影响和发挥的作用是巨大的。

二、特级教师资源的开发与利用

（一）建室立所，充分发挥特级教师工作室和研究所的作用

特级教师是教育的优质和稀缺资源，也是区域内教师发展的重要引擎。在名师发展战略中，追求特级教师的数量固然是一个方面，但更重要的是如何最大限度地发挥现有特级教师的价值与作用。目前，不少地区对这一问题越来越重视，为特级教师开设专门工作室，提供专项经费和工作津贴，提倡、鼓励特级教师做有针对性和创造性的教学研究，发挥他们在教学研究、教师培训等方面的重要作用。

---

① 余慧娟，钱丽欣．善待优秀教师．人民教育，2009，20．

1. 成立特级教师实体工作室

特级教师工作室要求每位特级教师带徒，带徒对象一般以市级骨干教师为主，列为特级教师工作室成员。特级教师带领工作室成员，结合教育教学实践选择研究课题开展研究。同时，特级教师工作室还通过举办专题讲座、开展教学示范等方式传播特级教师先进的教育理念和教学方法，发挥其示范、指导、引领、辐射作用，使更多的教师尤其是边远地区学校的教师获得高水平的指导。这一形式，较好地发挥了特级教师的孵化指导作用，这些特级教师工作室成为优秀教师培养的发源地、集聚地、孵化地。

2006 年 9 月，为了深化区域教育改革，充分发挥全区 20 名省特级教师的作用，浙江省杭州市西湖区首创“特级教师工作室”。西湖区教育局成立了以特级教师本人姓名命名的如“王曜君”“汪建红”“汪培新”“周爱芬”等 20 个特级教师工作室，面向全区招收 15—20 名学科相同或相近的学员，其中农村学校教师不少于 60%。挂牌的特级教师担任本工作室的主持人，负责示范、指导学员的研修。通过三年的实践，“特级教师工作室”已开展专题研讨活动 500 余次，受益骨干教师1000余名。

西湖区教育局认为，“特级教师工作室”是西湖区培养优秀教师的先行者、开拓者。因此，该局对特级教师工作室的运行提供了各种保障：成立“特级教师工作室”管理办公室进行专项管理；保障活动经费，每年下拨每个特级教师工作室工作经费 1 万元，用于工作室的常规运作，同时，每月给予特级教师工作津贴 600 元，对有突出成果的工作室，实行专项经费补助制度，并对骨干教师进行专项奖励；规定特级教师工作室的任务，明确特级教师的职责和权利，并要求特级教师所在学校切实保证其工作时间；进行捆绑式评价，将挂牌特级教师和学员成长状况进行捆绑评价，注重工作室目标、成员个人成长目标的制订和引领。

三年来，“特级教师工作室”挂牌特级教师在全国、省、市、区范围内讲学、开示范课达到 500 余场(节)，参加出国及国家重点培训学习 18 人次，为发挥特级教师传帮带作用以及个人再成长铺设了平台。学员开课、讲座 700 余场(节)，面向全国的有近 30 场(次)，受益教师达全区教师数的 50%。工作室形成了“团队化”的发展模式，工作室成员建立了 10 余个博客或网页，发挥了远程教育互动、覆盖的巨大作用，由特级教师牵头或指导的学员教育教学研究课题170余项，市级以上获奖80余项，全国级20余项，有效构建起名师成长、学习、提升的教师共同体。现在，西湖区已经形成了由20名省特级教师、237名省市教坛新秀、472名“杭州市一、二、三层次学科带头人”和西湖区学科带头人组成的人才库。三年来，全方位的示范、指导、研修工作使“特级教室工作室工程”成为该区“名师孵化工程”的品牌项目，在全市乃至全省具有较大的知名度和美誉度。①

从杭州市西湖区特级教师工作室的实践案例，可以看出特级教师工作室对区域内的教师来说是一种“全方位”的引领。一方面，使得更多教师可以近距离地接触特级教师，使特级教师的人格魅力得以彰显。另一方面，工作室突破了以往教师学习活动“单打独斗”的现象，使更多的教师可以和特级教师共同读书探讨，协作研究，相互学习，形成了“团队化”发展，发挥了特级教师“全方位”的示范引领作用。

“特级教师工作室”是一种学员“贴身式”的学习方法，是一种带着“体温”的学习，它使师资培训变得更“有血有肉”。以“特级教师工作室”为抓手的“名师孵化工程”充分了发挥特级教师的优势，为在较大区域培养造就高层次人才作出了贡献。

2. 开辟特级教师网络工作室

除了实体工作室以外，还有一些地区建立了特级教师网络工作室，利用现代化教育手段，充分发挥网络作用，传播特级教师先进的教育理念和教学方法，以此推进基础教育课程改革。教育部门对核定建立的特级教师工作室给予一定的经费支持，提供相应的工作环境和物质保障，包括计算机设备、信息网络平台和技术等。② 每一个工作室吸收若干名骨干教师作为成员，并确定他们为特级教师的培养对象。特级教师工作室成员由特级教师本人提出，经教育行政主管部门审批后确定，也可以由教育行政主管部门根据骨干教师培养的需要提名。

特级教师网络工作室十分便捷，一方面可以将特级教师的示范课、报告等教学活动以视频形式上传，供教师们随时下载或在线观看学习，为更广大

① 西湖区：特级教师工作室．中国教育报，2009-9-22(3)．

② 李静．南宁将建特级教师网络工作室．南宁日报，2009-3-25(2)．

区域的教师提供自主性更强、不受时空限制的优质学习资源;另一方面可以充分运用论坛、博客等多种方式,让教师不受时空的限制,与特级教师有更多交流、讨论、互动的机会。

无论是实体工作室还是网络工作室,“特级教师工作室”的最大价值在于特级教师由“学校人”变成了“职业人”;由某个学校所独有变成为区域内的共享资源;在对学员和全区教师进行指导、示范的同时激活了特级教师进一步发展和提高自身专业素养的积极性和动力。因此,“特级教师工作室”这一发挥特级教师作用的方式在教师队伍建设和区域教育均衡发展中具有明显的创新意义。

3. 建立特级教师领衔的专门研究机构

现任江苏情境教育研究所所长,曾荣获全国劳动模范、全国“三八红旗手”和“五一”劳动奖章等殊荣的特级教师李吉林是江苏省首批特级教师,她的情境教育在全国影响很大。1998 年,李吉林老师在为教育事业超龄服务了 5 个年头后退出教学一线。同年 11 月,江苏省教育厅批准成立我国第一个以教师个体的教改研究成果命名的研究所——江苏情境教育研究所。李吉林被任命为研究所所长。江苏省教育厅拨出 20 万元专款予以支持。一个小学语文教师创办冠以“江苏”名号的研究所,省里专门下文并拨款,是破天荒的。后来,江苏省教育厅又批准成立了特级教师洪宗礼领衔的江苏母语课程研究所。这些研究所由“旗帜性”的特级教师挂帅,集中了一批专家学者,对教育研究作出了很大贡献。

建立特级教师专门研究机构,可以集中研究和开发特级教师的优质资源,凝聚更多的优秀人才,帮助特级教师不断提升自身的教育思想和教学艺术,推广特级教师的优秀教学成果。江苏的语文教育之所以在全国有重要影响,之所以有一大批优秀的语文教育工作者,与江苏较早创造性地成立情境教育研究所、母语课程研究所等举措是有重要关联的。这从一个侧面反映了江苏教育具有深厚的人文传统和教育研究的肥沃土壤,反映了江苏对开发、利用特级教师这一宝贵教育资源的高度重视。

(二) 搭台建制,为特级教师构建多种展示、研究平台

1. 建立三级特级教师协会,搭建交流、合作研究平台

很多特级教师都有一种“孤独感”。一旦被评为特级教师,就好像只有被“顶礼膜拜”的份,人们想到的只是从他们身上学习些什么,很少再有人来过问他们的

专业成长和后续发展。站在“高峰”之上，很少有适合他们交流学习的平台，特级教师似乎成了职业生涯的一个顶点或终点，攀登上去之后就好像没有路再往前走了。对大多数习惯了学习、思考、追求的特级教师来说，“那是一种缺氧的感觉”。他们一方面觉得很满足，学生欢迎，家长信赖，同行敬重，领导器重；另一方面又觉得找不到出路，徘徊于既有的水平，在专业上难有新的突破。这必然影响特级教师的职业热情与职业创造，甚至使特级教师陷入职业倦怠的漩涡。

要使特级教师永葆“特”色，特级教师自身要继续努力，与时俱进，同时有关部门也应为他们创造条件，提供机会。因此，不妨在省、市、区组建三级特级教师协会，各级教育行政和业务部门要对特级教师协会给予支持与帮助，使特级教师有一个在同层次相互学习交流的机会，有可以对话交流的伙伴，有可以合作研究教育教学课题的条件，有在更高层面协作攻关的可能。教育行政和业务部门可以将教育教学中的重点、难点和热点问题作为重大课题，让特级教师协会组织相关人员共同研究和探索，然后把研究的成果提交给当地的教育行政部门，有的可以作为决策依据，有的可以直接推广应用。这不仅是特级教师职业生命和专业发展的新的生长点，也使特级教师在积极发展自我的同时能够发挥更多更大的作用，推动教育教学的改革和发展。类似这方面的尝试和探索在江苏的一些地区已经开始并已取得初步成效。

2. 实行跨区域带徒制度，搭建全方位育人平台

浙江省宁波市教育局于20世纪90年代初率先创建了特级教师跨区域带徒制度，十余年的实践取得了显著成效，培养了一批新的特级教师(其中有的还被评为浙江省功勋教师)和学科带头人。因为这一制度目标正确、措施有力、方法科学、成果丰硕，被视为一项有创意、有突破、有成效的基础教育教学重大课题，并荣获浙江省人民政府颁发的“浙江省第二届基础教育成果一等奖”。

特级教师跨区域带徒有别于传统带徒。传统带徒是个体行为，跨区域带徒是集体行为。跨区域带徒的过程，实质是来自不同学校的同学科特级教师合作教学和合作研究的过程。跨区域带徒不仅使“徒弟”(学员)能获得更多的知识和经验，而且使特级教师之间可以相互取长补短，从而使特级教师通过带徒，自身也得到再充实、再提高和再发展。跨区域带徒与常规性师资培训也有明显差别。它更加注重理论联系实际，更加注重教师教学能力的提高，更加注重学以致用和实际效果。通过特级教师言传身教，学员不但能学

到先进的教学经验和方法，更能感受到特级教师的人格魅力，从特级教师身上学到敬业的精神和崇高的师德。

特级教师跨区域带徒培养，充分发挥了特级教师的集体力量和教学上的杂交优势，有利于特级教师在学科教学和教师培养上双管齐下，协同作战，使同一学科领域的特级教师形成团队，找到归属感和认同感，有助于特级教师更好地发挥作用。

3. 建立特级教师讲学团送教下乡制度，搭建教育资源共享平台

组建特级教师讲学团开展送教下乡活动是河北省为提高农村教师队伍素质而采取的一项重要措施。2006 年和 2007 年，河北省委教育工委、省教育厅党组两次决定，组建河北省特级教师讲学团，到全省农村特别是贫困地区开展送教下乡活动。讲学团由小学、初中、高中 3 个学段 40 名优秀特级教师组成，于每年的 9 月至 10 月期间分组先后到全省 11 个市 41 个县面向 3 万多名农村中小学教师开展送教下乡活动，以促进城乡教育的均衡发展。鉴于农村教师们实际的教学困惑和需求，要求每位特级教师在一个县上 1—2 节能体现自身教学特点、教学方法的有代表性的示范课；作一场具有独创性、符合新课改理念并易于推广的教学经验、教学方法专题报告；点评 1—2 节当地农村青年骨干教师的公开课；与农村教师们进行解惑答疑等教学交流活动，等等。

活动中，省、市、县教育行政部门高度重视，认真筹备，为讲学团送教下乡活动顺利实施提供组织保障。河北省教育厅确定由师范教育处专人负责此项工作，并制订活动实施方案；为减轻接受讲学县的经济负担，划拨专项经费用于交通、食宿等。各市教育局主管局长和主管科室积极协调，优先安排国家级和省级农村贫困县接受讲学。接受讲学的各县教育局都成立了以局长为组长、进修学校和教研室等相关科室参加的讲学团领导小组，积极筹备组织本县具体讲学事宜。各县尽可能准备大的多媒体报告场地，教育局领导亲自带队听课，并邀请当地电视台等新闻媒体对讲学活动进行报道；各县还对特级教师的示范课和报告全程录像，并制作成光盘，下发本地所有学校，让全体教师认真学习观摩。①

---

① 何建军，高宇. 河北省开展特级教师讲学团送教下乡活动. 中小学教师培训，2008，8.

特级教师的示范辐射作用往往在城区和教育发达地区组织的大规模的教育活动或教学培训中得以发挥，农村教师因为经济、地域等多种因素的影响，很难受到特级教师的辐射影响。因此，建立健全特级教师讲学团送教下乡制度，不仅可以使特级教师的示范辐射作用扩展到广大农村地区，也有利于特级教师自己进一步坚定专业信念，淬炼教育品格，塑造专业精神。

为了使这项活动有效持续开展，行政部门可考虑设立特级教师讲学团专项资金，建立特级教师讲学团送教下乡相关制度，制定并完善特级教师管理办法。如在特级教师的评选条件中要明确规定必须是一线教师，必须有一定时间的支教经历，在特级教师的义务中要明确规定每年的支教时间、支教形式，并且作为年度考核的重要依据等。

4. 发挥非正式组织作用，搭建灵活多样的辐射平台

除了由教育行政部门成立专门组织对特级教师这一宝贵的教育资源进行深度挖掘、研究、利用外，一些非正式组织也可以为特级教师搭建研究、展示和交流的平台，促进特级教师的专业成长和发展，发挥特级教师的示范、引领作用。

2009 年 4 月，江苏省教育科学研究院《江苏教育研究》杂志社组织了“江苏教育科研西部行”活动，他们组织江苏省的一批特级教师到湖南省沅陵县，为当地的教师带去了一道精心烹饪的“大餐”。

26 日上午，沅陵会堂座无虚席，全县各中小学校长、教导主任、历届教学能手、骨干教师以及第五届教学能手选前培训对象和该县城区慕名前来的听众逾千人汇集在一起。江苏省中小学教学研究室副主任董洪亮与溧阳市外国语学校校长、江苏省特级教师芮火才分别就课程改革和学校文化建设两大主题开坛论讲。

26 日下午，根据活动安排，分别在鹤鸣山小学和凤鸣学校两个场地同时举行了小学学科和初中学科的教学观摩。曾获江苏省青年教师优秀课评比一等奖的洋思中学教导处主任刁勇和连云港市名师及学科带头人、连云港市海州实验学校副校长孟庆亚分别执教七年级语文《斑羚飞渡》和八年级数学《用类比解决问题》；曾获全国语文赛课特等奖第一名的常州市局前街小学许嫣娜老师与曾获南京市赛课一等奖的南京市拉萨路小学姜珊老师分别执教小学二年级语文《荷叶圆圆》和小学五年级数学《解决

问题的策略：倒推》。

4位老师讲课深入浅出，旁征博引，课堂气氛轻松活跃，他们都以自己的魅力打动了学生。他们的观摩课让听课教师深切感受到了基础教育课程改革背景下课堂教学的新理念、新策略和新方法，感受到了他们扎实的业务功底、厚重的文化底蕴和对教材的深刻理解、对教学的独特认识。课后，不少听课教师就课堂教学设计、教学思路、教学过程、教学方法、校本课程、教学资源使用等坦诚地与执教老师进行了广泛的互动交流。

另外，在县教育局主持下，该县各中小学校长也与应邀前来的江苏省特级教师李建成、吴红华等11位校长及学者就进一步深化课程改革，提高教学质量，搭建区域间相互学习、资源共享的平台等方面的问题进行了对口交流。

活动取得了良好的效果，千余受众如坐春风。受众无不感慨：高端培训好生了得。①

一位参加了这次活动的老师在自己的博客中这样写道："今天一天收获很大，过得很充实。上午在会堂听了《江苏教育研究》杂志社'江苏教育科研西部行'两位专家的讲座。下午听了江苏两位名师的课，一堂是许嫣娜老师的语文课《荷叶圆圆》，另一堂是姜珊老师的数学课《解决问题的策略》。听名师上课，如沐春风，享受之极。因为本人也是一位数学老师，去年搞"说、上、评三合一套餐"教研活动时也曾经设计过这堂课。当时，考虑到例2较之例1更能清楚地反映事物的发展变化，更符合用倒推策略来进行教学，于是，我将教材进行了处理，先教学例2，再教学例1。这样教学难度确实减小了。但是，我一直在琢磨，为什么教材将例1安排在先教学呢？今天听了姜老师的课，让我恍然大悟。姜老师从生活中路线按原路返回导入，再过渡到例1倒果汁这一问题，目的在于让学生体验倒推是一种解决数学问题的策略，同时，体会到已知现在，而求原来，可倒着推想。然后，通过学生自主探究例2，深入理解、建构倒推策略这一知识。姜老师设问到位，追问及时，确实有很多值得我们学习的地方。苏教版教材从四年级起每一册都安排了《解决问题策略》这一内容，我想，在今后的工作中，如何上好这些内容，还需要我们积极思考与研

---

① 向宋军，李猛．虎溪论坛开至四届　高端讲座好生了得[EB/OL]．http://www.yuanling.gov.cn/News/ShowArticle.asp? ArticleID=2477.

究。我深深地感觉到还需要加强学习。”①

通过这些活动，特级教师可以在更大的区域，以更加灵活的方式，更加有针对性和实效性地参与到各种教学、研究的活动中去。特级教师为当地的教师上示范课，开设专题讲座，与当地教师、学校和行政部门进行深入的交谈和互动，为当地带去先进的教育教学理念，积极为当地教育发展和教学改革献计献策，将自己宝贵的教育思想、教学艺术辐射到了更多地区，更加体现出自身的价值和意义。

（三）培育提升，为特级教师可持续发展注入动力

评上特级教师，不是一个教师教学生涯的顶点或终点，而应该是新的起点。因此，教育行政部门要高度重视特级教师后续发展的问题，要想方设法引导特级教师进一步提升、发展。

1. 搭建平台，创造条件，为教育家的成长提供有力支撑

2006年温家宝总理在政府工作报告中提出“要培养一支德才兼备的教师队伍，造就一批杰出的教育家”，此后又多次强调，要提倡教育家办教育，教育家办学。特级教师是离教育家最近的教师群体，也是最渴望并且最有可能达到教育家境界和层次的群体。培养教育家，发现教育家，成就教育家，不妨先从特级教师队伍开始。

江苏省从2009年开始组织实施“江苏人民教育家培养工程”，计划分四批选拔200名特级教师进行重点培养，通过专家引领和自主研修相结合、理论学习和实践锻炼相结合、国内培训与国外培训相结合等方式，为他们成长为在国内外有重要影响、具有鲜明独特教育风格的人民教育家提供条件。2009年选拔培养对象50人，培养周期5年，培养期内每年安排人均培养经费3万元。2011年，江苏又选拔第二批培养对象50人。许多被选入“人民教育家培养工程”的特级教师都感到这既是一种压力，也是一种动力。

教育家的产生，需要经过一段相当长时间的积累和磨砺，不可能一蹴而就。教育家的产生，个人努力和外在支持缺一不可。因此，教育行政部门要努力营造有利于教育家成长和办学的良好环境。在教育管理中，要尊重教育规律，摒弃官本位、行政化的价值取向，改变政府直接干预学校事务、过多运

① 聆听名师讲学　感受教育魅力[EB/OL]. http://blog.sina.com.cn/s/blog_5f457c4f0100eeb7.html.

用行政命令的方式，坚持教育本位、学术本位，使学校真正成为自我发展、自我约束的办学主体和责任主体，使广大特级教师和校长能够大胆试验，大胆实践，逐步形成自己的教育教学特色和风格。建立和完善相关政策措施，充分保障学术自由，提倡学术争鸣，鼓励特级教师更新教育观念，探索教育教学规律，改革教育教学方式，创新教育理论和教育实践。倡导教育理论和教育实践相结合、教育理论工作者和教育实践工作者相结合，构建具有中国特色的教育理论体系。总结、宣传和推广特级教师教育教学和办学经验，尊重知识，尊重人才，营造良好的舆论环境。大力宣传特级教师的先进事迹，使尊师重教的优良传统进一步发扬光大，充分发挥特级教师的示范和引领作用，为教育家办学和人民教育家成长创造宽松、和谐的环境。

2. 提炼特级教师的教育思想，促进特级教师向教育家转变

在提炼特级教师的教育思想，促进特级教师向教育家转变方面，江苏省做出了有益探索。

著名特级教师洪宗礼深深扎根于教学第一线，在近半个世纪的语文教学探索的基础上，力求在理论上有所创新。他依据语文教学模糊与科学统一的特点，针对长期以来肢解和孤立地研究语文教学的状况，从“整体建构”的高度，提出了构建“语文教育链”的思想，在理论与实践的结合上，为我国母语学科的建设和发展作出了自己的贡献。

从 1983 年起，洪宗礼从事教材编写工作 25 年，他把自己关于“语文教育链”的思想融入教材，用教材来引导教法，主编了三套经国家审查通过的一类教材。60 岁后，洪宗礼主持国家“九五”、“十五”重点课题“中外母语教材比较研究”、“中外母语教育比较与我国母语课程教材创新研究”，历时 12 年，集中了海内外 160 多位专家学者的智慧，研究了中国（含台、港、澳）近 110 年各个时期母语教材及《教学大纲》，研究了世界 45 个国家和地区的母语教材和《课程标准》，覆盖全球 8 大语系，26 个语种，对全球的母语教育作了全方位、多角度的理论探索，完成了皇皇 16 卷、830 万字的巨著，填补了我国母语教材理论的空白。

为了展示洪宗礼在语文教材建设和语文教育科研方面的重要成果，学习和研究洪宗礼语文教育思想和崇高师德，深入推进素质教育和教育改革，2008 年 10 月 20—21 日，洪宗礼语文教育思想研讨会在江苏省泰州中学召开。研讨会由教育部基础教育课程教材发展中心、江苏省教育厅、泰州市人民政府、凤凰出版传媒集团主办。来自省内外教育行政、教育科研部门的领

导和专家，来自日本大学、越南大学等国内外 19 所高校以及 20 多个省市相关科研院所、学术团体、教育出版社的领导和专家，《人民教育》《新华日报》等媒体记者和国内外主要语文杂志的编辑共 109 人参加了研讨会。会前，江苏教育出版社正式出版了逾 200 万字的 6 卷本《洪宗礼文集》，会议结合文集内容，深入研讨了洪宗礼语文教育的核心思想——“语文教育链”，同时研讨了“关于教材的编制和创新”等方面的有关问题。①

为特级教师召开专门的研讨会，可以让广大教师学习并研讨特级教师先进的教育教学理念。通过广泛的互动交流和不断的实践反思，帮助特级教师更好地提炼自己的教育教学思想，促进特级教师从经验型的教师群体中脱颖而出，成长为既有丰富的教育教学实践经验和智慧，又有一定理论修养、理论建构和理论创新的教育教学专家、教育家。

3. 鼓励著书立说，打造教育流派，积聚、发展特级教师的宝贵财富

鼓励特级教师著书立说，形成教育流派，也是促进特级教师可持续发展的重要举措。江苏省连云港市教育局为了培养教育名师，发挥特级教师的带动和辐射作用，促进中小学教师队伍整体素质的进一步提高，推动中小学更好地实施素质教育，根据教育部“跨世纪园丁工程 · 特级教师计划”的总体部署，组织特级教师整理自己的教育教学经验，提炼自己的教育教学思想，总结自己的教研教改成果，出版自己的教育教学专著。几年来，李宏伟的《李宏伟物理教育文集》、李震的《李震讲语文》、梁杰的《叶圣陶“双主”教育思想发展概说》、孟庆忠的《雾都并非那么多雾》、陈建先的《本位语文》、陈红的《共享语文》、王家宝的《小学数学开放式教学》已先后出版。②

鼓励特级教师著书立说，打造自己的教学风格，形成教育流派，有利于更好地发挥特级教师的典型示范和辐射作用，有利于更好地推广特级教师优秀的教育教学改革经验和教育教学研究成果，也有利于积聚、保存和发展特级教师的智慧、经验等财富，为更多中小学教师的专业成长和发展提供滋养。

---

① 戈致中. 洪宗礼语文教育思想研讨会在江苏泰州召开[EB/OL]. 苏教版初中语文网 http://czyw.fhedu.cn/Html/8/Menu/4/Article/1062/.

② 张廷亮，陈建先. 培育新课程改革的“领头雁”——连云港市特级教师群体成长扫描. 江苏教育研究，2009，1C.

三、特级教师作用发挥存在的问题

(一)“教而优则仕”

特级教师在未获得称号之前,在自己的岗位上十分敬业,他们教书育人,作出了特殊贡献。被评上特级教师之后,组织上为了进一步发挥他们的示范引领作用,往往会安排部分特级教师担任校长或者其他行政职务。频繁地外出讲学交流、出席会议和应酬,分散了这部分特级教师教学和研究的精力,使他们在教学和研究上难以进一步深入。特别是当上了校长的特级教师,有的就干脆离开讲台,只干行政性、社交性的工作,特级教师应发挥的作用几乎为零。很多特级教师都陷入了“教学科研”与“行政管理”不能两全的困境之中,身心疲惫,内心挣扎。

其实,特级教师是教学上的“领头雁”,正是因为在教学上有突出的表现和贡献,他们才被授予了特级教师的光荣称号。因此,大部分特级教师都应坚守在教学第一线,这样才能真正充分发挥其应有的作用。如果长期脱离教学实践,那么特级教师不仅难以进一步在教学、科研上拓展和深入,反而可能会逐渐退化,特级教师的引领作用也就不能很好地发挥。因此,教育行政部门应该转变观念,因为对于大部分特级教师来说,最吸引他们的不是“名利”和“官位”,而是继续发展的空间和自由生长的环境,大可不必“教而优则仕”。

对于确实因工作需要,不能从校长或其他行政岗位退下来的特级教师,或是能把教学和行政工作两者关系处理得好,既能做一位名副其实的特级教师,同时又能当好校长的特级教师,教育行政和业务部门也要为他们采取一些“减负”措施,如免去他们过多的社会职务,减少他们参加会议和应酬、社交活动的时间,或者为他们配备业务能力较强的助手分担部分管理工作,让他们继续在原来执教的学科中承担适量的教学任务,使他们的专业得到更大的发展,对其所教的学科有更多的贡献。

(二)缺乏相应的要求和考核

大多数特级教师对自己要求严格,发挥了特级教师应有的作用。但不可否认，也有少数特级教师认为自己评上了特级教师就好比“船到码头车到站”，缺乏更高的目标追求，因此对自己不再严格要求，教育教学上不再那么投入，教育教学实绩也不进反退。

特级教师是兼具先进性和专业性的称号，特级教师理应是其所教学科的“领头羊”，课程改革的带头人。特级教师的荣誉和特殊津贴，不仅是对特级教师的鼓励，也是对他们的一种督促。教育行政部门应对在职的特级教师有“再学习、再贡献”的要求，以此激励他们不断进步。

（三）特级教师荣誉终身制

优秀中小学教师被评为特级教师，往往意味着终身享受这一荣誉。特级教师“终身制”影响了特级教师的后续发展和可持续发展，也影响了特级教师多方面作用的充分发挥，需要引起高度重视并采取切实措施加以解决。安徽省在这方面的探索和尝试值得推介。安徽省有关部门出台的《安徽省特级教师管理暂行办法》则规定：即使被评上特级教师，如果放松了对自身的要求，在思想道德和教学科研上不求上进，也将被撤销特级教师称号或停发津贴。办法要求特级教师除要模范地履行教师职责和教师职业道德、为人师表、敬业爱生外，每年至少要撰写一篇有较高水平的研究论文，并在省级以上刊物发表或在省级论文评比中获二等奖以上奖项，应当参与或承担教育科研课题研究或教学改革的实验研究；特级教师要主动在当地教师的继续教育中发挥作用，在县（市、区）以上的范围内，特级教师每年应讲授示范课或观摩课两次以上，担任教研员的特级教师每年应作学科教研或科研的专题报告或讲座两次以上；特级教师应主动承担培养青年教师的任务，45 岁以下的特级教师要建立固定的联系点，帮助农村边远地区和薄弱学校提高教育教学的整体水平。在被授予特级教师称号后，在规定时间内达不到上述要求者或不履行岗位职责，从事与教师职业道德规范不符的活动，如擅自进行有偿家教，违规参与或组织滥编、乱印、乱发教辅用书和各种试卷者，将停发其特级教师津贴，情节严重的，还将取消其特级教师称号。① 这些具体要求既是对特级教师的督促，也是保证特级教师不断进取，充分发挥作用的重要措施。

在明确特级教师职责的同时，安徽省还出台了一系列政策，为特级教师

① 俞路石．安徽特级教师不再“终身制”．中国教育报，2001－2－5（1）．

提供工作和生活上的保障。主要包括：设立特级教师专项基金，用于资助特级教师的研究工作和特级教师的业务进修；建立特级教师学术假制度，以保证他们能够集中精力进行研究、写作及总结与交流教育教学经验；对男55、女50周岁以上，教学经验特别丰富，教学工作较为繁重的特级教师，教育行政部门和学校要为其选派年轻教师担任助手，协助进行教学改革实验，参与总结、整理经验；特级教师享受当地正高级专业技术人员的医疗待遇等。[①] 这些措施和政策的出台，能有效地解决特级教师成长过程中存在的一些问题，让这一特殊群体的作用发挥得更好。

特级教师是中小学教师中的优秀群体。深入研究他们的特质，充分发挥他们的作用，有效开发这一优质教育资源，是教育改革与发展的重要任务，也是一项值得长期、深入研究的重要课题。

① 俞路石.安徽特级教师不再"终身制".中国教育报，2001-2-5(1).

第七章
特级教师评管及发展的反思研究

从1978年我国大规模评选第一批特级教师至今，已经有30余年时间。这一时期正伴随着中国的改革开放，中国的教育事业取得了前所未有的发展；与此相应的是，中国教师队伍在整体状态上也比其他任何一个历史时期都有更大的跃进和腾飞。特级教师尽管在全体教师队伍中占比较少，却是这个队伍中最能引领潮流前进、最能体现时代精神也最能代表发展方向的一股力量。可以设想，如果没有这股力量，或者说，如果不是通过特级教师评定和激励的机制，把这一股潜在的力量激发出来，凝聚起来，发展开来，那么，整个教师队伍不会出现如今的竞高争上、蓬勃发展的态势，中国的基础教育理应也不会呈现如此繁荣振兴的景象。一言以蔽之，特级教师评定工作是有积极意义和充分价值的，特级教师对当代中国教育的发展乃至对当代中国经济社会事业的和谐健康发展，都有深远的影响，都有建设性意义。

当然，这并不意味着特级教师评定、管理以及特级教师自身专业发展过程中不存在任何问题。事实上，在整个特级教师队伍为我国教育乃至经济社会事业发展作出重要贡献的同时，也有部分特级教师还存在着这样或那样的问题，特别是在专业发展以及以自身专业发展求得教育学生、服务社会之效益最大化方面，还有一些显在或隐在的问题或不足，还有较大的提升与发展空间。这些事实必须引起我们足够的重视、反思以及相关措施的跟进，必须加以改变、改善和改进。

一、问题扫描

（一）“特级”成为“高原”，“誉后”专业成长乏力

特级教师无疑是整个教师队伍中的精华。在今天这样一个召唤教育家办学的时代背景下，我们需要一大批优秀的教育家。其中一些教育家在成长的道路上有一个几乎是必然的通道，那就是特级教师评定。试想，在正常情况下，一个基础教育阶段的非特级教师的一般或普通教师，何以走向教育家境界，何以成为教育家？所以江苏省评选“人民教育家培养对象”时规定：参评对象必须是特级教师。这自然是有道理的。

“教育家”是从特级教师队伍中脱颖而出的，但是，从特级教师到教育家，绝非一步之遥，甚至它本身就不完全是一种量的差距，而是一种质的不同：特级教师固然是优秀的，而教育家必须跨过“从优秀到卓越”之间的距离；特级教师可以立足于自己的专业或本职工作，做好做优“份内事”就无愧于这份荣誉，而教育家必须有更为超拔的视点、更为阔大的胸襟、更为脱俗的追求和更为自觉的奉献；特级教师是优秀的人才，而教育家必须是气质非凡、成就卓异、能领风骚的“人杰”。

当然，特级教师不必也不可能都成为教育家，但特级教师理应有向教育家方向迈进的一种个人价值期望，因为惟有如此，才能拥有更大的上进激情，才能获得“誉后”的持续发展动力。“虽不能至，心向往之。”如果这份“心”都没有了，那么问题就不在于“能不能至”，而在于必然向后退步，“学如逆水行舟，不进则退”，特级教师的专业成长与发展也是如此。

成为教育家，庶几可以说登上了教师个人职业发展生涯的巅峰，而特级教师显然不应是“巅峰”之所在。因为教师理应追求“终身成长”，而评上特级教师几乎都是在工作经验走向成熟又年富力强的中年阶段。据我们对一个地级市的调查和分析，百余名特级教师评定时平均年龄为 45.2 岁，这个年龄即便只到退休，也还有至少 10 年(女性 55 周岁退休)的时间。这个 10 年应该可以成为他们职业发展的又一个重要阶段，甚至再履新攀高，不断“刷新”他的事业“峰值”。

但在一些特级教师那里，这个荣誉的获得却成了他们进入事业“高原”状态的一个标志性事件，并且从此之后便停滞不前。仅以教研成果为例，我们还是在上述地级市作了一个粗略调查，发现大多数人在评上特级教师之前的五年之内最为丰富，而此后从整体看呈较为明显的下滑趋势。教研成果显然是教师专业成长状态的一个显性的、物化的表现。由此可见，一些特级教师“誉后”专业发展有所乏力，这是不得不令人忧虑的，更让人忧虑的在于，这不只是“极少数人”的表现。

（二）“教优则仕”普遍，琐务掣肘“学问”精进

归根结底，特级教师的身份是教师，而不应是管理者、领导者，不是校长、主任。上海市若干年前就开始分别评选特级校长、特级教师，这是有道理的。其实，无论是校长还是教师，都有一个专业化的问题，不“专业”或者说不“聚焦”于某一个或某一些方面，而想成为“多栖明星”，愿望、想法固然不错，但人的精力毕竟有限，这样的“明星”或许最终只是点水的“蜻蜓”而已，难以成为事业上真正的“鲲鹏”。

由于国人传之既久的一元化、“官本位”思想影响，现在不少教师非常愿意在学校或教育行政部门谋取一官半职，我们的用人机制也为他们提供了较多这样的机会和平台。“教而优则仕”成了许多优秀教育工作者具有普遍性的发展轨迹。一般来说，这还是有道理的，总比“教而不优却仕”更符合规律及教育系统“用人”的标准，但问题是，这样一来，对于这些特级教师在专业方面投注的精力，无疑构成了一种干扰，形成了一种挑战。有不少“教优而仕”的特级教师，最终在本来极具潜力的学科领域里“销声匿迹”，这无论如何都是一种遗憾。当然，更有甚者，善于教却不善于“仕”，在进入“官场”之后，不能像在学科教学领域中那样愉快胜任、游刃有余，而常有勉为其难、力不从心之感，这就不仅是得不偿失的问题，而是趋害去利、扬短避长的问题了，不免令人扼腕叹惜。

21世纪之初有“钱学森之问”，引起人们广泛的关注与思考。他问当今时代何以不能出现民国时代那样的大师。原因固然很多，其中一个非常重要的因素大概是外界“干扰素”过多，使本来有可能成为大师的人难耐寂寞，或者“无法寂寞”，终致“冲顶失败”。作为一种特殊的角色，特级教师最应有的愿景或许是，在学科教学方面不断进取，在自身“学问”方面不断精进。时代、教

育和广大学生需要更多教学理念科学、教学技艺精湛、教学效果显著的优秀教师，呼唤教育教学大师的出现。也许让更多特级教师在“仕途”之外广阔的“教学职场”尽情驰骋之时，就是大家乃至大师“闪亮登场”之日。

(三)“孔雀”纷飞，应有效力发挥有限

国家出台、实施、运作特级教师评定和管理制度，绝不只是为了让这些教师以群体中的佼佼者的形象“显山露水”。事实上，在各地评定特级教师的有关政策文件中，都有一项非常重要的内容，即候选对象必须指导和培养青年教师。也可以说，特级教师评选的根本目的在于，通过突出的个体带动和优化整个群体，让特级教师及其评定工作成为教师队伍发展过程中的一种重要的引擎。特级教师自身的价值也应于此得以体现，他不仅要教育好学生，发展好自己，还要在更多教师特别是青年教师的专业发展上起到应有的作用，作出应有的贡献。

特级教师的这种作用当然可以在一个较大乃至很大的区域范围内发挥，譬如，在一个县、一个市。而特别优秀的特级教师，他们的教育思想、教学艺术甚至会惠及省内外，惠及全国，并且对未来的中国教育发展产生较为深远的影响。譬如江苏南通的“二李”，即李吉林、李庾南，她们的“情境教育”思想和“自学·议论·引导”思想，就不只是个人的思想及精神财富，也是更多区域的更多教师共同的教育思想资源，或者说是其教育教学现实生产力的源头活水，而且，这种资源或源泉的作用还会传承、流播和弘扬下去。

当然，就更多的特级教师而言，他们的影响、辐射作用主要还是发挥于自己的学校或者周边一个不是很大的区域范围之内。客观地说，如果在全国或全省推行一个较为固化的评选标准，那么教育发达地区将会有更多的教师跻身其中，而在教育欠发达地区，特级教师将如凤毛麟角。国家或地方教育行政充分考虑了地区之间教育均衡发展的问题，在设计特级教师遴选制度时，给那些欠发达地区、相对偏远的地区、农村地区以较大的政策倾斜，切实保证这些地区也有一定比例的特级教师。这样做的目的既是对教育公平精神的践行和体现，也是为了鼓励优秀教师继续在这些地区发挥更大的价值，包括自身的工作价值以及辐射和影响的价值。

但是这么多年来，特级教师“孔雀纷飞”的现象较为严重，甚至愈演愈烈。以江苏省为例，苏北地区特级教师有相当部分“飞”到了北京、上海、苏南、深

圳等发达地区；即便是在教育底蕴相当深厚的苏中地区，如此远走高飞的教师也不在少数。以苏中某一个县级市（G市）为例，原有在职在岗特级教师6位，有一年竟同时“飞”走3位，使该市教育行政部门相当尴尬，只得迅速出台相关措施安抚和挽留“硕果仅存”的另几位特级教师。特级教师之“飞”，实际上也必然影响到身后一大片优秀教师，使他们心有不安。毋庸讳言，倘若从区域教育的近期利益乃至未来影响的角度出发看待这些事件，一些特级教师未必起到了应有的积极作用，而评定特级教师也未必就是一件“利在当代，功在千秋”的好事。这当然不是这个县级市才有的情形，更多地区都有类似的隐患和担忧。

特级教师成为“南飞孔雀”，这对于他们自身发展及其家庭生活而言可能确实是一件好事，对此无可厚非；但对于他所应有的社会担当而言，肯定是利弊共存甚至弊大于利的。从一定意义上说，这也是特级教师专业等方面发展过程中的一种“困局”，因为，“特级教师”不只是对他们个人身份的一种价值确认，也是对其“社会人”角色的一种重要承认与期待。

（四）“名士之气”彰扬，人际关系冲淡影响

在“中国制造”向“中国创造”艰难嬗变和转型的历史时期，我们需要更多的创造性人才。特级教师理所当然是创造性人才，责无旁贷要发挥创造性作用，结出创造性成果。有一项研究表明，许多创造性人才未能结出应有的大量而丰富的创造性成果，其中一个重中之重的原因是，他们缺少创造性人格。

人格是一个非常复杂的概念，创造性人格更是如此，我们很难把它用简单的语言说清道白。但毫无疑问，人际相处的能力以及其间所表现出来的能倾趋向肯定是人格构成中的一个重要的乃至决定性的因素或部分：一个在人际关系中表现冷漠、僵硬甚至敌对、“四面楚歌”的人，我们绝没有理由说他是人格健康和谐的人；反之，一个在人际相处过程中，能以亲和的、包容的、友善的心态面对他人的人，差不多就可以说他是一个人格合格乃至优秀的人。在今天这样一个特别强调合作、双赢，特别倡导互动、共生的社会里，创造性人格之中非常重要的一点是，与他人共事合作的心向与能力。卡耐基说，一个人的成就有85%源自人际相处能力，只有15%源自个体所掌握的知识。信哉斯言！

相当部分特级教师都有着良好的合作心向、较强的合作能力，他们与其

他教师通过课题研究等方式研究问题，切磋教艺，合作攻关，在发展自己的同时带动着同事。但也有一些特级教师受中国传统的“文人相轻”心理的影响，在平时的工作和交往中，有意无意地流露出一种“名士之气”，保持着一种清高的姿态。辩证地说，适度的清高、“名士之气”未必就没有一点正面的意义，因为教师毕竟是知识分子，自身人格中应该有一点脱俗的成分；问题是，这种“度”很难把握，一旦超过了这个“度”，就容易给人一种拒人千里、不能合作的印象，如此下去，就有可能引发特级教师孤芳自赏、其他同事敬而远之的非良性循环，最终造成特级教师孤掌难鸣、左支右绌的局面。

特级教师应该成为真正的“学科带头人”，特级教师应该是教师群雁中的“领头雁”，这不仅是教育事业本身对他们的要求，也是特级教师自我发展的迫切需要。他们需要通过对他人的引领、与他人的合作，放大自身的“特级”效应——只有在这种效应放大的过程中，特级教师才能提升自我生命存在的品质，提升自身事业与使命的价值。

二、成因剖析

在对特级教师专业成长与发展等方面存在的“困局”进行粗线条描述时，我们实际上已经对这种“困局”的成因有所涉及。这几乎是必然的，因为有些现象本身就是另一种现象的成因，或者说，有些现象兼具事实结果和事实成因两种“性能”。在此基础上，我们还是想尽可能把上述现象的成因作一个专门的厘析、“澄清”，这样可能有助于“困局”的缓解乃至最终化解。

（一）评选机制保守，部分“特级”“其实难副”

特级教师是一种荣誉（称号）。但我们认为，这种荣誉不同于其他荣誉，譬如“道德（师德）模范”。要评上特级教师，除了要符合师德等方面较为严格的要求外，也要有专业发展、理论水平乃至学术成果等方面的要求，也就是说，不仅德要好，艺也要精，德艺双馨是对特级教师角色的一种规定。德方面的考量相当重要，在评选时，“一票否决”制的实施非常正确。很难想象，一个道德不过关甚至道德沦丧的人却成为特级教师，会是怎样的一种情形。但我们不应因此忽视对“德”之外其他因素的考量。更明确地说，倘若一位教师其他方面确实都不错，都优秀，都过得硬，唯独在学科教学、专业发展方面表现平平，那是不适合给予他“特级教师”荣誉的。

一些省的特级教师评选办法无疑是好的，在德、艺等方面都提出了较为严格而又合理的标准，对更多教师的发展是一种正面、积极而有效的导向。另一方面，我们也看到，在具体评定的情境中，也出现一些问题。举一个例子就可以看出，特级教师评选标准、机制等尚存在一些不好的因素：某老牌重点中学一位中年教师接手高三实验班，担任班主任，由于学生学业基础甚好，高考时取得了辉煌的成绩，有近十名学生考取北大、清华，这一年，恰巧评选全国优秀教师，这位老师被学校举荐而名列其中。应该说，这大致是名实相符、实至名归的，因为他毕竟付出了较大的努力，作出了较大的贡献。由于这份荣誉，这位教师萌生了向特级教师“进军”的理想，学校也给予他大力支持，“缺什么补什么”，缺科研成果，学校一项课题因而“易主”，落到他名下，而发表文章的事也由其他老师“帮忙解决”。很自然的，这位老师不久之后就获得了这份荣誉。这是对他成长轨迹的一个粗略描述，如此“成长”起来的特级教师其实不在少数，似乎也没有什么不妥的地方。但若是就这个个例往深处追究，却发现，这位老师多年执教毕业班，是极为典型的“高三把关教师”，是“做题能手”，而教学技艺则十分一般，主要还是用传统的灌输法，教学理念甚为落后。从这个角度看，他是不适合成为特级教师的。

事实上，特级教师评定过程中诸如此类的“马太效应”（这里指因一项荣誉而“连锁”产生多项荣誉——所谓“富者愈富”的现象）并不少见。由此诞生的特级教师，是很难担任引导学科教学创新发展重任的。坦言之，这样的特级教师“其实难副”其名，他们成为特级教师之后自身专业发展方面的可持续后劲也往往是匮乏的。

——如此的人才考量机制也值得“考量”！

（二）“跟进”管理松散，动力系统有待健全

管理是一门科学，也是一门艺术。美国有位管理学大师说，一切事务最终都要落实到管理上来。有一位知名校长曾说：“管理管理，你不管他就不理。”这其实是很有道理的。特级教师专业发展等方面的“困局”表现多多，而归结到一点，则是后续发展乏力；这种现象的成因也很多，倘若亦归结为一点，那就是，“誉后”的“跟进”管理不够，少有得力的“管”，便难以促发一些特

级教师自身对“誉后”发展问题必要而充分的“理”。

作为一种荣誉（称号），各省评出的特级教师都是“终身制”的，所有特级教师称号几无被取消之虞，也就是说，这份荣誉已然成为一些特级教师的“舒适的温床”、“永久的资格证”和“牢固的功劳簿”。凡人都有惰性，惰性的化解固然需要自身意志的作用，有时更需要外在“动力系统”的作用。部分特级教师把评上它作为事业发展的一个“终极追求”，至此往往产生“船到码头车到站”的想法。我们在上文提及了一项调研，它表明，相当部分特级教师的成果主要产生于“誉前”的五年内，“誉后”表现则乏善可陈，由此亦可印证一点：一些人想“歇歇了”，甚至想“关门打烊”了。

解决这一问题的主要办法就在于加强管理，方法包括考评、督促，甚至包括取消“终身制”。总之，要想办法在一潭相对平静的池水之中引进若干“鲶鱼”，让缺乏生存与发展危机的“沙丁鱼”被充分地搅动和激活起来。其实各地相关的管理制度有很多，问题是，第一，有些制度是挂在墙上的，并未真正实施；第二，有些制度较为疲软，未能触及一些实质性或深层次的问题，碰不到一些特级教师惰性思维的“软肋”。

宽松的管理环境固然有利于自由思想的萌发，但倘若失之过宽过松，所谓“自由”就会成为一种散漫，甚至成为一种恶瘾。有一句话，叫“‘宠’是一条不起飞的‘龙’”，特级教师管理要有人文意蕴，要有真情关爱，但绝不能是“宠爱”，宽严相济同样是特级教师管理过程中的辩证法，是“不二法门”。

（三）专业思想摇摆，缺少攀高履新精神

教师是一种专业。一种职业，它的专业化程度是其本身价值的一个至关重要的标杆。那么，什么是专业化程度呢？有人说是某种专业不能被其他专业（的人）所取代的程度，这是有道理的。以医生和教师相比，医生的专业化程度要高于后者，因为他的“不可取代性”更强。相形而言，作为一种专业，教师的专业化程度还是偏弱的，这也是其社会地位还不太高的一个主要原因。怎样提高专业化程度？几乎唯一的一条路径便是，把这种专业做得更有深度，更有思想的底气，也就是说，不仅有丰富的经验，而且有内蕴的智慧；不仅“知其然”，而且深知其“所以然”，等等。这其实是非常不容易的事，需要“咬定青山不放松”的心理定力，需要“十年磨一剑”的精神准备，需要花无数的“水磨工夫”。

在上述这些方面，特级教师在整个教师群体中无疑是做得较好乃至最好的，但与社会期待、教育需要、时代呼唤之间还有较大差距，部分特级教师还缺乏上述定力、准备或工夫，具体表现为，只要有机会，他们便愿意改换岗位，变换角色，或者走到学校、教育行政管理的位置上去，或者跳槽到其他社会职业去……确实，根据观察和调研我们发现，矢志于“三尺讲台”，愿意在这个平凡岗位上做出非凡成绩乃至卓越成就的特级教师还不是很多。教师职业毕竟是清贫的、寂寞的，在今天这样一个较为浮躁的社会大气候之中，静得下来、沉得下去是不容易的——要做到“扎根专业”，需要特级教师自身多种情意力量、全方位综合素质的作用与驱动。

德谟克里特说：“我宁愿推演事物之间的因果关系，而不愿做王。”教师在职场或专业领域内的行走比起任何其他职业或专业来说更是一种精神驰骋，只要能聚精会神、全神贯注地去做，一定能享受无限的意趣，一定能“过一种幸福而完整的教育生活”（朱永新）。这种意趣或生活是其他职业或专业人士所无法想象或感受的，也是教师职业尊严最重要的组成。有了这些，特级教师便不会满足于已有的成绩或荣誉，就会在学科教学等方面不断开疆拓土，履新攀高；而如此行为最真实的心理“注脚”是——“我乐意”。这种“乐意”其实就是一种至为强烈、最有价值的“专业自觉”。

——特级教师比起其他任何教师、任何“职业人”来说都更需要这种“专业自觉”。

（四）学校文化单一，发展环境亟需活化

斯普朗格说：“教育是文化的代名词。”作为教育的主要发生地，学校更是文化的发祥地、创造地和“集散地”。学校文化应该是丰富多彩的，没有学校文化的多元、多彩，便没有社会文化的多元、多彩。从总的发展趋势看，学校文化是朝着多元、多彩的方向发展的，但这还不够，特别是在应试压力居高难下的时代背景下，学校文化在很大程度上就是一种应试文化，是一种功利文化。这样的文化自然是太过单一了，它也必然决定着教师发展的文化土壤的相对贫瘠，文化滋养的相对匮乏。

丰富多彩的文化能给人强大动力和活力，单一单调的文化则有可能限制乃至窒息这种动力和活力。这一点同样也能在特级教师的专业发展问题上得以印证。譬如，相当多的中学特级教师对应试文化已经内生了一种较强的

适应机制，有的甚至还有一种“应试依赖症”。江苏省发布和执行“五严”禁令之初，就不时能听到一些学校校长和老师（包括特级教师）慨叹，“转身”过急，难以适应，因而有一种失落感、无所适从感。应试是一种客观存在，特级教师的责任担当里理应也有教会学生应试的因素，问题是，这只是其中的一小部分，应试成绩只是特级教师教学行为的一个“附加值”。倘若一个特级教师以此为自己的目标，又以此目标的实现作为自身的一种资本，那么这位特级教师的事业价值和个人的社会价值就变得极其有限。

黑格尔说：“人是他吃下去的东西。”作为社会中的人，总要“吃下”一些文化；吃下什么样的文化，他就将成为什么样的人。目前，学校文化有待激活。它们作为教师成长的环境因素有待革故鼎新，与时俱进。只有如此，特级教师成长过程中才能充满丰盈的文化驱力，特级教师才能在传承、弘扬、发展、创造新的文化的过程中，使自己成为一个和谐发展的“当代文化人”。

如果说制度的驱力是显在和外在的，那么文化的驱力则是隐在和内在的。隐在或内在的力量又常常是决定性、根本性的，是巨大无比的。从这个意义上说，激活、强化特级教师成长中的文化驱力，才是根基性的工作，或者说是养根性的策略。

三、化解对策

“困局”自有其难解性，但正如中医大师朱良春先生所言，“没有不治之症，只有不知之症”。所谓“不知之症”，是指难以弄清其内在发生机理的病症。特级教师专业发展中的“困局”，其成因或“内在发生机理”是因人而异、千变万化、纷繁复杂的，上文所述只是涉及其中的一部分。但我们总算窥见到了其中一部分，而且其他部分也都与此有着千丝万缕的联系。因此，如果还是借用朱良春先生的话来打比方，那么，这种“困局”应该不是“不知之症”，因而理应是可治的。下面是我们所找寻到的一些化解对策。

（一）完善评管机制，激活内在进取情意

从总体上说，各省特级教师评选机制都体现出较强的科学性、指导性、激励性，而且在每次（一般为两年或三年一次）评比时都有一定的调整、改善与

优化，不断朝着最有利于教师、教育发展的方向迈进。当然也存在一些共性的问题，如上文提到的“终身制”问题、“马太效应”问题，等等。

制度要与时俱进，需不断消解自身可能存在的缺陷。就此，我们提出这样一些评选改革思路（或许充其量只是一种设想，因为研究者不是决策者）：

第一，取消“终身制”，改为“任期制”，一般任期为三至五年，任期内必须有“下有底线，上不封顶”的成绩保证，合格者为绝大多数，但也有少部分不合格者，对这些不合格者，可以采取延缓评价、限期达成等措施，如果确实难以达到合格的基准要求，则取消这一荣誉。

第二，评选中“多用‘或’字降人才”。各省评比办法中都对参评教师此前所获综合荣誉等提出明确的、较高的要求，它在整个评价体系中有着较大的、起决定性作用的权重。这对那些已经获得较高综合荣誉的教师确实是一个福音，可以让他们中的一部分人捷足先登，较为轻松地摘得特级教师的“桂冠”。而那些学有专长、平时不太善于“经营自我”、无心或无力去争得综合荣誉或表彰的教师，面对这顶“桂冠”，常常只有“望洋兴叹”的份儿。我们建议在对参评教师人品、师德等进行综合考评，确认其人品好、师德高的基础上，可以更多地观照他们在专业技术方面的表现，从而把那些过去未能获得较高综合荣誉而又确实德才兼备的专家型、学者型教师擢升到特级教师行列之中。参评者有综合荣誉固然好，倘若没有，在其他方面达到相应的、较高的水准，也可参评，这就是我们所说的“多用‘或’字（‘综合荣誉’或‘师德＋师能’等的现实表现）降人才”。“特级教师”本身就是一种综合荣誉，我们要注意防止“综合荣誉叠加”现象，尽量降低人才评定中不公平现象产生的可能性。

第三，要注意“在一个相当长的历史时期内”进行考察、考核。评价制度固然也应“欢迎”那些近几年涌现出来的“新锐”（即较长时期表现一般，近期却以超越常规的速度脱颖而出的教师），但对他们更早时期的发展轨迹亦应有所知晓，有所明鉴，这样做有利于防止“火线发展”一类的情形发生，也有利于特级教师将来的可持续发展。事实上，“暴发型”的、功利目的过于彰显或者说直奔这顶“桂冠”而努力的特级教师是难有足够发展后劲的。

第四，特级教师亦可考虑分若干等第，如特一、特二、特三级，在这些等第中可进可退。当然，进应多于退。如初评者都为特三级，然后根据其业绩大小，再有所递升；而特一级则是较难达到的境界，这样的教师可以同时授予“功勋教师”一类的荣誉，并可以作为一种终身荣誉。从低一级到高一级，不必设比例限定，而要有明晰的、具有较强可操作性的“质量”（或业绩）评价要求与标准。从实际情形看，达到特一级者将寥若晨星，他们需要经过很多年乃至终身不懈的修为。给予他们这份终身荣誉，将一定能成为促进他们“终身成长”的最大动力。

评与管往往密不可分，评中有管，有时评价本身就是一种有效管理。当然，“誉后”其他管理也十分重要，包括建立健全特级教师“发展档案”，建立健全与认真实施特级教师定期汇报制度，切实实行“捆绑式”的“青蓝工程”，等等。

（二）优化“事业生态”，强化尊重人才取向

教育系统、学校一定要“多一把尺子”，用优秀特级教师、著名青年校长、南通市通州区实验小学王笑梅的话来说，就是“另起一行，多一个第一”。既不要把某一种人才视为“模子”，也不要不区分人才本身的个性特征、能力趋向而给予同一种对待，要尽力杜绝一元化的“官本位”倾向或现象。要充分尊重专业人才，给予他们尽可能大的发展空间。其中包括在时间支配、资金使用等方面为他们提供便利和支持，让他们有更多自由锻炼才干、充分发挥才干的可能。

著名特级教师洪宗礼先生在总结自己在母语教育研究、教材开发等方面所取得成绩的原因时，坦诚地谈到，如果不是在副校长（江苏省泰州中学副校长）的位置上，他就难以获得前期工作所必备的一些资源，包括人力、资金、资料等方面的资源。洪先生的话至少可以给我们两方面的启示：第一，学校为一个个体所营造的“小气候”对于个体成长有着至关重要的作用；第二，作为一名学校领导，他才能获得和拥有普通教师难以拥有的资源。

学校领导、校长拥有更多的资源，这无可厚非。从某种意义上说，这也是他们履行、完成个人职责，做好学校管理，引领全体教师成长等的必需，这就是所谓的“制度权威”。在当下，可能很少有校长不依靠这些资源就能把学校之舟推入教育主航道之中去的。问题是，不宜把校内有限的优质资源只供给部分领导，还要向广大优秀教师倾斜，让他们也感受到做一名优秀教师或努力追求专业成长的光荣、自信和充实。而这些应该就是这部分教师最需要的、优化的“事业生态”。

学校领导要营造充分尊重人才的氛围，要给特级教师专业成长与发展拓

展更多的领地，而不必一味给其职位。正如庄子的一个寓言所寓意的：对于鸟儿，最需要的是森林，而不是金笼；对于鱼儿，最需要的是水流，而不是美酒……对于醉心于学科教学、专业发展的特级教师而言，最需要的应是挥洒才情、展现能力、实现价值的舞台。这个舞台应该不在官场，不在仕途，而在教室，在广阔的教育教学实践天地。

（三）促成人际协调，催化教艺辐射效应

评定特级教师，其最大的目的或许就在于评出一个，带动一批；评出一批，带动全体。而带动作用的生成、带动效力的发挥，都需要和谐、积极、健康的人际关系，需要人与人之间情感的维系，需要心灵与心灵的沟通和黏合。

无可否认，中国社会内讧现象确实比较严重，教育部门内部、学校里面，这种情形也不少见，甚至相比于全社会而言还等而上之。一方面，特级教师确实是教师中的“人杰”，而大凡优秀、杰出人才，都自然会派生出一些不同于一般的个性，譬如敏感、自负、特立独行，等等；而另一方面，“不患贫而患不均”，此乃国人传统心理，这种心理不敢说于兹为甚，于今尤炽，但确实远没有绝迹。这两种心态常常容易使特级教师与一般教师之间形成一种人际紧张。很显然，特级教师“单兵作战”，无论是对于他自己，还是对于他所在的群体而言，都是有百害而无一利的。

因此，作为教育行政领导，作为学校管理者，要想方设法借助一定的工作机制对此加以必要的干预。首先，领导自身不能有任何“武大郎心理”，要在特级教师面前表现出“能者为师”、虚心学习的真情；其次，要对特级教师可能存在的一些消极心理进行“心理按摩”——领导应该是一个称职的“心理按摩师”——要真心倾听他们的意见，充分满足他们的合理需要；再次，要通过沙龙对话、联欢活动等形式，使干群、同事之间有更多敞开心扉、互吐心声的机会。

特级教师的成长是需要情境的。中国情境教育的创始人李吉林老师强调，要为儿童成长创设“亲、助、和”的人际情境与“美、智、趣”的学习情境。其实，特级教师也应成为“长大的儿童”（李吉林），应该童情永葆，童心永驻。因而上述的人际情境和学习情境同样也是特级教师成长过程中所需要的。只有在这样的情境中，特级教师才能在发展自己中助成他人，在助成他人中发展自己。用一句广告语说就是，“大家好才是真的好”。

(四) 搭建人才梯队,形成前引后追格局

一个单位,一个群体,有各种不同的人才结构,但良性的、良好的人才结构往往有一个相似乃至共同的"图谱",即"金字塔式"的结构图。特级教师无疑处于"人才金字塔"的塔尖。当然,如果着眼于更大范围或更大视域来看,特级教师这一群体其实也有一个相对微观的"金字塔",处于"塔尖"的是那些在区域教育范围内成绩优异、贡献卓著而又代表方向、引领潮流、广有影响的特级教师。

特级教师群体内部确实也是有差异的,既有上述优异卓著的特级教师,也有后来"泯然众人"、最终默默无闻的特级教师。教育行政管理者、学校领导要善于以特级教师为中坚力量,搭建区域或学校人才梯队,形成前引后追的格局。

所谓"前引",既可以指区域内"卓越级"特级教师对其他特级教师以及更多普通教师的引领,只要有合适的舞台、足够的空间,他们完全能很好地起到这种"前引"作用,所以要倍加注重发挥他们的非制度权威的力量,而在政策和条件许可的情况下,无妨给予他们一定的"制度权威"的力量,比如把他们吸引到区域教育专业管理的平台中,让他们有"说话"(参与评价等)的机会,并不断加大他们"说话"的"分量";也指在一所学校范围内让特级教师起到与此类似的"前引"作用——在学校内,他不必是校长、主任,不必是"官",但"说话"也有较重的"分量",尤其是在对学科教学的理解、教育实践活动的设计等专业问题上,不应唯上者是从,而应唯能者是尊。

所谓"后追",是指在特级教师周围形成一支相对庞大的"培养队伍",即特级教师后备力量。江苏省常州市等地级市就是这样做的,他们在全市范围内遴选出一批优秀教师,明确给予他们"特级教师培养对象"一类的称号,并且辅以其他相应的配套措施,对培养他们、促使他们取得更大进步起到了较为强大的制度保障作用。显然,这支"后追"力量不可小觑,他们既对已有的特级教师构成一种促进力量,也对在他们后面的、更多的一般教师起到一定的"前引"作用。"前引"与"后追"交互作用,交相辉映,一定能使区域教育或学校内部的人才结构整体提升,一定能成就全体教师奋发图强、励精图治的"大观"。

[附]

特级教师:从今天出发

——一个县级市放大特级教师示范效应的有效方法

管理出成绩,管理出效益。一位特级教师在一个区域内,在一所学校里,可能表现一般,最终虽"特"却"平";而到另一所学校、另一个区域,却可能后劲十足,进取不息,贡献卓著,令人瞩目。这自然是特级教师个人所为,但也是区域或学校相应管理使然。

江苏省N市下辖的县级市M市,是一个有着丰厚教育文化底蕴、较高教育文化品质的县域,进入新世纪以来,全市教育发展异军突起,成为全省乃至长江三角洲地区教育发展的一个"明星县"。个中原因很多,而通过各种政策、制度与策略激活全县教师队伍,激发他们创新、创业、创优的热情及其主观能动力量,使他们乐教,善教,教有所为,教有所成,则是重中之重的原因。

两年前,他们着手组建全县名师工作室(领衔的名师绝大多数都是特级教师,因此"工作室"运行及其管理办法实际上也相当于该县特级教师的一项管理方法)。这两年来,这些名师的成长十分可喜,他们对区域教育的贡献让人刮目相看。

这里,我们摘录该县教育局有关文件的内容,从中可以约略看出他们所提出的"特级教师从今天出发"等主张、理念的实质内涵,并进而领悟特级教师成长的动力机制。我们认为,这对于其他学校、地方特级教师的培养、管理等工作都可以有所启发,有所裨益。

关于组建M市中小学名师工作室的通知(有删节)

各中小学、幼儿园:

根据《M市中小学名师工作室管理办法(试行)》文件精神,经研究,决定组建M市中小学名师工作室。现就有关工作通知如下:

一、学科类别及组建数量

M市中小学名师工作室首批拟组建10个,具体学科(专业)有:幼教、小学语文、小学数学、中学语文、中学数学、中学外语、中学政治、中学历史、中学地理、中学物理、中学化学、中学生物、中小学艺体美、职教等。

二、组建程序

（一）宣传发动

×月×日前，各学校认真组织学习《管理办法》，对照M市中小学名师工作室领衔人和成员条件，组织符合条件的教师积极申报。

（二）确定领衔人

1. 由符合领衔人条件的教师填写《M市中小学名师工作室领衔人申报表》，并提供有关材料，将材料交所在学校审核。

2. 领衔人申请者所在单位组织专人根据《管理办法》要求、申请者一贯表现以及所提供的材料进行初审，经校办公会审议通过并公示一周无异议后，于×月×日将申报材料送教育局人事科核查。

3. “名师工作室”办公室依据全市基础教育、职业教育以及教师队伍建设发展目标，在综合考虑学段、学科等因素的基础上，组织专家对领衔人申请者及其申报材料进行评议、推荐。

4. 市局党政联席会议审议、确定名师工作室具体学科及其领衔人名单。

5. 市教育局在×月×日前将名师工作室领衔人的相关资料、名师工作室方案、名师工作室成员招聘启事等内容在M市教育网公布。

（三）招聘工作室成员

1. 报名：报名对象于×月×日前填写《M市名师工作室成员申报表》，经所在学校同意后自主选择相关名师工作室，向教育局报名申请。

2. 招聘考核：市教育局于×月×日前从申请报名人员中每个工作室遴选15名申请人，由名师工作室领衔人于×月×日前组织面试，主要考察报名者的品德修养、专业能力和教育素养，筛选初定工作室成员10名左右（其中领衔人所在学校人数不得超过3人，农村学校成员不得少于3人），并将他们的《申报表》报市教育局审核确认备案。

3. 签订协议：×月×日前，各名师工作室与M市教育局签订《名师工作室项目研究和培养中青年骨干教师协议书》，在完成研究项目、培养中青年教师、质量评估、各项保障等方面规定双方职责和权利。

4. 领衔人与工作室每个成员签订《名师工作室成员周期发展目标责任书》，在完成工作室研究项目和个人专业成长方面制订周期发展目标，规定双方职责、权利及评价办法。

（四）挂牌运行

×月，市教育局选择适当形式命名各名师工作室并制作铜牌，以领衔人所在学校(单位)为基地挂牌,名师工作室依据有关规定开始全面运作。

四、有关要求

组建M市中小学名师工作室,是为了建立全市中小学(含职业学校、幼儿园)优秀教师间合作互动培养人才的新机制,充分发挥全市高水平教师的专业引领作用,使其成为全市优秀教师重要的发源地、集聚地和未来名师的孵化地。各校务必高度重视此项工作,认真组织学习,广泛宣传发动,做好服务保障工作,确保各工作室能够顺利组建,优质运行。

×年×月×日

附录一

关于特级教师评选、管理和研究的若干建议

特级教师是我国中小学教师队伍中的优秀代表，是我国教育的宝贵财富。他们是师德的表率、育人的模范、教学的专家，对我国广大教师具有巨大的教育、引领和示范作用。他们的教育教学经历、经验和思想，是我国教师教育和教师培训的生动教材和重要资源。为了进一步完善我国特级教师评选、管理制度，更充分地发挥特级教师的重要作用，"特级教师研究"课题组在长期、深入研究的基础上，就特级教师评选、管理、使用和研究等提出以下建议，供有关决策部门参考。

一、特级教师评选应多用"或"字降人才。各省评比办法中都对参评教师此前所获"综合荣誉"等提出明确的、较高的要求，这一要求限制了部分德才兼备但因种种原因未获综合荣誉的教师参评和入选。建议采取"综合荣誉"或"师德＋师能"或"师德＋师能＋X"的标准，不拘一格评选特级教师。在对参评教师人品、师德等进行综合考评，确认其人品好、师德高的基础上，可以看"综合荣誉"，可以看"师德＋师能"，也可以用"X"（某一或某些方面的突出表现和业绩）折合抵充"综合荣誉"。

二、特级教师可考虑分若干等第。可设一级特级教师、二级特级教师、三级特级教师等。等第之间可进可退。如初评者都为特三级，然后根据其业绩大小和综合表现，再有所递升；而特一级则定为较难达到的境界，达到这一境界的可同时授予"功勋教师"之类荣誉，作为终身荣誉。从低一级到高一级，不设比例限定，但有明晰的、具有较强可操作性的评价标准和要求。

三、取消"特级教师终身制"，改为"特级教师任期制"。一般任期为三至五年，任期内在教学、科研、培训等方面设置"下要保底，上不封顶"的基本标

准和要求。达不到基本标准和要求者，采取诫勉告之、延缓评价等措施限期达标，仍未达到基本标准和要求者，取消特级教师荣誉。连续三个任期都一次达标的，可享受终身特级教师荣誉。

四、搭建特级教师人才梯队，形成特级教师“前引后追”格局。“前引”，即充分发挥特级教师在教师培养、培训方面的“领跑效应”，采取“工作室”、“师带徒”等方式，带动区域或学校教师素质的整体提升；“后追”，即选择一些有发展潜力的优秀教师授予诸如“特级教师培养对象”称号，作为特级教师后备人才重点加以培养。

五、启动“特级校长”评选。既可以避免校长与教师争“特级教师”名额，又可以促进校长专业发展。

六、成立“特级教师研究中心”。在国家和省一级教育科研或教学研究部门设置“特级教师研究中心”一类的研究机构，承担特级教师基础数据的征集、采集、收集与整理，特级教师评选、管理制度与历史的研究，特级教师专业成长和特级教师教学艺术风格的研究，特级教师质量和流动情况的监测，特级教师资源的开发和利用等职能。

附录二

江苏省特级教师名录(1978 年—2010 年)

第一批(1978 年,共 18 人,以姓氏笔画为序,下同)

丁仰芝　王　兰　王淑兰　史云莲　任　仁　孙秀英　庄杏珍　吴保让
李吉林　苏　丹　茅以渊　徐宝娣　顾美云　高芷娟　黄久征　斯　霞
童英可　蒋　纯

第二批(1984 年、1985 年,共 97 人)

丁谷怡　丁　景　丁路得　于永正　马云鹏　马　明　尤仁宣　毛礼垣
王　元　王文荪　王永建　王兆华　王美卿　王承先　王厚润　邓蘅仪
叶凤梧　叶树明　田如衡　田毓珩　刘玉珺　刘秉镕　吕继贤　孙丽谷
孙宏杰　孙　俊　孙雅春　成　荃　朱泳燚　许士熙　何广荣　余玉茹
余茂锆　吴世煦　吴荣官　宋云珊　张世功　张兴华　张连昌　张育新
张荣铨　张振国　李永灿　李训哲　李庆鹏　李　沂　李绍基　李蒙钤
杨秀兰　杨奇璞　杨浩清　沈长华　沈重予　邱学华　邹石溪　闵传华
陈少平　陈　凯　陈秉章　陈树民　周大同　周伯弘　周学祁　孟宪亭
季雨青　庞天仪　林华彬　罗世杰　郑志远　姚兴耕　恽宗瀛　柳印生
洪宗礼　胡玉泉　胡百良　贺振华　郝常龄　凌　铮　徐济川　徐惠通
秦裕珊　耿方珠　袁　浩　钱任初　陶谋靖　顾以聪　顾敦沂　高万同
常　静　曹津源　盛大启　葛云书　蒋同惠　蒋清和　窦淑华　蔡　培
滕宗翔

第三批(1990 年,共 141 人)

丁佩玲　万邦彦　马揆华　亓浦香　仇炳生　方　弢　方荣耕　毛焕照

王一美　王之华　王永生　王永昌　王　玉　王兴荣　王式萼　王丽新
王希娟　王麦秋　王继棠　王德群　冯培英　卢志强　卢松森　史久一
叶惠民　申守仁　仲星怀　刘元龙　刘存尧　刘承武　刘道良　孙文华
孙文祥　孙耀祖　朱琍瑶　朱道玲　朱瑞足　朱锦宏　汤化春　汤希龙
纪春凤　纪荣典　许　允　何　求　何国成　余秀芬　冷宗成　吴兆熊
吴金山　吴荣宝　宋雨章　张乃达　张如德　张　庆　张有光　张祖望
张震甲　李世明　李伯珏　李继海　李庾南　李　鹏　束启莲　杨九俊
杨以钟　杨裕前　步寿康　汪玉芸　汪廷义　沈仰石　沈俊芳　沈倩文
沈家书　言穆安　贡泽培　陈义鑫　陈有明　陈其纯　陈国强　陈　忠
陈明义　陈恒德　陈锡珍　周叔范　周祥昌　周慰俐　孟春申　季海刚
岳燕宁　房静影　林　彬　武家兴　罗　凯　范子坚　范　超　金立建
金成樑　俞仁健　恽　菜　施学乾　柳如松　秋　坪　胡　琛　赵锡安
郝劲赴　倪秀菊　徐凤生　徐本坚　徐　芬　徐学元　袁　桐　贾广善
贾银兆　钱一武　钱　骏　钱逸瑞　陶　林　陶耕培　顾松涛　顾　荣
曹玉兰　渠英时　章松年　鹿世钦　黄书文　黄安成　黄英清　强守仁
童寿康　葛和生　蒋月娥　蒋百馨　谢方泽　虞德范　解信鹏　蔡大镛
漆宽海　颜尔达　戴修诚　戴恒志　濮国香

第四批(1994年,共148人)

丁　永　丁坤林　马　沄　马顺仁　马家祚　王仁元　王　文　王长明
王竹青　王克洪　王希元　王明秋　王治衡　王溢然　王锦树　卢专文
卢克虎　史美汀　伏庆德　刘守立　刘耀南　华益本　孙凯慧　孙学文
孙绍富　孙洪贵　朱月萍　朱以勋　朱绍坤　朱维云　朱菊玲　朱雪珩
朱嘉耀　朱耀元　汤　雷　许伯明　齐　迅　齐　昆　严荣德　何鸿文
吴新民　张克君　张贤平　张受觉　张洪生　张爱丽　张崇言　张善贤
张锡世　李少侠　李成萍　李似娟　李坦然　李金林　李振权　李景华
李德周　李禧同　杨文泰　杨祖恒　汪兆龙　沈子牛　沈　坚　沈春生
沙志诚　狄增富　苏必良　邱飞江　邵翼如　陆志平　陆顺苑　陆海泉
陈书高　陈伯谦　陈绍武　陈素云　周文珍　周永沛　周建平　季德贵
房澍民　郑立舟　郑济安　郑　毅　金文晖　金倚城　姚振松　施建平
皇甫秀泽　胡道清　赵季康　赵啸萍　赵晴芳　赵惠清　郝同寅　夏广博

夏天林　夏　炎　夏亭尔　徐玉太　徐玉华　徐海峰　徐康毅　徐善俊
徐新民　徐德顺　殷家骅　贾春华　贾新光　郭长风　钱文辉　钱吉良
钱浩明　顾喆明　高崇涌　崔荣友　戚玉生　曹　平　曹　虎　曹家瑛
曹恩尧　曹椿灵　盛云翔　眭世甲　阎　勤　黄宇麟　黄启根　黄桂娟
黄毓瑀　喻旭初　彭　晓　彭铁芳　曾乃庆　程惠仁　董永岁　董振民
蒋念祖　谢延新　詹明道　路继斌　翟裕康　蔡忠贤　谭志成　潘煦源
颜廷选　薛大庆　薛中梁　薛翠娣

第五批（1996 年，共 132 人）

丁家汉　丁浩生　尤天虹　戈娟娟　王先炯　王建华　王福礽　邓小瑾
史炳生　任千里　任祖镛　刘　军　吕维民　孙汉洲　孙芳铭　孙宝祺
孙茂洲　孙德霖　戎健君　朱川彬　朱友勤　朱文献　朱亚邦　朱国兴
朱学坤　朱　岩　朱信国　汤其虎　许友兰　邢大华　吴乃曦　吴中强
吴兆铨　宋永良　张乃聪　张仁端　张从奥　张太富　张世俊　张尔栋
张立荣　张龙兴　张兴朝　张贞忠　张希麟　张志朝　张　苗　张恭伟
张祥林　张盛昌　张维元　张　颉　张嘉瑾　李世贵　李淦华　李　震
杨树峭　杨　斌　沈其严　沈怡文　沈承欢　沈美萍　沈　骅　沈熙仕
肖远骑　邹兴华　陆一鹏　陆长根　陆知轩　陈中强　陈今晨　陈公仆
陈丽娟　陈志裕　陈金鹏　陈祖校　陈锡生　周久璘　周明伟　周柏龄
周家才　周晓林　孟继中　林德公　罗　明　罗富洲　郑文千　郑承祚
金本钺　俞广杰　俞晶晶　勇　青　姜亚梅　段玉生　胡明健　赵云峰
凌国伟　唐子黔　徐乃为　徐沥泉　徐学淑　徐泽洲　徐　钜　徐随保
徐锡平　徐德郁　秦汝高　钱元杰　高万祥　崔壬生　曹民光　曹　玮
曹　铮　曹　琳　曹锁海　笪希文　黄万尧　黄桂林　傅耀良　曾金沙
程时华　蒋书林　蒋康华　谢步时　辜伟节　蔡建清　蔡　明　蔡剑秋
谭德铨　潘娉姣　薛叔华　蹇兴华

第六批（1998 年，共 150 人）

丁翌平　万小平　卫建玫　马玉琴　仓思春　牛桂生　王一军　王兴华
王延潭　王家宝　王登亚　贝嘉禄　冯惠愚　叶震生　刘仁浩　华应龙
吕世华　吕立美　吕同德　孙林生　孙景华　庄关通　朱炳煜　朱　瑛
朱肇祺　许西林　许运南　许祖云　吴兆虎　吴兴平　吴吉昌　吴成良

吴红华　吴　芸　吴金根　吴颀琛　张于福　张华光　张建平　张　放
张勇卫东　张洪鸣　张　强　李乐琳　李玉芳　李自强　李志清　杨万斌
杨光锐　杨金达　汪南勇　沈　加　芮　滋　苏意如　陈士杰　陈为民
陈云楼　陈立春　陈伟骏　陈兆立　陈光中　陈兴信　陈　丽　陈秀凤
陈国俊　陈　洪　陈炳堂　陈　理　陈骥平　周荣保　周桂良　周敏泽
孟晓东　岳德秀　房天龙　范建国　屈宝珊　侯一贤　姚　侃　姚烺强
姚盘兴　姚景文　姚湘仁　姜际红　姜　政　荣蟠作　费仲芳　贺明荣
赵玉堂　赵吕森　赵若麟　赵清正　倪志刚　唐铁生　唐维康　夏锦云
徐汝智　徐应葵　徐其美　徐南昌　徐荣亮　徐惠湘　殷光黎　秦　晓
翁明伦　袁凤喧　袁联珠　贾克钧　钱巨波　钱祖椿　顾万春　顾元义
顾　华　顾骏翘　顾维平　高晓琍　戚祥云　曹子能　曹静宇　章备福
笪祖礼　黄正瑶　黄厚江　龚玉蓉　程凤琳　程贵龙　葛文君　董正璟
蒋孝天　蒋顺法　蒋　骏　詹天来　翟书烈　翟立群　臧永年　臧立本
臧　雷　蔡一飞　蔡明福　蔡林森　蔡肇基　潘　新　潘溪民　薄俊生
薛法根　薛维明　戴儒京　魏廷骏　瞿　斌　瞿　塘

第七批(2000 年,共 184 人)

丁永真　丁伟明　马学松　马岳年　卞祖荧　尤克光　尤善培　戈致中
文　萍　方钧鹤　毛纪庚　毛积源　王士祥　王广超　王书吾　王凤芹
王兰柱　王　生　王兴举　王　军　王建忠　王承茜　王厚皋　王思俭
王恒玲　王栋生　王积庆　王焕尧　王淼一　仝建设　冯子礼　卢有源
卢　俊　卢惠林　任建中　任昌华　任范洪　刘克环　刘孝华　刘寿华
刘志春　刘连涛　刘俭国　刘　珺　华向东　向丽芳　吕　奇　吕　寅
孙双金　孙详兴　孙　彪　孙振武　成授昌　朱五华　朱心红　朱志春
朱善萍　祁建新　许万明　许全生　许建平　许昌良　许彦达　许洪生
严华银　严作民　余亚夫　吴再陵　吴振明　宋学民　张丁乙　张广吉
张天若　张兴发　张连生　张和妹　张建杰　张明方　张炳嘉　张敏华
张盘荣　李从华　李东阳　李志爱　李勇民　李　响　李婧娟　李锦华
杨维中　汪　政　肖林元　邹家禔　陈　文　陈长明　陈长顺　陈世龙
陈宇光　陈良琨　陈学军　陈泽诞　陈金才　陈　萍　陈辉祖　陈　颖
陈静波　陈履伟　单宇晓　周士魁　周　凯　周建华　周　度　周美旭

周逸君 林志明 林祖荣 范小辉 郄银东 郑荣馨 金加锦 金正平
姚庚新 姜淦萍 宦学义 胡明艳 胡　迪 胡青薇 胡炳明 胡继渊
赵　旭 赵学璜 赵厚仁 郝敬华 钟　敏 骆培云 唐玄馨 唐江澎
唐丽珍 徐永康 徐学根 徐思源 徐惠仁 徐　斌 栾学智 殷志宁
秦　力 秦洪明 翁振权 聂永春 袁君强 袁炳飞 贾宗萍 郭志明
钱军先 钱阳辉 钱希一 钱　韵 顾为健 顾跃进 高本大 高洪妹
康达军 曹凤华 曹荣苏 隋俊友 黄金海 黄敖兴 储国熙 彭玉忠
程广海 程芳银 童大成 童为凯 董若子 蒋建华 蒋晓东 谢正己
韩银喜 虞晔如 路红勤 雷　燕 滕　云 潘慰高 戴淮玲 鞠炳华

第八批(2002年,共207人)

丁如许 丁步洲 丁建强 丁筱青 卫　刚 卫懋勤 卞　牛 孔建华
方松飞 王乃伦 王力耕 王广余 王正林 王永元 王伏才 王兆平
王安琪 王怀宜 王　依 王其明 王学东 王建华 王明谨 王炎斌
王诚祥 王海平 王海赳 王爱华 王铁源 王　高 王新凤 王聚元
东　群 冯为民 卢富斌 石志群 仲新元 刘久成 匡金龙 华志远
孙天山 孙永生 孙宏碧 孙国成 孙建锋 孙晓东 孙海波 孙基科
朱士雄 朱　平 朱玉如 朱志平 朱建廉 朱　焕 朱　慧 江玉安
汤金洪 许亚平 许红琴 许新海 严必友 严侠华 何一希 何志奇
何宜隆 何忠芳 佟元之 吴　凤 吴文龙 吴红明 吴自光 吴　克
吴　辰 吴邵萍 吴育杭 吴晓晖 吴殿学 宋运来 张云飞 张凤英
张友慈 张世善 张玉坤 张华俊 张劲杨 张　纲 张国瑞 张建东
张建华 张涛涛 张曼丽 张雪明 张敬义 张惠萍 张锁荣 张福俭
李云飞 李本松 李伟平 李庆明 李宏伟 李淮生 李　霖 束鹏芳
杨红梅 杨作山 杨志芳 杨金林 杨剑春 杨献荣 汪　宁 沈国明
沈　峰 沈雪春 肖秉林 邵超雄 邹　正 陆云泉 陆　踊 陈士才
陈明华 陈亭华 陈春圣 陈洪洲 陈荣华 陈　虹 陈祥悦 陈萍飞
陈筛其 陈耀方 周世东 周玉才 周建新 周家禧 周素琴 孟庆忠
杭培根 林　红 范大昭 金　沙 姚　明 姜贤来 姜鸿翔 施云康
洪敏辉 胡长树 胡　平 费　宏 赵仁安 赵加军 赵绍友 赵宪宇
倪世清 倪　玲 唐继康 夏　彤 展兰芳 徐汉屏 徐玉卿 徐　宾

徐　悠　徐敏南　徐德兰　徐鹤春　耿敏志　袁　龙　袁银宗　袁敬丰
诸松渊　郭桂华　钱立群　钱坤南　钱承之　钱俊元　钱树文　钱海滨
陶旭东　陶维林　顾晓白　顾伟光　顾兴国　顾德林　高林生　高蔼亭
曹国盛　曹勇军　章小英　黄　坪　黄法祥　黄艳梅　龚修森　嵇永宁
嵇明海　彭尚炯　曾张胤　曾宪安　谢兆贵　楼文英　楼非尧　蔡兆生
蔡　明　樊志瑾　潘晓芙　潘文彬　潘克勤　戴翰林　魏　洁

第九批(2005 年,共 314 人)

丁岳林　王冬娟　冯雅静　吴举宏　张和忠　李　洁　芮火才　邵兰芳
陆一平　陆亚东　陆丽萍　陈雪泥　单怀俊　胡澄宜　高天友　曹少华
黄鉴明　蔡建泉　潘小福　薛丽君　薛　辉　霍超群　王应标　刘友开
吴玉国　张元国　李建成　季庆宪　施延霞　唐玉辉　徐梅菊　秦书珩
顾建民　管晓蓉　戴　铜　戈万章　王修建　刘同萍　孙立明　孙朝仁
池英范　宋　恒　张义宝　张　勇　李其柱　杨兴东　邵世环　周中森
徐业毅　曹兴戈　卫　红　王学其　王　凌　王淑琴　刘　红　严小玲
何炳均　吴晓茅　张发新　张培成　李平龙　杨潘顺　陆　静　陈绍兰
单锦浦　周伟忠　胡小林　赵志昇　赵新华　唐志华　钱小龙　崔利玲
戚韵东　曹安陵　黄黎敏　傅幼康　程　鸣　程莉君　葛　敏　董林伟
靳贺良　于树华　王世发　王作良　王笑梅　王曙光　石　鑫　成锦平
张启建　张晓冰　张　淳　张静秋　沈　瑛　陈　杰　周益民　周　婷
姚天勇　姜学勤　施福涛　祝　禧　胡齐国　徐　杲　徐新民　殷　俊
秦志强　秦德林　郭其俊　钱宏达　康　敏　曹瑞彬　黄建书　黄美华
焦顺华　缪建新　蔡长春　蔡宏圣　鞠党生　王晓春　任小文　吕　俊
孙春福　朱开群　张　同　张　援　李国平　李建邡　李　新　邵　良
闵孟斌　陈　平　陈学光　陈堂君　陈淦浩　陈静怡　周　岳　周振威
房之华　胡　明　倪振民　凌龙华　殷伟康　郭　慧　曹伦华　彭兆光
葛　虹　樊亚东　瞿立言　卞　静　邓善银　刘　杰　庄永洲　成为佐
李广修　陈向阳　卓维恒　姚克军　赵晓娟　黄振宇　黄朝群　谢友明
戴林东　丁宜林　马玉琪　尤　梅　王加珍　王俊鹏　华义平　朱占奎
朱再铭　张正耀　张江宁　张　纯　李廉祥　陈章明　陈德前　祝中录
闻国泉　唐有泉　钱留华　黄克恭　韩守宏　丁晓伦　王民珠　王菊娣

乔春源　华家炫　孙广华　孙勤东　许光新　许　芹　许敏峰　严育洪
吴荣铭　张赛琴　李国华　李敏华　沈茂德　陈之芥　陈绍忠　单志民
赵一中　唐宇灵　夏青峰　夏锡良　殷少来　钱建源　黄　雄　蒋铁伟
蒋静波　谢惠良　卞东华　王为峰　王志勇　王忠云　王　琳　王　勤
任　焱　刘步松　刘宝文　刘承群　孙卫胜　朱旭光　齐文友　张逢成
张裕琴　李艺然　李克军　李君岗　李焕岭　陈大勇　陈伟国　陈厚春
武云飞　姚　斌　姜广运　柳方平　胡近勇　赵建华　钦祥坤　唐忠民
徐　明　聂艳军　郭德才　阎宗学　鹿晓波　戴志群　丁晓美　卜以楼
马建东　仓定志　王中荣　王泽海　韦士银　左海电　朱亚军　张正太
陈玉中　陈相泉　陈　穆　周卫东　周　荣　周爱萍　季希彦　俞向阳
赵维坤　唐从仁　徐晓芹　浦　彬　曹连英　程韶荣　熊仁娣　蔡廷林
丁雪飞　王兆银　王恒富　王　雄　韦　健　冯小秋　叶宁庆　刘咏春
刘萍丽　吕金榕　严济良　何继刚　吴立宏　陈　萍　林　俊　赵公明
夏　坚　钱士宽　高　潮　常国庆　黄桂君　龚海平　储广林　丁双六
卞志荣　王文忠　王克苏　王　玲　王荣林　王瑞楠　刘新春　朱春晓
纪桂发　张　林　李严实　李　烽　邱绿青　陆廷荣　陈留庚　周炳兴
高月琴　谢桂喜

第十批(2008 年,共 382 人)

丁加华　丁克威　丁　骏　于　明　马式先　仇定荣　卞红喜　卞惠石
尤小平　尤克飞　尤素敏　尤靖希　毛　明　王小倩　王中意　王公月
王凤玲　王东平　王东敏　王汉权　王秀彩　王　京　王明珠　王洪恩
王美华　王晓东　王泰山　王海云　王留根　王高峰　王维银　王惠东
王景泰　王鼎宏　王　瑜　王福海　王锦起　冯长宏　冯　鑫　包云鹏
包昌升　卢素芳　卢　谦　史小玉　史方志　叶　平　乔　炜　仲广群
仲伟贵　仲尧明　仲跻止　任卫兵　刘大华　刘加虎　刘正才　刘永和
刘　红　刘　驰　刘　明　刘　杰　刘俊利　刘俊英　刘桂芹　刘满希
刘霁华　吉晨春　吉　超　吕恒莱　吕朝阳　吕锡扬　孙才周　孙　伟
孙庆博　孙成余　孙西洋　孙建军　庄惠芬　曲新陵　朱小敏　朱文玉
朱文华　朱禾勤　朱红伟　朱志江　朱其山　朱卓君　朱建明　朱金宝
朱　俊　朱洁芬　朱晓承　朱　浩　朱　琦　江　山　江广建　江远忠

江建林	汤海燕	许卫兵	许大成	许晓蓉	许德俊	过建春	严西平
严伯春	何仁毅	何忠花	吴云霞	吴汝萍	吴红漫	吴志明	吴剑清
吴铁俊	吴　锷	宋金洪	宋银华	张一山	张乃贵	张元贵	张东方
张冬梅	张必华	张存山	张安义	张达富	张志超	张秀花	张学伟
张　建	张忠诚	张　金	张勇成	张炳华	张美珍	张顺和	张悦群
张振华	张素英	张德余	张德超	张耀奇	时春华	李万龙	李　凤
李凤遐	李太敏	李伟忠	李光明	李　华	李克刚	李志建	李其进
李建国	李桂强	李　浩	李高斌	李惠娟	李　勤	李　漫	李德前
杜义超	杜庆宏	杜宪刚	杜稼勤	杨广斌	杨友红	杨文举	杨志文
杨国斌	杨建英	杨勇诚	杨　昭	杨炳奎	杨晓荣	杨海波	杨维风
杨新富	汪　云	汪履平	汪慧琴	汪　燕	沈中尧	沈　宁	沈华英
沈寿鸿	沈志斌	沈晓东	狄永兴	邹施凯	陆圣红	陆　群	陈久贵
陈士文	陈大庆	陈子祥	陈小红	陈友楼	陈永平	陈龙文	陈　华
陈同友	陈江辉	陈　红	陈红光	陈连余	陈建先	陈柏华	陈玲玲
陈家梅	陈素萍	陈跃红	陈　斌	陈　琳	陈　辉	陈　静	周仁良
周仕龙	周红梅	周　志	周国欣	周雨明	周　俊	周春春	周　茜
周　联	孟　华	季春华	宗凤昌	居春兰	岳乃红	巫惠群	房元品
房　宏	昌　明	林尤宏	林伟民	林　忠	林春曹	罗会元	罗　俊
罗　强	苗彩成	郁洪千	金惠文	侯建成	姚　平	姚国平	姚焕成
姚敬华	姜立东	姜明红	姜洪根	封留才	施　飞	施问华	柏品良
洪祥美	胡云信	胡玉娟	胡存宏	胡茂斌	胡曼玲	贺东亮	赵　伟
赵齐猛	赵奇一	赵淑明	钟志健	倪晨瑾	凌宗伟	唐晓芳	唐　琴
夏季云	夏淑萍	奚志宏	徐卫兵	徐立刚	徐　伟	徐兆兰	徐　彤
徐进利	徐孟军	徐　杰	徐　杰	徐金才	徐金良	徐树旺	徐洪俊
徐梦吟	殷小平	秦咏中	秦晓华	秦蔷云	秦　璞	翁玉中	耿恒考
莫立刚	袁东升	袁冰楠	袁建中	袁保金	袁振才	袁　菊	袁　源
谈开彬	贾永祥	郭有吉	郭学萍	郭建明	郭瑞春	钱五海	顾建芳
顾晓梅	顾　琴	高正球	寇恒清	崔国明	崔景南	戚宝华	曹书成
曹云军	曹庆伟	曹　成	曹伯高	曹国庆	曹颐平	曹　慧	梁　杰
渠东剑	渠　英	符永平	笪尚花	黄祖明	黄　健	黄　晏	黄　敏
龚庆云	龚雷雨	傅嘉德	储建明	嵇宪长	曾宝俊	程言峰	程茂山

葛春生	葛玲玲	葛敏芸	董一红	董泽华	董裕华	蒋玉红	蒋争鸣
蒋丽清	蒋寿桐	蒋　良	蒋国和	蒋俊兴	蒋　维	蒋智东	韩广军
韩建光	韩炳华	窦育国	廖书庆	管宏斌	管建刚	缪丽君	缪　徐
缪爱明	缪　铭	蔡卫东	蔡才福	裴义蕾	潘卫伟	潘建明	薛和平
薛　城	薛祝其	魏书彬	魏光明	魏　星	魏　清		

第十一批(2010 年,共 312 人)

丁卫军	丁　侠	卜廷才	万　虹	于文高	于　扬	于　斌	于新华
马一新	马　宁	马建明	井彬鸽	卞志娟	戈　柔	王万忠	王广仁
王占平	王　生	王兆正	王旭平	王红梅	王秀梅	王秀萍	王咏梅
王建康	王林喜	王　俊	王　俊	王奎生	王晓峰	王桂喜	王献章
韦有江	韦波富	冯卫东	冯永升	冯　朴	包红英	卢书茵	卢廷顺
叶　岚	申　洁	白振宇	乔爱萍	刘丽娟	刘伶俐	刘灿荣	刘建明
刘忠保	刘　玮	刘金玉	刘　玲	刘美琳	刘　荃	刘爱琴	刘福年
吉桂凤	孙大武	孙小红	孙　庆	孙运利	孙厚琴	孙晋诺	孙　艳
孙朝平	孙福如	戎年中	朱万喜	朱卫红	朱长青	朱红甫	朱京霞
朱春雷	朱唤民	朱桂金	朱　浩	朱雪梅	朱媛媛	朱惠芳	朱　斌
江和平	汤守平	汤建英	汤金波	祁建军	祁晓霞	许习白	许　伟
许春凤	何一萍	何如涛	何建军	何　琼	余志明	冷　颖	吴丛铎
吴伟昌	吴佩贞	吴学录	吴宝莹	吴建英	吴海霞	宋志贵	宋　辉
岑　芳	张永谦	张丽芬	张宏云	张宏军	张　彤	张来群	张国良
张学青	张明凤	张苾菁	张金保	张　俊	张修前	张树林	张　健
张恩怀	张珠飞	张祥淳	张康桥	张晨晖	张鸿亮	张　琥	张勤坚
李长志	李兴远	李宏志	李志成	李秋颖	李美华	李胜荣	李家亮
李继锋	李　艳	李　彬	李雪林	李　琳	杨文娟	杨永彬	杨利刚
杨秀芝	杨采涓	杨津秀	杨　玲	杨培明	杨　斌	杨裕海	沈亚萍
沈明光	沐文扬	肖红梅	肖菊红	芮玉贵	苏　华	苏守杰	苏　瑜
贡和法	邰雨春	邱向琴	陆　军	陆　军	陆　建	陆娴敏	陈一鸣
陈久宽	陈小平	陈　平	陈仲刘	陈　军	陈　红	陈国兵	陈国林
陈宝定	陈宝祥	陈建华	陈建华	陈剑峰	陈炳飞	陈桂珍	陈　浩
陈　菊	陈　瑾	陈　懿	周立栋	周建勋	周　颖	孟炳忠	孟晓庆

宣思渡	岳亚军	巫新秋	庞培刚	林小场	林玉平	武俊清	经志芹
经志俊	金军华	侯红宝	俞玉萍	姚亚云	姜有荣	姜树华	查晓红
柳袁照	洪长根	洪　波	祖　瑞	胥传红	贲友林	费建华	贺剑英
赵文超	赵长河	赵光礼	赵　华	赵浩岭	赵道夫	项　阳	倪芳华
倪春玲	凌瑞初	唐广泉	唐文国	唐海燕	唐隽菁	夏　莹	夏雷震
涂卫东	徐正黄	徐宏寿	徐险峰	徐顺湘	徐祥宝	徐　锐	徐　瑢
殷汉卿	耿宜宏	袁长江	袁向萍	诸定国	郭军英	郭如松	钱吕明
钱建良	钱家荣	钱爱萍	钱　铭	陶卫东	陶兆宝	顾一芹	顾广林
顾徐达	顾晓华	高子阳	高西栋	高胜光	高满生	常建强	曹玉辉
曹茂昌	曹　璟	章　丽	章晓东	章　莉	谌梅东	阎伦亮	黄巧明
黄本荣	黄　侃	黄智华	黄　雷	黄德忠	程如林	程新展	董旭午
董培仁	董筱波	蒋天林	蒋守成	蒋祖霞	蒋　捍	蒋超英	蒋镇一
谢嗣极	韩佩玲	韩英灵	韩海建	詹明静	熊新华	缪　林	翟运胜
翟新民	臧立志	臧殿高	蔡玉书	蔡志侠	蔡珍树	滕玉英	滕衍平
滕家庆	薛文庄	薛新洪	戴卫红	戴　永	鞠九兵	鞠东胜	瞿国华

参考文献

1. 傅建明.教师专业发展——途径与方法.华东师范大学出版社,2007.
2. 程振响.教师职业生涯规划与发展设计.南京师范大学出版社,2006.
3. 王铁军,周在人.给校长的建议.南京师范大学出版社,1999.
4. 陈玉琨.发展性教育质量保障的理论与操作.商务印书馆,2006.
5. 叶澜主编.教师角色与教师发展新探.教育科学出版社,2001.
6. 顾树森.中国历代教育制度.江苏教育出版社,1981.
7. 中国教育事典编辑委员会编.中国教育事典(初等教育卷).河北教育出版社,1994.
8. 刘英杰主编.中国教育大事典(上册),浙江教育出版社,1993.
9. 中国教育年鉴编辑部编.中国教育年鉴(1949—1981).中国大百科全书出版社,1984.
10. 中国教育年鉴编辑部编.中国教育年鉴(1992).人民教育出版社,1993.
11. 陈至立主编.《面向21世纪教育振兴行动计划》学习参考资料.北京师范大学出版社,1999.
12. 马克思恩格斯选集.人民出版社,1972.
13. 李捷三.特级教师成功之路.中国和平出版社,1988.
14. 江苏省教育厅.江苏教育年鉴(2005).江苏教育出版社,2006.
15. 秦德林.可持续发展:特级教师的诗意人生.江苏教育出版社,2006.
16. 王铁军.名校长名教师集体性个案研究.江苏人民出版社,2005.
17. 中共上海市教育工作委员会等.今天我们怎样做老师——上海教育名师讲坛.上海教育出版社,2000.
18. 叶忠海.教育人才学.复旦大学出版社,1993:44.
19. 柳斌.中国著名特级教师教学思想录.江苏教育出版社,2000.
20. 李吉林.情境教育的诗篇.高等教育出版社,2004.
21. 傅国亮.与名师为友.高等教育出版社,2005.
22. 于月萍.魏书生评传.漓江出版社,2000.
23. 李镇西.心灵写诗.人民教育,2001.
24. 雷玲编著.故事里有你的梦想——18位名师的精神档案.华东师范大学出版社,2007.
25. 王超.师爱无价——对学生倾注全身心的爱.吉林大学出版社,2010.
26. 南京市教育局编.特级教师之路.东南大学出版社,1994.
27. 薛法根.薛法根教学思想与景点课堂.山西教育出版社,2006.
28. 林崇德.教育的智慧——写给中小学教师.开明出版社,1999.
29. 瞿葆奎.教育学文集·教师.人民教育出版社,1991.
30. 李镇西.教有所思.华东师范大学出版社,2003.

31. 李镇西. 我的教育失误. 江苏教育研究,2010.
32. 现代西方资产阶级教育思想流派论著选. 人民教育出版社,1980.
33. 夏丏尊. 爱的教育. 华东师范大学出版社,1995.
34. 孙孔懿. 论教育家. 人民教育出版社,2006.
35. 魏书生. 班主任工作漫谈. 漓江出版社,1993.
36. 华应龙. 我就是数学——华应龙教育随笔. 华东师范大学,2009.
37. 蒋俊兴. 我的教育科研情结. 山西人民出版社,2009.
38. 钱梦龙. 导读的艺术. 人民教育出版社,1995.
39. 鲁迅书信集. 人民文学出版社.
40. 恩特威斯特著. 于禾译. 教与学的风格. 春秋出版社,1989.
41. 王崧舟. 王崧舟讲语文. 语文出版社,2008.
42. 季银泉主编. 课程与教学论. 南京大学出版社,2009.
43. 柳夕浪. 回归本原的教师研究. 北京大学出版社,2005.
44. 王崧舟. 王崧舟教学思想与经典课堂. 山西教育出版社,2005.
45. 盛新凤. 盛新凤讲语文. 语文出版社,2008.
46. [加]马克斯·范梅南著. 宋光文译. 生活体验研究——人文科学视野中的教育学. 教育科学出版社,2003.
47. 魏书生. 家教漫谈. 漓江出版社,1996.
48. 孙志毅主编. 名师工程系列丛书. 西南师范大学出版社,2009.
49. 张彦春,雷玲主编. 特级教师的特别建议. 福建教育出版社,2009.
50. 肖川主编. 教师心灵读本:成为有思想的教师. 西南师范大学出版社,2009.
51. 鞠献立. 教师素质论. 山东教育出版社,1999.
52. 陈永明等著. 教师教育研究. 华东师范大学出版社,2002.
53. 罗树华,李洪珍. 教师能力学. 山东教育出版社,1997.
54. 蒋俊兴. 我的教育科研情结. 山西人民出版社,2009.
55. 柳斌主编. 中国著名特级教师教学思想录(上卷). 江苏教育出版社,1999.
56. 柳斌主编. 中国著名特级教师教学思想录(下卷). 江苏教育出版社,1999.
57. 朱永新. 中国著名校长办学思想录. 江苏教育出版社,2000.
58. 胡德海. 人生与教师修养. 上海教育出版社,1996.
59. 王思震. 教师论. 江苏教育出版社,2002.
60. 傅道春主编. 教师的成长与发展. 教育科学出版社,2001.
61. 沈灌群,毛礼锐. 中国教育家评论(精选本). 上海教育出版社,2000.
62. 李镇西. 风中芦苇在思索:李镇西随笔选. 四川少年儿童出版社,2000.
63. 王球,钱广荣. 教师伦理学. 江苏教育出版社,1991.
64. 魏书生. 班主任工作漫谈——献给青年班主任. 漓江出版社,1993.
65. 魏书生. 魏书生文选(一、二卷). 漓江出版社,1995.
66. 宁鸿彬. 宁鸿彬文选. 漓江出版社,1996.
67. 魏书生编著. 学生实用学习法. 沈阳出版社,1998 - 8.
68. 华应龙. 我就是数学——华应龙教育随笔. 华东师范大学出版社,2009.
69. 王超主编. 师爱无价:对学生倾注全身心的爱. 吉林大学出版社,2010.

70. 罗正. 教师教育. 吉林教育出版社,2000.
71. 斯霞,王先炯,储继芳. 斯霞教育生涯——爱心育人. 江苏教育出版社,1999.
72. 蔡澄清. 全国特级语文教师教学经验选. 安徽教育出版社,1986.
73. 贲友林. 此岸与彼岸. 江苏教育出版社,2007.
74. 钱梦龙. 导读的艺术. 人民教育出版社,1994.
75. 瞿葆奎主编. 教育学文集:教师. 人民教育出版社,1991.
76. 李镇西. 追寻苏霍姆林斯基. 华东师范大学出版社,2009.
77. 刘国正. 中国著名特级教师教学思想录:中学语文卷. 江苏教育出版社,1996.
78. 庞丽娟,陶沙主编. 教师与儿童发展. 北京师范大学出版社,2001.
79. 于泽滨主编. 师德论. 贵州教育出版社,1993.
80. 于月萍. 魏书生评传. 漓江出版社,2000.
81. [美]里根(Reagan, T. G.),[美]凯斯(Case, C. W.),[美]布鲁巴克(Brubancher, J. W.)著. 沈文钦译. 成为反思型教师. 中国轻工业出版社,2005.
82. 刘良华. 教师专业成长:刘良华教育讲演录. 华东师范大学出版社,2008.
83. 雷玲. 听名师讲课——数学卷. 广西教育出版社,2004.
84. 于淑云,黄友安. 教师职业道德、心理健康和专业发展. 首都师范大学出版社,2007-10.
85. 魏书生,张彬福,张鹏举. 魏书生中学语文教学改革实践研究. 济南教育出版社,1997.
86. 于永正. 教海漫记. 中国矿业大学出版社,1999.
87. 李镇西. 教有所思. 华东师范大学出版社,2003.
88. 张燕镜. 师范教育学. 福建教育出版社出版,1995.
89. 教育部师范教育司组编. 孙双金与情智教育. 北京师范大学出版社,2005.
90. 杨启亮. 困惑与抉择——20 世纪的新教学论. 山东教育出版社.
91. 徐碧美. 追求卓越:教师专业发展案例研究. 人民教育出版社,2003.
92. 朱旭东主编. 教师专业发展理论研究. 北京师范大学出版社,2011.
93. 荀渊,唐玉光主编. 教师专业发展制度. 教育科学出版社,2011.
94. 蔡伟. 你也能成为特级教师:特级教师成长的 22 项要素. 华东师范大学出版社,2011.
95. 陈大伟. 教育科研与教师成长. 华东师范大学出版社,2009.
96. 单中惠主编. 教师专业发展的国际比较. 教育科学出版社,2010.
97. 人民教育编辑部. 名师人生. 高等教育出版社,2010.
98. 周广强. 教师专业能力培养与训练. 首都师范大学出版社,2010.
99. 周静,周宇. 教师专业技能:走向专家型教师之路. 高等教育出版社,2010.
100. Stenve Herne, John Jessel, Jenny Griffiths 主编. 丰继平,徐爱英译. 学会教学:教师专业发展导引. 华东师范大学出版社,2009.
101. 操太圣,卢乃桂. 伙伴协作与教师赋权:a new perspective on teacher professional development. 教育科学出版社,2007.
102. 王晓春. 今天怎样做教师:点评 100 个教育案例(中学). 华东师范大学出版社,2005.
103. 王晓春. 教育智慧从哪里来:点评 100 个教育案例(小学). 华东师范大学出版社,2005.
104. 徐斌艳. 教师专业发展的多元途径:a multiple approach. 上海教育出版社,2008.
105. 申屠待旦. 教育新概念:教师成长的密码. 教育科学出版社,2011.

106. 张彦春,雷玲主编. 特级教师的特别建议. 福建教育出版社,2009.
107. 浙江省特级教师协会编. 特级教师论课程改革中的教师角色. 浙江教育出版社,2004.
108. 浙江省特级教师协会编. 特级教师论课堂教学改革. 浙江教育出版社,2002.
109. 荆卫东. 教育课题与研究型教师成长:教师专业、职业、事业及学术之路:the sum of a teacher's specialty、profession . 光明日报出版社,2010.
110. 杨连山,田福安. 教师专业化五项修炼. 西南师范大学出版社,2010.
111. 欧阳明. 做一名学习型教师:教师专业发展的务实行动. 华东师范大学出版社,2010.
112. 周国韬. 教师专业发展与校本行动研究. 中国轻工业出版社,2010.
113. 卢军. 教师成长关键词:教师专业技能成长普及读本. 重庆大学出版社,2008.
114. 杰夫・米尔斯著,王本陆,潘新民等译. 教师行动研究指南. 重庆大学出版社,2010.
115. 吴伦敦主编. 教师专业发展导论. 华中师范大学出版社,2008.
116. 熊焰. 校本培训:教师专业发展. 广东高等教育出版社,2006.
117. 杨翠蓉. 教师专业发展:专长的视野. 教育科学出版社,2009.
118. 唐玉光. 教师专业发展与教师教育. 安徽教育出版社,2008.
119. 袁锐锷. 教师专业化与高素质教师:经验、理论与改革实践. 广东高等教育出版社,2007.
120. 余文森,连榕等. 教师专业发展. 福建教育出版社,2007.
121. 应湘,向祖强主编. 教师专业发展与学生成长. 暨南大学出版社,2007.
122. 郑文勉主编. 途中之思:教师专业发展个案集. 暨南大学出版社,2007.
123. 王卫东主编. 教师专业发展探新:若干理论的阐释与辨析. 暨南大学出版社,2007.
124. 蔡笑岳主编. 教师专业发展与教育科研. 暨南大学出版社,2007.
125. 赵昌木. 教师专业发展. 山东人民出版社,2011.
126. 赵昌木. 教师成长论. 甘肃教育出版社,2004.
127. 邵光华. 教师专业知识发展研究. 浙江大学出版社,2011.
128. 傅建明. 教师专业发展:途径与方法. 华东师范大学出版社,2007.
129. 孙联荣等. 项目驱动　骨干引领:教师专业化成长之路. 上海三联书店,2006.
130. 张万祥,万玮主编. 教师专业成长的途径:30 位优秀教师的案例. 华东师范大学出版社,2005.
131. 郑金洲. 教师如何做研究. 华东师范大学出版社,2005.
132. 万建明. 教育科学研究:教师专业化的必由之路. 厦门大学出版社,2005.
133. 滕越. 教师专业发展论. 海洋出版社,2003.
134. 过伟瑜主编,赵中建译. 教师专业学习及发展:创建教学实习指导中的合作型文化. 海南出版社,2000.
135. 《中国教育报》北京记者站编. 素质教育在北京:特级教师成长之路. 知识产权出版社,2008.
136. 孙志毅主编. 学学名师那些事. 西南师范大学出版社,2009.
137. 仲丽娟. 教师专业发展的叙事研究:一位中学教师的亲历亲闻. 北京大学出版社,2010.
138. 李燕,徐波主编. 名师最有效的沟通细节. 西南师范大学出版社,2009.

后　记

本书是我主持的江苏省教育科学“十一五”规划重点资助课题“特级教师研究”的主要研究成果。由于工作的机缘和需要，我经常与一些特级教师联系和接触。在长期的联系和接触中，我与许多特级教师建立起深厚的情谊，并对“特级教师”这个群体和话题产生了浓厚兴趣，萌生了深入、系统研究的想法。2005 年，我以“特级教师研究”申报江苏省教育科学规划“十一五”课题，后经专家评审得以立项为重点资助课题。从立项到现在，这项研究已持续五年之久；本书的写作从酝酿到完成，也持续了五年之久。五年的研究和写作，辛苦而充实，曾得到多方面的关心、帮助与支持，在此一并致谢！

感谢杨九俊先生！记得研究和写作最为关键也最为困难的 2009 年，我曾经想彻底放弃。那年夏末秋初一个阳光灿烂的下午，我和我的领导杨九俊先生漫步江畔，边走边聊，江水滔滔，和风习习……他兄长般的关心与体贴，让我如饮醍醐、若梦初醒，重拾研究和写作的决心与勇气。没有他的警策与督促，此项研究和本书写作真有可能停滞和中断！

感谢杨启亮教授！全部书稿完成之后，我很忐忑也很唐突地请南京师范大学杨启亮教授作序。说实话，内心里是作好了被他拒绝的充分准备的，因为他有理由拒绝。没想到，杨启亮老师打破多年来只为自己学生的著述作序的惯例，在百忙中认真细致地审读拙稿并提笔序之。大家风范，真让人敬佩而感动！

感谢《江苏教育研究》杂志社的全体同仁！在五年多的研究和写作过程中，我得到了他们多方面的支持和帮助。他们有的认真帮我完善写作提纲，有的热情为我提供重要资料，有的主动替我分担工作任务……正是有了他们的给力，漫长的研究和写作之路才有了阵阵暖意。

感谢江苏省教科院各位领导和院学术委员会！院学术委员会经过认真评审，使本书获得院学术著作出版基金资助，让人深切地感受到院领导和院学术委员会对学术研究及成果的尊重。

感谢本书责任编辑严明瑗老师！她为本书的出版付出了艰辛的劳动。感谢南京师范大学乔建中教授、南通市教育科学研究中心冯卫东先生（特级教师），连云港市教育科学研究所陈建先先生（特级教师），海安市海陵小学许习白先生（特级教师），江苏教育出版社朱永贞先生和金玲女士、沈静明女士！诸君为本书的写作和出版提供了支持和帮助。

感谢我的家人特别是我的女儿！我精心研究和写作的这五年，小女恰逢中考和高考。在我没有多少时间、精力过问和帮助的情况下，她在学校、老师和“老妈”的带领和陪伴下，刻苦学习，精心准备，从容以对，相当出色地完成了两场重要的考试，并先后以优异成绩考取了自己理想的中学和大学。“老爸”歉疚之余，更多的是欣慰！她们实际上从另一个方面支持了本书的写作。

金连平

2011 年 10 月